Martin Rupps

Kanzlerdämmerung

Martin Rupps

Kanzlerdämmerung

Wer zu spät kommt, darf regieren

orell füssli Verlag

Für E. A.-R.

»Die Schwierigkeit des Problems scheint nach diesen Vereinfachungen eben nur darin zu liegen: die durchschnittliche Zeit zu finden, in der im öffentlichen Leben eine frühere Generation durch die neue abgelöst wird und hauptsächlich, den natürlichen Anfang zu finden, wo man in der Geschichte den Einschnitt vorzunehmen hat, von wo aus man zu zählen hat.«

Karl Mannheim, »Das Problem der Generationen«

Umschlaggestaltung: Hauptmann & Kompanie Werbeagentur, Zürich, unter Verwendung eines Fotos von © ullstein bild – Karwasz
Druck: CPI books GmbH, Leck
Lektorat: Ute Maack

ISBN 978-3-280-05645-5

Die Deutsche Nationalbibliothek verzeichnet diese Publikation in der Deutschen Nationalbibliografie; detaillierte bibliografische Daten sind im Internet unter www.dnb.de abrufbar.

MIX
Papier aus verantwortungsvollen Quellen
FSC® C083411
FSC
www.fsc.org

Inhalt

»Kanzler der Liquidation«

Herbert Wehner über Konrad Adenauer

Dumm gelaufen!

Die Bedeutungslosigkeit von Bundestagswahlen

Im Herbst 2017 wählen die Deutschen wieder mal einen Bundestag. Sie entscheiden darüber, welche Abgeordneten dem Parlament in der nächsten, dann 19. Legislaturperiode angehören werden. Indirekt wählen sie auch die nächste Bundeskanzlerin oder den nächsten Bundeskanzler, denn sie oder er wird aus der Mitte der Parlamentarier bestimmt.

Tatsächlich wird bei dieser Wahl – wie überhaupt bei Bundestagswahlen seit 1949, mit einer Ausnahme – über gar nichts entschieden.

Bundestagswahlen sind nicht Motor der politischen Entwicklung, wie das Buch darlegen wird, sondern Zirkusvorstellungen von Politikern und Journalisten vor einem nächsten Wahltermin. Die fast siebzig Jahre alte Geschichte der Bundesrepublik zeigt: Wer in Deutschland eine Bundestagswahl gewinnt, hat seine politische Zukunft hinter sich. Gewonnene Wahlen, zumal triumphal gewonnene, sind Vorboten des politischen Niedergangs.

Mitte der fünfziger Jahre, etwa nach der Hälfte der zweiten Legislaturperiode, steht der erste Bundeskanzler Konrad Adenauer im Zenit seiner politischen Macht und seines persönlichen Ansehens. Als Gründungskanzler hat er ziemlich viele Gleise gelegt, auch richtig gelegt, und mit der Rückholung der letzten Kriegsgefangenen einen medialen Coup gelandet. Mit Konrad Adenauer gewinnt die Union bei der Bundestagswahl am 15. September 1957 50,2 Prozent der Zweitstimmen – so viel wird später nie mehr eine Partei bei einer deutschen Bundestagswahl bekommen.

In der Nacht seines Triumphs beginnt auch schon Konrad Adenauers Kanzlerdämmerung. Ihm will nicht mehr viel gelingen. Herbert Wehner bezeichnet ihn als einen »Kanzler der Liquidation«. Konrad Adenauer, »der Alte«, wie er jetzt häufig genannt wird, bleibt zwar noch sechs Jahre im Amt, doch in dieser Zeit herrscht zum großen Teil politisches Siechtum. Die Fehler der letzten Adenauer-Jahre werfen einen Schatten auf die Leistungen der ersten. Nur weil Konrad Adenauer der erste aller Bundeskanzler ist, Nutznießer eines politischen Systems, das er selbst maßgeblich gestalten darf, kann er sich so lange halten.

Eine Kanzlerdämmerung ist eine Abendröte, wobei der Abend – siehe Konrad Adenauers Amtszeit – lange dauern kann. Auf einen solchen Abend folgt kein Morgen mehr. Alle Kanzlerschaften verlaufen nach diesem Gesetz, mit einer Ausnahme: Helmut Kohl erlebt dank der deutschen Vereinigung eine Morgenröte, auf die er schon nicht mehr hoffen konnte.

Auch Angela Merkel befindet sich im Stadium ihrer Kanzlerinnendämmerung, doch wird auch sie den Zeitpunkt für einen guten Abgang verpassen. Die Terroranschläge in Deutschland rufen Ängste hervor, sie steigern das kollektive Sicherheitsbedürfnis. Angela Merkel steht wie schon Konrad Adenauer für viel Erfahrung und genauso wie er für »Keine Experimente!«. Angst lähmt ein Volk und macht es vorsichtig. Angst schafft keinen Nährboden für eine Aufbruchs- oder gar Wechselstimmung vor der Bundestagswahl 2017.

Die Kanzlerdämmerung ist eine mal kürzere, mal längere Phase, in der eine Bundeskanzlerin oder ein Bundeskanzler den Zenit ihrer oder seiner Macht überschritten hat. Das Programm, für das die Regierungschefin oder der Regierungschef steht, ist abgearbeitet, die Liebe zwischen den Koalitionspartnern verflogen. Offener Streit und vermeidbare Fehler der Protagonisten kehren in zunehmend kürzeren Abständen wieder. Die Leitmedien prognostizieren das Ende der Regierungskoalition, Landtagswahlen gehen reihenweise verloren, weil die Deutschen traditionell auf Bundes- und Landesebene gegenläufig wählen (zumindest in den »swing states«). Und nicht zuletzt wagen sich immer mehr innerparteiliche Kritiker der Kanzlerpartei aus der Deckung.

Konrad Adenauers Nachfolger Ludwig Erhard erlebt keine Dämmerung, sein Sonnenuntergang ist geradezu ein Sonnensturz. Mit den Bundestagswahlen am 19. September 1965 feiert er einen persönlichen Triumph, die Union bleibt dank seiner Popularität auch nach sechzehn Jahren an der Macht. Doch schon wenige Monate später ist das eindrucksvolle Votum der Wähler nichts mehr wert. Nach eigenen Fehlern und einer kleinen Wirtschaftskrise, aber vor allem nach Kabalen seiner »Unionsfreunde«, tritt Ludwig Erhard am 30. November 1966 zurück. Schon am 1. Dezember wird mit Kurt Georg Kiesinger der dritte Unionsmann Bundeskanzler, diesmal im Regierungsbündnis aus Union und SPD. Ludwig Erhard brachte eine Legislaturperiode zu Ende und kommt in der nächsten nur wenige Meter weit.

Die Bedeutungslosigkeit deutscher Bundestagswahlen muss auch Kurt Georg Kiesinger erleben, denn der Kanzler, dessen Partei am 28. September 1969 die meisten Stimmen holt, verliert an diesem Abend sein Amt. Die SPD von Willy Brandt geht eine Koalition mit der FDP ein, die trotz herber Verluste zur Bundeskanzlermacherin, zum »Zünglein an der Waage«, wird. Die Regierungsbildung von Willy Brandt und dem FDP-Vorsitzenden Walter Scheel ist eine Konsequenz aus dem deutschen Wahlrecht, bei dem nicht automatisch der Kandidat mit den meisten Stimmen Regierungschef wird. Es ist eine demokratische Selbstverständlichkeit, dass Parteien Koalitionen eingehen, um Regierungen zu bilden. Aber eine Regierung ohne die stärkste Kraft im Bundestag spiegelt nur mittelbar den Willen der Wähler wider.

Kurt Georg Kiesingers Nachfolger, der Sozialdemokrat Willy Brandt, macht ebenfalls Bekanntschaft mit den Tücken des parlamentarischen Systems. Am 22. September 1972, mitten in der Legislaturperiode, stellt Willy Brandt im Deutschen Bundestag die Vertrauensfrage mit dem Ziel der Parlamentsauflösung. Die Bundesregierung verfügte anfangs über eine knappe Mehrheit von zwölf Stimmen, doch die FDP-Fraktion leidet an fortwährender Schwindsucht. Der Bundeskanzler führt, da seine Regierung keine Gesetze mehr zustande bringt, lange vor dem regulären Termin Neuwahlen herbei.

Am Wahlabend des 19. November 1972 ist Bundeskanzler Willy Brandt mutmaßlich ein glücklicher Mann. Mit ihm als Zugpferd kommt die SPD auf 45,8 Prozent der Zweitstimmen, ein historischer, nie mehr erreichter Rekord! Die SPD wird erstmals auch stärkste Fraktion. Zu was ein Wahltriumph führen kann, mag Willy Brandt ahnen, denn in dieser Nacht macht der »Stern«-Fotograf Thomas Höpker Bilder eines melancholisch dreinschauenden Manns. Gefühlte Sieger sehen anders aus.

Tatsächlich markiert der 19. November 1972 Tag eins von Willy Brandts Kanzlerdämmerung. Wegen einer aufgeschobenen Kehlkopfoperation kann er an den so wichtigen Koalitionsverhandlungen nicht teilnehmen. Hinterher versäumt er es, Personalentscheidungen, mit denen er nicht einverstanden ist, zu korrigieren. Schon Ludwig Erhards Rücktritt begann zu dämmern, nachdem er in den Koalitionsverhandlungen mit der FDP zu nachgiebig gewesen war.

Ein Wahltriumph beschert dem Sieger einen politischen Kredit, doch nur für kurze Zeit. Nach einem Jahr sind Wahlergebnisse in der Hauptstadt, bei Journalisten und im Volk nichts mehr wert. Willy Brandt könnte den Fehlstart seiner zweiten Regierung vergessen machen, doch er steckt in einem Dauer-Burnout, aus dem er nicht rechtzeitig herauskommt. Die geradezu religiöse Verehrung, die Willy Brandt von 1969 an widerfuhr, schlägt jetzt in Enttäuschung und Wut um. Die enttäuschten Verehrer akzeptieren nicht, dass sie sich getäuscht haben, der Zorn trifft den Verehrten, der ein Täuscher war!

Auf den schon angeschlagenen Kanzler beginnt die Hatz. Die sozialdemokratischen »Parteifreunde« sind darin besser als die Kohorten der Opposition, diese Erfahrung werden auch die sozialdemokratischen Bundeskanzler Helmut Schmidt und Gerhard Schröder machen. Zwischen Willy Brandts Wahltriumph und seinem Rücktritt vom Amt des Bundeskanzlers am 6. Mai 1974, für den die Enttarnung eines DDR-Spions in seiner Nähe nur den Anlass bietet, liegen gerade einmal ein Jahr und sechs Monate.

Auf Willy Brandt folgt Helmut Schmidt, der noch nie als Spitzenkandidat einer Wahl, sei es einer Landtags-, sei es einer Bundestagswahl, angetreten ist. Nur dank des von Willy Brandt geerbten Stimmenpolsters und dank des energischen Starts von Helmut Schmidt kann sich die sozialliberale Koalition bei den Bundestagswahlen am 3. Oktober 1976 behaupten.

Keinen Wahltriumph, aber doch eine zweite Wiederwahl erzielt Helmut Schmidt bei den Bundestagswahlen am 5. Oktober 1980. Dieses Mal wartet auf die sozialliberale Koalition eine Legislaturperiode mit komfortabler parlamentarischer Mehrheit. Zwar haben Helmut Schmidts Sozialdemokraten nur wenig Stimmen hinzugewonnen (1976: 42,6 Prozent, 1980: 42,9 Prozent), aber der Koalitionspartner FDP kommt auf 10,6 Prozent der Zweitstimmen. Kein Zweifel, viele Deutsche gaben der FDP ihre Zweitstimme, »damit Schmidt Kanzler bleibt«, wie sogar die FDP auf ihre Wahlplakate geschrieben hatte. Doch schon am Wahlabend würde niemand Wetten darauf abschließen, dass die formal gestärkte Koalition weitere vier Jahre hält. Der Historiker Golo Mann hatte bereits ein halbes Jahr vor dem Wahltermin in einem Brief den kommenden Gang der Dinge vorhergesagt: Helmut Schmidt wird über den Widerstand in der eigenen Partei stürzen.

Die Deutschen erleben bald darauf die Agonie einer Koalition, der ein national und weltweit geachteter Politiker voransteht. Fast auf den Tag genau zwei Jahre nach den Wahlen von 1980, am 1. Oktober 1982, wird Helmut Kohl per konstruktivem Misstrauensvotum zum Nachfolger Helmut Schmidts gewählt. Die Wähler können am Fernsehschirm zuschauen.

Mit Blick auf die Regierungszeit von Helmut Kohl scheint es, als sei die These, der zufolge Bundestagswahlen ohne Bedeutung sind, widerlegt. Helmut Kohls parlamentarische Wahl zum Bundeskanzler wird in einer allgemeinen Wahl am 6. März 1983 eindrucksvoll bestätigt (48,8 Prozent der Zweitstimmen für die Union gegenüber 44,5 Prozent zweieinhalb Jahre zuvor). Der sechste Bundeskanzler kann mehrere Legislaturperioden lang eine Regierung aus Union und FDP bilden, wobei die Union jedes Mal stärkste Fraktion im Bundestag bleibt. Erst bei der Bundestagswahl am 27. September 1998 entziehen ihm die Deutschen sehr deutlich das Vertrauen (35,1 Prozent der Zweitstimmen für die Union gegenüber 41,4 Prozent vier Jahre zuvor). Doch der Verlauf von Helmut Kohls Kanzlerschaft ist wie schon erwähnt untypisch, ein Jahrhunderterereignis, die deutsche Vereinigung setzt den Rhythmus der deutschen Politik vorläufig aus.

Bei der ersten gesamtdeutschen Bundestagswahl am 2. Dezember 1990 holt Helmut Kohl für die Union 43,8 Prozent der Zweitstimmen und wird zu einer Art Konrad Adenauer für das frühere Gebiet der DDR. Die CDU kann auf Jahre hinaus die politischen Gleise in Ostdeutschland legen.

Auf den Triumph folgt rasch Ernüchterung, Helmut Kohl vermag die »blühenden Landschaften«, die er den Ostdeutschen versprochen hat, nicht herzuzaubern. Dass ein Zusammenkommen zweier so verschiedener Gesellschaften ein steiniger Weg ist, dürfte der Bundeskanzler gewusst haben, doch er sagt es jetzt nicht. Helmut Kohls beginnende Kanzlerdämmerung freut und beflügelt seinen Amtsvorgänger Helmut Schmidt, der in Büchern schreibt und in Interviews sagt, was »Herr Kohl« alles falsch macht. »Kohl bringt's nicht!«, ruft er zum Beispiel im Gespräch mit »Stern«-Kollegen, die das Zitat auf die Titelseite hieven.

Helmut Kohls Kanzlerdämmerung dauert acht Jahre, länger als jede andere zuvor. Helmut Kohl überflügelt Konrad Adenauer, sein großes Vorbild, auch bei solch fragwürdigen Rekorden. Die Ära Kohl wird 1998 durch den ersten Machtwechsel in der Geschichte der Bundesrepublik beendet – ein Machtwechsel, der diese Bezeichnung tatsächlich verdient, denn keine Partei der neuen Koalition hat der Vorgängerregierung angehört. Dieser Machtwechsel setzt endlich einmal lupenrein den Willen der Wähler um – ein Erfolg nicht nur für die Protagonisten Gerhard Schröder und Joschka Fischer, sondern für die demokratische Kultur im Land überhaupt.

Die Euphorie der Linken über den Machtwechsel geht einher mit der Erleichterung über das Ende der Ära Kohl. Wähler und Gewählte erfasst eine Siegesstimmung, die an die Stimmung nach dem Wahltriumph von Willy Brandt 1972 erinnert. Die Hoffnungen und Erwartungen an die Regierungsmannschaft sind hoch. Doch auch Gerhard Schröder braucht kein Jahr, um die euphorische Stimmung des Anfangs verfliegen zu lassen. Der vorherige sozialdemokratische Bundeskanzler Helmut Schmidt regierte zwischen 1976 und 1980 mit knapper parlamentarischer Mehrheit (264 Sitze) weniger holprig als der neue sozialdemokratische Gerhard Schröder auf einem weichen Kissen (345 Sitze).

Dass Gerhard Schröder am Wahlabend des 22. September 2002 im Amt bleiben kann, ist politisches Glück. Der Amtsinhaber musste ernsthaft um seine Wiederwahl fürchten. Anders als der CSU-Kanzlerkandidat Franz Josef Strauß 1980, dem Helmut Kohl schlau den Vortritt ließ, gilt der CSU-Kanzlerkandidat Edmund Stoiber, dem Angela Merkel aus politischer Schwäche den Vortritt ließ, als aussichtsreicher Herausforderer. Doch Gerhard Schröder macht als selbsternannter Deichgraf bei der Flut 2002 nicht nur ganz buchstäblich, sondern auch politisch »Boden gut«. Die 38,5 Prozent der SPD-Zweitstimmen (1998: 40,9) und die 8,6 Prozent von Bündnis 90/Die Grünen (1998: 6,7) reichen knapp zum Weitermachen – kein Triumph, aber ein Erfolg für den Amtsinhaber von der Art, wie ihn Helmut Schmidt 1980 erlebt hat.

Ob auch Gerhard Schröder an diesem Wahlabend dämmert, dass seine Kanzlerdämmerung begonnen hat? Mehr als jeder Bundeskanzler vor ihm und die Bundeskanzlerin nach ihm wird er in den folgenden Jahren politisch gedemütigt, etwa als er den Vorsitz seiner Partei niederlegen muss. Es ergeht ihm, wie es seinen beiden sozialdemokratischen Vorgängern im Amt erging. Jeden Tag zerbröselt seine Macht ein bisschen mehr, so lange, bis nichts mehr von ihr übrig ist. Gerhard Schröder kann die Legislaturperiode nicht zu Ende bringen. Als die SPD am 22. Mai 2005 im bevölkerungsreichsten Bundesland Nordrhein-Westfalen von 42,8 Prozent auf 37,1 Prozent absackt und die langjährige Regierungsmacht an die CDU verliert, schlägt Gerhard Schröder den Weg zu Neuwahlen ein. Es ist der Anfang vom Ende seiner politischen Karriere.

Am Abend der vorgezogenen Bundestagswahl vom 18. September 2005 kann sich die Kanzlerkandidatin der Union, Angela Merkel, rechnerisch als Gewinnerin fühlen und mit der Bildung einer Bundesregierung aus Union und SPD beginnen. Gefühlt gilt sie als Verliererin, denn in einem Pannenwahlkampf schmolz ihr Vorsprung bis auf einen kleinen Rest dahin. Die Union wiederholt mit 35,2 Prozent der Zweitstimmen ihr schlechtes Ergebnis von 1998 (2002: 35,1 Prozent), doch weil auch die SPD über vier Prozent im Vergleich zur letzten Bundestagswahl verliert (2002: 38,5 Prozent, 2005: 34,2 Prozent), ist die Union stärkste Partei und kann die Bundeskanzlerin stellen.

Bei der Bundestagswahl am 27. September 2009 kommt es, wie es nach vier Jahren Großer Koalition kommen muss: Die Erfolge der Regierung gehen mit der Union heim, während die SPD massiv Wählerstimmen verliert. Die Union verliert zwar auch (33,8 Prozent gegenüber 35,2 Prozent vier Jahre vorher), doch die SPD bleibt mit 23 Prozent um 11,2 Prozent unter ihrem Ergebnis von 2005. Die Wähler wollen, dass die FDP wieder mitregiert, und bescheren ihr mit 14,6 Prozent einen historischen Erfolg. Die 11,9 Prozent der Linken und die 10,7 Prozent der Grünen waren in den achtziger Jahren überwiegend noch der SPD zugefallen.

Nach der Wahl ist wieder einmal von einer Krise der Volksparteien die Rede. Soziologen dürfen erneut die Auflösung der alten Sozialmilieus seit den siebziger Jahren bemühen, Politikwissenschaftler führen die Unübersichtlichkeit von Politik in der Globalisierung ins Feld. Dass es auch am Personal und an der Performance der großen Parteien, von denen eine nicht mehr groß ist, liegen könnte, wird vielleicht hinter geschlossenen Türen diskutiert, bleibt aber ohne Folgen. Noch am Wahlabend erklärt der krachend gescheiterte Kanzlerkandidat Frank-Walter Steinmeier seinen Anspruch auf den Fraktionsvorsitz im Bundestag, er gibt mit anderen Worten die Botschaft aus: Wir ändern nichts! Noch schlimmer ist, dass ihm niemand in der Partei diesen Anspruch streitig macht.

Ihren persönlichen Wahltriumph erlebt Angela Merkel erst bei der Bundestagswahl am 22. September 2013, als die Union 41,5 Prozent der Zweitstimmen erhält, 7,7 Prozent mehr als 2009. Die FDP von Guido Westerwelle und Philipp Rösler scheitert an der Fünfprozenthürde, die SPD kann sich nur um gut zwei Prozentpunkte auf 25,7 Prozent verbessern. Das Ergebnis erweckt den Eindruck, das Konzept der Volkspartei sei noch nicht tot, doch der Schein trügt, denn es würdigt die Bundeskanzlerin als »Mutter« der Nation. Mit ihr am Ruder fühlen sich die Deutschen in Krisenzeiten sicher. Festigkeit im politischen Sturm hatte schon Konrad Adenauer verkörpert, heute macht Angela Merkel die Inge Meysel der deutschen Politik.

Auch dieser Nimbus währt nicht lang. Angela Merkel gibt noch die Mutter, als ihr die Wähler schon scharenweise davonlaufen. Für sie wie für die Noch-Volkspartei CDU kommt es faustdick. Die »Alternative für Deutschland« verschafft ihr ein vergleichbares strukturelles Problem wie Grüne und Linke der SPD. Die AfD ist Fleisch vom Fleische der Union. Es mindert den Aufstieg der neuen Partei nicht, dass sie wie einst die Grünen mehr Schlagzeilen über interne Richtungskämpfe als über ihr politisches Programm macht. Auch bei der AfD frisst, wie schon bei den Grünen, die Revolution ihre Kinder. (Bei den Linken ging es von Anfang an professioneller zu, weil die Gründer schon vieljährige Erfahrung in einem Parteiapparat gesammelt hatten.)

Die AfD hält unter der Klientel vor allem der Volksparteien reiche Ernte. Bei der jüngsten Wahl des Berliner Abgeordnetenhauses am 18. September 2016 kommt die CDU auf einen historischen Tiefstand von 17,6 Prozent. Sie tröstet nur, dass die SPD mit 21,6 Prozent ebenfalls ihren tiefsten Stand erreicht. Die AfD kommt auf 14,2, die Linke auf 15,6, die Grünen auf 15,2, die FDP auf 6,7 Prozent. Ein politisches Kellerkind stellt künftig den Regierenden Bürgermeister in einer Stadt, die einmal von einem Ernst Reuter, einem Willy Brandt und einem Walter Momper regiert wurde, ebenso wie von einem Richard von Weizsäcker oder Eberhard Diepgen. Die Stadt erlebte charismatische und farblose Regierungschefs, aber immer Regierungschefs auf einer stabilen politischen Basis. Die deutsche Demokratie hat ein Problem, nicht nur in Berlin.

In den Monaten, da diese Zeilen geschrieben werden, ist die AfD aus der politischen Landschaft der Bundesrepublik nicht mehr wegzuverteufeln, ganz gleich, mit welchen Personen sie welche Politik macht. Die Millionenspenden der gerade einmal 25 000 Mitglieder setzen ein solides Fundament für das neue Parteienbauwerk. Die über 800 000 Flüchtlinge, die bis zum Jahresende 2015 in das Land kommen, bauen ungewollt daran mit. Sie werden als die »Merkel-Flüchtlinge« in die Geschichte eingehen – was für eine Panne der politischen Kommunikation, dass ein Ereignis mit komplexen globalen Ursprüngen auf das vermeintliche Gutdünken einer deutschen Bundeskanzlerin reduziert wird!

Wann begann Angela Merkels Kanzlerinnendämmerung? Man kann den Beginn auf den 5. September 2015 datieren, als Angela Merkel die Grenzen für Tausende auf der Balkanroute festsitzende Flüchtlinge öffnen lässt. Wie die »ewigen Kanzler« Konrad Adenauer und Helmut Kohl kommt auch sie an einen Punkt, wo ihr vieles vermeintlich nicht mehr gelingt. Das mag ihr in der Sache unrecht tun, aber die mediale Wahrnehmung ist in der Politik wichtiger als die Wirklichkeit. Schon bevor sich Angela Merkel zu einer weiteren Kandidatur bei der Bundestagswahl 2017 erklärt, gilt sie als eine Frau im Herbst ihres politischen Lebens. Die deutschen Leitmedien intonieren bereits den Abgesang. Die Erfahrung mit ihren Amtsvorgängern lehrt, dass sich ein Kanzlerwechsel noch lange hinziehen kann, aber die Dämmerung hat begonnen und sie bleibt.

Es gibt noch massivere Anzeichen für Angela Merkels Kanzlerinnendämmerung. Dass der politische Gegner und die Publizistik eine Kanzlerschaft kritisch begleiten, mit wachsender Dauer auch mit wachsendem Überdruss begleiten, gehört zum Business der Demokratie. Viele vermeintliche Meinungsverschiedenheiten in einer Partei sind auch ein Spiel mit verteilten Rollen, mit »good guys« und »bad guys«. Aber dass die CSU eine Bundeskanzlerin der CDU nicht zum Parteitag einlädt und der CSU-Vorsitzende einen Gegner von Angela Merkels Flüchtlingspolitik, den ungarischen Ministerpräsidenten Viktor Orbán, in München hofiert, bedeutet eine neue Dimension von Kritik.

Ist eine Bundeskanzlerin oder ein Bundeskanzler lange im Amt, schwindet automatisch die Disziplin in der Truppe. Aber in der Legislaturperiode, die auf Angela Merkels Wahltriumph folgt, beginnt auch schon die Demontage der Kanzlerin, vergleichbar mit der Demontage von Ludwig Erhard. Die politische Hatz ist eröffnet, nicht vom politischen Gegner, sondern von Kritikern in CSU und CDU. So hat es die Union, wenn sie um die Macht bangt, mit Bundeskanzlern (Ludwig Erhard) oder Kanzlerkandidaten (Rainer Barzel) schon immer gemacht.

Angela Merkels Kanzlerschaft kann mit der Wahl im September 2017 zu Ende sein oder in die Verlängerung gehen. Politik, Medien und Wähler wird im Fall einer Verlängerung weniger die Frage beschäftigen, welche Politik ihr dann viertes Kabinett macht, sondern wie lange die Chefin selbst im Amt bleiben und wen sie als Nachfolgerin oder Nachfolger vorschlagen will.

Ergebnisse von Bundestagswahlen sind so verderblich wie Fallobst, das zeigen die Verläufe deutscher Kanzlerschaften seit 1949. Natürlich, das Ergebnis einer Bundestagswahl hat Folgen für das Land, aber keine der Art, die Politiker und Journalisten gern glauben machen. Das Ergebnis einer Bundestagswahl ist vor allem ein arithmetisches: Welche Parteien schicken Abgeordnete in den Bundestag und jeweils wie viele? Welche Partei stellt den nächsten Bundestagspräsidenten oder den Bundespräsidenten? Welches Parteibuch braucht es für ein paar Schlüsselpositionen in Wirtschaft und Gesellschaft?

Eine politische Neuorientierung mit neuen Konzepten und neuen Köpfen findet – mit Ausnahme der Wahl 1998 – nach einer Bundestagswahl nicht statt. Im Parlament werden ein paar Stühle gerückt, die Fraktionen stellen ein paar Abgeordnete weniger oder mehr, im Plenum oder auf der Regierungsbank tauchen wenige neue und viele alte Gesichter auf, im doppelten Sinn des Wortes. Erstmals seit Jahrzehnten musste mit der Bundestagswahl 2013 sogar eine komplette Fraktion gehen. Doch die Hinauswahl der FDP aus dem Bundestag ist kein Hinweis darauf, dass die Trutzburg Berlin für Personalwechsel durchlässiger würde, vielmehr haben die Protagonisten dieser Partei es selbst vergeigt.

Unabhängig von gelegentlichen Bundestagswahlen bleibt die Kernmannschaft der Berliner Trutzburg immer dieselbe. Die wichtigen Entscheidungen – wer Bundeskanzlerin bleibt oder Bundeskanzler wird, welche Frauen oder Männer die Fraktionen führen, welche Frauen und Männer den wichtigen Ausschüssen vorsitzen – fallen unter Frauen und Männern, deren Rückkehr in den Bundestag dank bester Listenplätze zu keiner Zeit gefährdet ist.

Natürlich, Kontinuität und Erfahrung der Mitarbeiter bedeuten für jedes Unternehmen ein hohes Gut. Aber ein Bundestagsabgeordneter leistet eine Aufgabe auf Zeit. Er hat (hoffentlich) vor Übernahme seines politischen Mandats in einem Beruf gearbeitet und kehrt auch wieder dorthin zurück. Der Begriff des »Berufspolitikers« führt in die Irre, weil er suggeriert, dass jemand, einmal in der Trutzburg angekommen, für den Rest seines Berufslebens darin bleiben darf. Hinzu kommt, dass die hohe Dynamik von Themen, die ein Politiker auf den Tisch bekommt, einen regelmäßigen Wechsel des Personals geradezu nahelegt. Politiker können über alles reden, aber ein Fünfzigjähriger beispielsweise das Kommunikationsverhalten junger Leute im Internet nicht mehr verstehen.

Die Bedeutungslosigkeit von Bundestagswahlen ist zum Teil den Akteuren anzulasten und zum Teil dem System – den Akteuren, weil sie häufig von einem pünktlichen Ruhestand nichts wissen wollen. Sie halten sich für unentbehrlich und unersetzlich, in Wirklichkeit sind sie der Sucht der Macht erlegen. Und sie wollen gutes Geld verdienen, denn ohne Mandat fallen häufig die hübschen Nebeneinkünfte weg. Und man müsste sich – wie alle Deutschen außerhalb der Trutzburg und ohne politisches Mandat – überlegen, was man mit der verbleibenden Lebenszeit anfangen will!

Die auf Stabilität angelegte Ordnung trägt das ihre zur gerontologischen Starre der politischen Klasse bei. Die Autorinnen und Autoren des Grundgesetzes wollten aus dem Scheitern der Weimarer Verfassung lernen und schufen ein System, das nicht nur den Wählerwillen spiegeln, sondern zuverlässig handlungsfähige Regierungen ermöglichen soll. Eine Regierung soll von gewisser Dauer sein; im Parlament braucht es stabile Mehrheiten, um Gesetze zu beschließen. Die Opposition darf nicht bei jeder Gelegenheit die Abberufung eines Ministers oder die Absetzung der Regierung erzwingen!

Bundestagswahlen schaffen eine Regierung für vier Jahre, doch in Berlin ist das Bewusstsein, dass eine Legislaturperiode vier Jahre dauert, nicht mehr allgemein. Vorzeitige Abbrüche galten lange als Ausnahmen von der Regel, reserviert für besondere Zeiten. Als Willy Brandt 1972 und Helmut Kohl 1982 die jeweilige Legislaturperiode vorzeitig beendeten, waren massive innenpolitische Konflikte vorausgegangen. Willy Brandt hatte seine Regierungsmehrheit verloren und Helmut Kohl erstmals erfolgreich ein konstruktives Misstrauensvotum im Bundestag herbeigeführt. Die vorzeitige Parlamentsauflösung durch Gerhard Schröder am 21. Juli 2005 ist dagegen von einer Art, die dem Geist des Grundgesetzes widerspricht: Gerhard Schröder hatte keine Regierungsmehrheit verloren, sondern nur die Zustimmung einer Mehrheit seiner Fraktion in einer wichtigen Frage. Gerhard Schröder stellte das innerparteiliche Scheitern seiner Politik über das Wählervotum von 2002. Er strengte ein Plebiszit an, um die parteiinternen Gegner zum Verstummen zu bringen.

Was hätte Angela Merkel getan, wenn sich ein großer Teil der Unionsfraktion ihrer Griechenlandrettungspolitik verweigert hätte? Ohne »eigene Mehrheit« hätte auch sie mutmaßlich Neuwahlen herbeigeführt, obwohl sie zu jeder Zeit über eine parlamentarische Mehrheit verfügte. Auch sie hätte das Ergebnis der zurückliegenden Bundestagswahl kassiert.

Eine Wahl ist eine Entscheidung zwischen mindestens zwei Möglichkeiten, zwei Politikentwürfen, zwei Persönlichkeiten und zwei Konzepten politischer Kultur. Eine solche Wahl kennen andere Demokratien der Welt, Frankreich, Großbritannien, die USA (mit anderen Gefahren, siehe die Wahl von Donald Trump zum US-Präsidenten). Es ist nicht egal, ob Frankreich von einem Republikaner oder einem Sozialisten regiert wird, es wird das Land in die eine oder andere Richtung verändern. In Großbritannien stehen Tories und Labour Party für grundverschiedene Weltbilder. Die Amerikaner entscheiden alle vier Jahre zwischen einem demokratischen und einem republikanischen Kandidaten – eine Alternative mit Folgen für die ganze Welt. Das jüngste Duell zwischen Hillary Clinton und Donald Trump warf ein grelles Licht auf dieses Entweder-oder. Anders in der Bundesrepublik Deutschland. Es macht nicht wirklich einen Unterschied, ob Angela Merkel oder Martin Schulz regiert. Nur die Rhetorik ändert sich.

Der Inzucht-Charakter des politischen Betriebs produziert, das Buch wird es zeigen, schlechtere Politiker und schlechtere Politik, denn mit dem ewig gleichen Personal wird die politische Generationenfolge, dieser Entwicklungsmotor eines Politik-Betriebes, behindert. Der Inzucht-Charakter sorgt für Politiker und Politikerinnen, die zu spät in ein Amt kommen und zu lange darin bleiben. Er sorgt deshalb auch für »verspätete Politik«.

Die These dieses Buches lautet, dass die politischen Generationen seit 1949 zu spät an die Macht kommen und zu lange an der Macht bleiben. Verspätete Politiker besetzen für lange Zeit höchste Ämter und verteidigen die Deutungshoheit gegenüber Generationen, die nachrücken wollen und sollen. Eine Gesellschaft, die alltagskulturell die Jugend liebt, wird von älteren bis alten Damen und Herren regiert. Jugendliche Denkstrukturen prallen an der Trutzburg des Berliner Politikbetriebs ab. Kein Wunder, dass die Themen der künftigen Generationen nicht diskutiert werden. Nachhaltigkeit ist ein Lieblingswort zur Rettung der Welt, nachhaltig wäre es aber auch, das Wohl kommender Generationen im Blick zu haben.

Es gibt im politischen Berlin keine Alten und Jungen, es gibt nur Alte – eben die alte Denkweise und Kultur der jeweils herrschenden Generation. Wenn Abgeordnete und ihre Mitarbeiter an Jahren jung sind, altert ihr Denken innerhalb kurzer Zeit. Was war an der ehemaligen Familienministerin Christina Schröder, die mit 32 ins Amt kam, jung? Sie brachte – wie in anderen demokratischen Ländern längst üblich – während ihrer Amtszeit ein Kind auf die Welt. Aber eine junge Mutter macht noch keinen jungen Kopf!

Als der ehemalige Vorsitzende der Jungen Union Philipp Mißfelder, vorschlug, alte Menschen sollten keine künstlichen Hüftgelenke mehr durch die Krankenkassen bezahlt bekommen, war der Aufschrei in Politik und Öffentlichkeit groß. Die Bundeskanzlerin persönlich erteilte Philipp Mißfelder eine Rüge. So wenig der Vorschlag der deutschen Gesellschaftskultur entspricht, wäre eine Debatte über das Gesundheitssystem an der Zeit – auch darüber, dass Menschen in späten Lebensjahren das System besonders teuer zu stehen kommen. Wer zahlt einmal die künstlichen Hüftgelenke der geburtenstarken Generation Angela Merkel? Die geburtenschwache Generation Philipp Mißfelder, die schon für Angela Merkels Rente aufkommen muss, selbst Kinder großzieht und für das eigene Alter vorsorgen soll?

Einen Rüffel von der Bundeskanzlerin bezog auch der Unionspolitiker Jens Spahn. Den Lebenshorizont seiner Generation vor Augen, schlug der damals 31 Jahre junge Politiker eine sogenannte Demografie-Reserve vor – die Beitragszahler von heute geben Geld in einen Fond, aus dem später ihre Gesundheitskosten bestritten werden. Diese Kosten wären dann nicht von den Jungen zu tragen. Private Krankenkassen setzen eine solche Fonds-Idee schon lange um, ein privat Versicherter legt jeden Monat Geld zurück für die Behandlung seiner Krankheiten im Alter. Für die Politik dagegen ist diese Fondoption (noch) kein Thema, weil sie direkt in die Taschen der Wähler greift. Die Politik holt sich das Geld, das sie für die sozialen Systeme braucht, lieber auf verschlungenen Wegen.

Was das Politikerleben am Berliner Spreebogen mit einer einstmals unbequemen, in der Rhetorik schrillen Persönlichkeit macht, zeigt der Werdegang von Arbeits- und Sozialministerin Andrea Nahles. Einst war sie die Galionsfigur der Jungsozialisten, sie dachte und sprach, um mit Willy Brandt zu reden, sehr links und sehr frei. Sie war immer für eine freche Kritik an der politischen Klasse – auch und gerade an den Roten – gut. Von dem Poltergeist Andrea Nahles ist nichts geblieben. Heute redet sie in stumpfem Sprechzettel-Deutsch und macht immer wieder teure Geschenke an die Menschen da draußen im Land. So brachte sie eine Rentenreform auf den Weg, die nach Meinung der Fachleute auf Kosten der jungen Generation geht. Das ist rücksichtslos gegenüber den Jungen und verantwortungslos gegenüber Arbeits- und Sozialministern, die das geweckte Anspruchsdenken zurückschrauben müssen.

Natürlich ist einiges dran am Diktum von Theodor Fontane, wonach jemand mit vierzig nicht mehr dasselbe denken soll wie mit zwanzig, aber bedeutet es Reife, wenn die Juso-Vorsitzende Andrea Nahles jahrelang eine Politik auf Kosten kommender Generationen geißelt, aber sie als Ministerin selbst betreibt?

»Die Deutschen sind das zweitälteste Volk der Welt«, erinnert Anita Blasberg, 35, in ihrem »Zeit«-Beitrag an die demografische Situation, »vor den Italienern, nach den Japanern. Jeder zweite Bundesbürger ist älter als 45, jeder dritte Wahlberechtigte ein Rentner.« Das vorgerückte Alter von Wählern ist in der Bundesrepublik Deutschland zu einer Kategorie geworden.

Die Bundesrepublik Deutschland erlebt seit 1949 nur Gutes: Rückkehr in die Gemeinschaft der Völker, Wirtschaftswunder, Vereinigung. Wegen ihrer Vorgeschichte und ihres wirtschaftlichen Erfolgs bleibt sie seit 1949 über Jahrzehnte strukturell konserviert. Dafür sorgen die Alliierten, die ein wachsames Auge auf »Bonn« haben, und dafür sorgen Politiker aus den Generationen von Konrad Adenauer bis Helmut Schmidt, die vor Weimarer Verhältnissen warnen und an der Macht bleiben, solange sie können. Diese Generationen – nicht zuletzt Helmut Schmidt als Protagonist seiner Generation – beschworen bis in die jüngste Gegenwart den Geist der alten, politisch kleinen, wirtschaftlich großen Bundesrepublik (in Wirklichkeit war die politische Macht gar nicht so klein, aber Bescheidenheit galt als eine Zier). Ein solches Regiment über Jahrzehnte hin schafft Stabilität einerseits und Starre andererseits. Dieses Buch widmet sich Verkrustungen des politischen Systems, die seiner Entwicklung und Selbsterneuerung im Weg stehen.

Die Vereinigung 1990 hätte einen Neustart dank neuer Bedingungen und neuer Akteure bringen können. Doch die Akteure, allen voran Angela Merkel, konservierten die Strukturen der alten Bundesrepublik (das Buch kommt darauf zurück). So viel Westdeutschland wie heute war nie!

Die Altenkultur des politischen Bonn (heute Berlin) prägt schon immer das Land. Der kurze Versuch junger »Piraten«, die Verhältnisse zu ändern, scheiterte kläglich. Ihre Gründer meuchelten sich selbst in Anfangsquerelen, wie sie jede neue Bewegung erlebt. Auch in Zukunft wird die politische Arbeit – genauer die politische Arbeit in wichtigen Ämtern – von den

Generationen 50 plus gemacht. Die einzige Opposition, die in der aktuellen Legislaturperiode diesen Namen verdient, kommt nicht mehr von Jungen, sondern von Alten bis ganz Alten, von der Altherrenmannschaft der AfD. Im Rausch eines unverhofften Frühlings vertreten die Spätberufenen Positionen, vor denen sie wenige Jahre vorher noch Abscheu empfunden hätten.

»Früher, vor 33 Jahren, als die Grünen entstanden, waren die Protestler jung, hier sind die meisten über 50«, schreibt Anita Blasberg in der »Zeit«. »Früher trugen die Alternativen lange Haare, heute tragen sie Einstecktuch.« Anita Blasberg spielt auf die Protagonisten der neuen Rechten an, auf den ehemaligen CDU-Staatssekretär Alexander Gauland, damals 72, oder den ehemaligen BDI-Präsidenten Hans-Olaf Henkel, damals 73. Hans-Olaf Henkel hat sich inzwischen von der AfD, nicht aber von seinen Einstecktuch-Positionen abgewandt. Noch immer darf er im »Spiegel«-Gespräch Klage darüber führen, dass ihn Bundeskanzlerin Angela Merkel, 61, persönlich enttäuscht hat.

Natürlich, Politiker im Alter zwischen sechzig und achtzig Jahren sind nicht prinzipiell schlechte Politiker. Es gibt fähige alte Politiker und unfähige junge. Doch dass auch Junge in Berlin das Sagen haben, mit Energie die politische Kultur befruchten, in einer anderen, nicht gestanzten Sprache, beseelt von Hoffnungen und Visionen auf eine etwas andere Welt – diese Möglichkeit sieht die Altenregie in Berlin nicht vor.

In diesem Buch wird nicht dem Jugendwahn das Wort geredet. Lebenserfahrung ist ein wertvolles Gut. »Erfahrungswissen« kommt nur aus einem langen Leben. Ein siebzig Jahre alter Chirurg mit vierzig Jahren Operationserfahrung kann besser sein als ein vierzig Jahre alter Kollege, der die neuesten Methoden kennt und beherrscht. Auch die Politik braucht Erfahrungswissen. Einem Wolfgang Schäuble, 74, kann kein Ministerkollege ein X für ein U vormachen, keiner in Deutschland und schon gar keiner in Griechenland. Otto Schily, Innenminister in den beiden

Kabinetten Schröder, verkörperte ebenfalls das Senioritätsprinzip im guten Sinn. Heiner Geißler war achtzig, als er im umstrittenen Bahnprojekt »Stuttgart 21« schlichtete, da war Erfahrung ebenfalls wichtiger als das Adrenalin eines Jungen.

Aber auch die Berliner Politik-Trutzburg braucht immer wieder eine neue Sicht auf die Dinge, braucht neues Denken, eine neue Sprache – Denken und Sprache der jeweils folgenden Generationen. Erneuerung kommt nur von Neuen. Ein paar Alte in verantwortlichen Positionen sind gut, ein regelmäßiger »Blutaustausch« (Hans-Peter Schwarz) des ganzen Systems bis in verantwortliche Positionen hinein ist wichtiger!

John F. Kennedy wurde mit 41 Jahren US-Präsident und niemand käme auf die Idee zu sagen, er sei zu jung für das Amt gewesen. Er gab ein Beispiel dafür, dass auch ein junger Mann politisch gewissenhaft entscheiden kann. Im Bundestagsbüro von Helmut Schmidt hing in den sechziger Jahren ein Kennedy-Porträt. Irgendwann hängte er es ab oder nach einem Büroumzug nicht mehr auf – eine Handlung mit Symbolkraft. Helmut Schmidt waren charismatische Politiker wie Kennedy zeit seines Lebens suspekt. Helmut Schmidt, das Buch wird es zeigen, gehörte zu den Protagonisten einer Generation, die einen deutschen John F. Kennedy erfolgreich verhinderte. Im Alter verglich Helmut Schmidt die charismatische Ausstrahlung von Barack Obama mit der von Adolf Hitler.

Justin Trudeau ist fast 44, als er kanadischer Premierminister wird. Matteo Renzi ist bei seiner Vereidigung als italienischer Ministerpräsident 39 Jahre jung. Österreichs Außenminister Sebastian Kurz tritt sein Amt mit 27 Jahren an. Wer käme auf die Idee, einen Trudeau oder einen Kurz als politische »Grünschnäbel« abzukanzeln?

Die Frage, ob solch junge Gesichter ein Glück oder ein Unglück für ihr Land sind, ist falsch gestellt, denn das Alter bildet für die Qualität einer Politikerin, eines Politikers eine Kategorie von vielen. Er oder sie darf nicht einfach jung oder alt, sondern muss auf vielen Feldern fähig sein, kommunikativ, begeisterungsfähig, durchsetzungsstark, ein heller Kopf mit einem Herz für Menschen. Charisma strahlt der alte Wolfgang Schäuble genauso aus wie der junge Justin Trudeau. Charisma kann seine Wirkung entfalten, wenn die Politikerin oder der Politiker gleich welchen Alters brilliert. Der jugendliche Justin Trudeau verkörpert Perspektiven und eine Zukunft für sein Land, der alte Wolfgang Schäuble steht für Besonnenheit – solange er mitmischt, bleiben die Tassen im Schrank.

Beide Politikertypen, beide Biografien haben in gefestigten Demokratien ihr selbstverständliches Recht. Die Bundesrepublik Deutschland ist eine gefestigte Demokratie, aber noch nicht alt genug, dass es ihr gelungen wäre, sich vom Axiom ihres Gründungskanzlers, wonach ein alter Bundeskanzler ein guter Bundeskanzler ist, zu befreien. In der Trutzburg (nicht im Restdeutschland) herrscht bis heute das Senioritätsprinzip: Junge Politiker gelten wegen ihres vermeintlichen Übermuts und mangelnder Lebenserfahrung als sprunghaft, ältere bis alte Politiker punkten vermeintlich mit Erfahrung und Stetigkeit im Handeln. Das Senioritätsprinzip fand sogar Einzug in das Grundgesetz, es kann nur Bundespräsident werden, wer mindestens vierzig ist. Ein vierzigjähriger Bundespräsident wäre zur Abwechslung nicht schlecht, aber das wissen die Bewohner der Trutzburg zu verhindern.

Einmal hatte die Bundesrepublik schon eine Art junge Bundespräsidentin. Während der kurzen Präsidentschaft von Christian Wulff, der mit 51 gewählt wurde, waren die Augen mehr auf seine Gattin, 37, als auf ihn gerichtet. Nie vorher und nie mehr danach drang die Arbeit und Familie eines Bundespräsidenten so stark in das allgemeine Bewusstsein wie zu dieser Zeit. Ungewollt oder gewollt versah Bettina Wulff das Amt ihres Mannes mit einem neuen Image. Erstmals war ein Bundespräsident nicht nur Festtagsredner und Gewissen der Nation, sondern Teilnehmer am gesellschaftlichen Leben und ein Mensch mit Lebensbrüchen.

Das ärgerte und verstörte einige Deutsche, aber viele beeindruckte und begeisterte es auch.

Auf Christian Wulff folgt mit Joachim Gauck ein neunzehn Jahre und mit Frank-Walter Steinmeier ein drei Jahre älterer Präsident. Eine zweite »Bettina Wulff« ist auf Jahre nicht zu befürchten.

Der junge Verteidigungsminister Karl-Theodor zu Guttenberg war ein Ausrutscher, auf ihn folgt eine dreizehn Jahre ältere Ursula von der Leyen. Karl-Theodor zu Guttenberg bringt nicht nur sich, sondern auch die Bundeswehr mit dem schwierigen Dienst der Soldaten in ein allgemeines Bewusstsein. Bei Ursula von der Leyen ist die Bundeswehr medial eine Gurkentruppe, deren Gewehre bei Hitze nicht geradeaus schießen und deren Fluggeräte mangels Wartung am Boden bleiben.

Die Westdeutschen machten sich nach dem Mauerfall und der Vereinigung über »Wandlitz« lustig – über jenen Sprengel nahe Berlin, in dem die Mitglieder des DDR-Politbüros, geschützt durch einen hohen Zaun, dicht an dicht gelebt und einander belauert haben. »Wandlitz« steht heute einerseits für materielle Privilegien, die sich Erich Honecker und Co. am Volk vorbei gestatteten, andererseits für die hermetische Abriegelung immer älter werdender Männer, die vom Land, das sie regierten, nichts mehr mitbekamen.

Zur Schadenfreude über Honecker und seine Wandlitzer Nachbarn gibt es keinen Grund. Das Berlin der vereinigten Bundesrepublik ist selbst ein geistiges »Wandlitz«, umgeben von Denkverboten und bewohnt von Frauen und Männern, die den Löwenanteil ihrer Lebenszeit miteinander teilen. Angela Merkel möchte bestimmt nicht die Stunden zählen, die sie im Lauf ihres Lebens mit Wolfgang Schäuble oder Horst Seehofer oder Sigmar Gabriel teilen musste. Das tut sie, das tun sie alle schon seit vielen Jahren, ohne Auszeit, ohne Phasen der körperlichen und geistigen Regeneration.

Der hermetische Charakter der ersten Hauptstadt wurde mit der Bezeichnung »Raumschiff Bonn« sprichwörtlich, aber in Berlin, der viel größeren Hauptstadt mit viel weiteren Wegen, geht es nicht weniger hermetisch zu. Ein Symptom dafür ist die politische Chancenlosigkeit einer Frau oder eines Mannes von außen – es macht in Berlin keiner Karriere, der nicht die übliche Gehirnwäsche durchlaufen hat.

Das Maß seiner Abriegelung bzw. Offenheit verrät, wie gut ein politisches System funktioniert. Wie geht seine politische Klasse mit Protest um, mit Kritik und Widerstand außerhalb der Trutzburg? Ist Kritik erwünscht oder doch mindestens geduldet? Wie gut hören Politiker Rufe von der Straße? Auch darauf wird die Rede kommen.

Mit der hermetischen Abschottung der politischen Klasse geht die Abwehr von Seiteneinsteigern einher. In der Geschichte der Bundesrepublik Deutschland gibt es Frauen und Männer, die in den Politikbetrieb berufen wurden, dort aber nie angekommen sind. Wer erinnert sich an Steffen Heitmann, der in der Ära Kohl Bundespräsident werden sollte, oder an den Unternehmer Jost Stollmann, designierter Wirtschaftsminister im ersten Kabinett Schröder? Oder an den Verfassungs- und Steuerrechtler Paul Kirchhof, der das Diktum von Friedrich Merz, wonach eine Steuererklärung auf einen Bierdeckel passen müsse, umsetzen wollte?

In der Geschichte der Bundesrepublik Deutschland gibt es Frauen und Männer, die nach ihrer Berufung tatsächlich in Bonn oder Berlin ein Büro bezogen, aber nur für wenige Jahre, bis sie erfolgreich hinausgemobbt waren. Zu ihnen gehört Willy Brandts Finanzminister Alex Möller, der früh, aber vergeblich vor zu hohen Staatsausgaben warnte. Der Warner ging, es blieben die Gewarnten.

Die Spezies der politischen Seiteneinsteiger, diese in Sprache und Auftritt ungeschliffenen Geister, bedeuten eine Störung für den Bonner bzw. Berliner Politikbetrieb, für die vielen stillen Verabredungen zwischen den immer gleichen Protagonisten. Jeder hat irgendeine politische Leiche im Keller, von der alle anderen wissen. Es bräuchte mehr als ein Leben, um diese Verstrickungen zu durchschauen.

Seiteneinsteiger, die im politischen Betrieb dauerhaft Fuß fassen, zahlen den Preis völliger Anpassung. Horst Ehmke (Justizminister im Kabinett Kiesinger, Chef des Bundeskanzleramtes während der ersten Legislaturperiode von Willy Brandt), Ursula Lehr (Bildungsministerin in Kabinetten von Helmut Kohl), Rita Süssmuth (Gesundheitsministerin ebendort), Rupert Scholz (Verteidigungsminister ebendort) oder Klaus Töpfer (Umweltminister ebendort) sind Beispiele dafür. Nach einem kraftvollen Einstieg – Rita Süssmuth steht für die erste, gelungene »Gib Aids keine Chance«-Kampagne – gleichen sich diese Politiker in Sprache und Denken dem Bonner bzw. Berliner Mainstream an. Jahre später hatte Rita Süssmuth eine Dienstwagenaffäre – der Nachweis ihrer vollständigen Assimilation im Politikbetrieb.

Die biologische Begrenzung eines Arbeitslebens, könnte jetzt der Einwand kommen, sorgt doch automatisch für frisches Blut und für einen Wechsel der Generationen? Natürlich, auch ein deutscher Politiker kann nicht so alt werden wie Abraham, aber viele würden es im Gefühl ihrer Unentbehrlichkeit gern. Die Angehörigen der Generationen Konrad Adenauer bis Helmut Kohl stemmten sich gegen die natürliche Generationenfolge, indem sie ohne Rücksicht auf die eigene Gesundheit bis zum Ruin dieser Gesundheit Politik machten oder machen. Sie sahen darin einen Dienst am Vaterland. »Ich diene!«, pflegte Herbert Wehner seine Briefe zu beenden, nicht mit »Hochachtungsvoll« oder »Mit freundlichen Grüßen«. Für das Vaterland waren Wehner und Co. bereit, »in den Sielen« zu sterben, wie das geflügelte Wort hieß. Für die politischen Generationen bis einschließlich Helmut Schmidt ging der Krieg im Frieden irgendwie weiter.

Konrad Adenauer gibt die Kanzlerschaft mit 87, den CDU-Parteivorsitz mit 90 ab. Aber eigentlich findet er immer noch, dass er die Ämter weiterhin besser selbst ausüben sollte. Der langjährige SPD-Fraktionsvorsitzende Herbert Wehner hört mit 77 auf, schon lange schwächt ihn die jetzt ausbrechende Demenz. Der bayerische Ministerpräsident Franz Josef Strauß, 73, fällt bei der Jagd tot um. Helmut Schmidt, der fast 97-jährig stirbt, saß am Tag vor seinem Tod noch am Schreibtisch.

Von der Generation Schröder an wollen Politiker nicht mehr in den Sielen sterben. Gerhard Schröder und Joschka Fischer treten nach ihrem Machtverlust nicht wie Willy Brandt und Helmut Schmidt in das zweite Glied, sondern nutzen ihre politischen Netzwerke für Lobbyarbeit (Gerhard Schröder) oder bessern ihre Rente mit Werbung auf (Joschka Fischer).

In der Politikergeneration nach Gerhard Schröder kommt es sogar vor, dass jemand mit 55 Jahren aufhört, um aus einem fremdbestimmten Leben ein selbstbestimmtes zu machen. Als sich Hamburgs Erster Bürgermeister Ole von Beust »durchgenudelt« (sein eigenes Wort) fühlt, tritt er zurück und ward in der Politik nicht mehr gesehen. Doch Ole von Beust verkörpert die bekannte Ausnahme von der Regel. Noch immer gilt: Wer einmal Berufspolitiker ist, will es bleiben, solange er darf, denn er leistet eine erfüllende, weil gestaltende Arbeit, die gut bezahlt wird und Sozialprestige garantiert. Dass Abgeordnete keine Beamten mit garantierter Arbeits- und Verdienstbiografie sind, sondern auf Zeit in Ämter Berufene, gerät darüber aus dem Blick.

Je höher Politiker kommen, desto seltener gelingt ihnen ein zeitgemäßer Abschied. Der Historiker Hans-Peter Schwarz pflegt zu sagen, der einzige Fall eines gelingenden Rücktritts, den er kenne, sei der von Kaiser Karl V. Der trat im Jahr 1556 ab.

Wie konnte es in der deutschen Politik zum verhängnisvollen Schisma zwischen Alt und Jung kommen? (Übrigens nicht nur auf Bundes-, sondern auch auf Landesebene.) Welche Folge hat die holprige Generationenfolge für die Entwicklung der Republik, wie erzeugt sie kurze oder lange Amtszeiten von Bundeskanzlern, überlange Kanzlerschaften, kurze Phasen des Aufbruchs und langen Phasen des Stillstands? Weshalb darf seit 1949 nur regieren, wer zu spät kommt, wer lange in der Schlange stand?

»Wer zu spät kommt, darf regieren«, der Untertitel des Buches ist geborgt. Angelehnt an Michail Gorbatschows Wort »Wer zu spät kommt, den bestraft das Leben«, steht der Satz über einem Artikel, den der Politikwissenschaftler Franz Walter für eine »Spiegel Geschichte«-Ausgabe im Frühjahr 2009 geschrieben hat. »Wechsel in der politischen Führung vollziehen häufig nach, was im Land bereits passiert ist«, lautet der Kernsatz seines kurzen, brillanten Stücks. Die Mentalität einer Gesellschaft verändere sich durchaus nicht entlang den Zeitstrukturen politischer Macht. Menschen neigen dazu, eine Zeit nach ihrem Herrscher zu benennen, für die Bundesrepublik wird gern von der »Adenauer-Zeit« oder der »Kohl-Ära« oder von »Rot-Grün« gesprochen. Dabei sind Bundeskanzler gar nicht die Förderer des gesellschaftlichen und kulturellen Fortschritts.

Mich hat diese These schon beim ersten Lesen elektrisiert und seither beschäftigt. Was macht es mit einer Gesellschaft, wenn ihre Politiker im Altersstau stehen, bevor sie, zu spät, endlich ans Ruder dürfen? Sind »verspätete Kanzler« ein Schaden? Wäre eine Bundeskanzlerin oder ein Bundeskanzler mit Anfang oder Mitte vierzig ein Gewinn?

Wenn es nicht die »Zeitstrukturen politischer Macht« sind, um noch einmal mit Franz Walter zu reden, nicht die Amtszeiten der Bundeskanzler, die eine Entwicklung des Landes (auch ihren Stillstand) bestimmen, was sonst? Die Generationenfolge. Generationenkonflikte spielen eine weit unterschätzte Rolle.

»Eine neue Generation, das ist ein neues Gehirn.«

Gottfried Benn

Jetzt sind wir dran!

Vom Ehrgeiz politischer Generationen

Immer neue Generationenbücher kommen auf den Markt, sprich: die Beschreibung einer Generation durch eine Angehörige, einen Angehörigen dieser Generation. In einem der jüngsten Titel dieses Genres beschreibt ein Autor seine Generation als sprachlos, was einen Kritiker auf die Frage bringt, ob der Autor nicht auch sprachlos sein müsse? Für ein Generationenbuch, gibt sich der Kritiker zur Antwort, reicht offenbar jeder noch so kleine Wortschatz aus!

Generationenbücher versuchen einen Drahtseilakt zwischen treffender Analyse und leichter Unterhaltung. Selbst wenn Titel inflationär erscheinen (von mir stammt auch einer, über die deutschen Babyboomer), kommt ihnen ein Verdienst zu – sie schufen in Deutschland ein neues Generationenbewusstsein. Seit dem Erscheinen von Generationenbüchern – angefangen mit Florian Illies' »Generation Golf« (2000) – beginnen sich die Deutschen für die Eigenschaften ihrer jeweiligen Generation zu interessieren. Sie lesen darüber, was sie generational kennzeichnet, und sprechen mit Angehörigen derselben Generation, aber auch mit Eltern und Kindern darüber.

Anfangs erreicht das Niveau der Generationenbücher ein »Hattest du noch Lego oder schon Playmobil?«-Niveau, doch mit der Zeit erscheinen ernsthafte, sehr ernste Titel, die erstmals Traumata einer Generation öffentlich machen. Diese Titel handeln von den »Kriegskindern«, den Kindern in der Schlussphase des Zweiten Weltkriegs, die Bilder von der brennenden, ausgebombten Wohnung ihrer Eltern nicht mehr aus dem Kopf bekommen. Kriegskinder verstehen mit Hilfe dieser Lektüre viel besser, wie sie von solchen Erlebnissen geprägt wurden. Sie erkennen, dass bedrückende, ja traumatische Erfahrungen häufig kollektive sind. Sie können jetzt diese Erfahrungen teilen, kommen mit sich selbst und mit ihren Eltern oder Großeltern eher ins Reine.

Inzwischen stehen auch die Kinder der Kriegskinder im Fokus der Generationenliteratur. Viele Psychotherapeuten sind davon überzeugt, dass Traumata von einer Generation zur nächsten Generation übertragen werden. Ein Kind erbt die existenzielle Angst seiner Mutter, die im Weltkrieg um ihre Eltern und sich selbst Angst haben musste. Kürzlich wollen Forscher diesen generationalen Sprung sogar wissenschaftlich nachgewiesen haben.

Was beim Generationenthema noch wenig im Fokus steht, ist die politische Dimension der Generationenfolge. Das Gelingen oder Scheitern eines generationalen Wechsels in politischen Führungsämtern gestaltet den Lauf und die Richtung eines Gemeinwesens wesentlich mit. Die Frauen und Männer, die das Gemeinwesen steuern, tragen – wie die Elterngeneration in einer Familie – Konflikte mit den Jungen aus. Die Jungen wählen hierzu die Straße wie die Achtundsechziger oder die sogenannte Friedensbewegung Anfang der achtziger Jahre. Auch die »Piraten« waren am Anfang eine Bewegung der Straße – eigentlich der virtuellen Straße, dem World Wide Web –, bevor sie sich politisch organisierten und in Parlamente einzogen. Die Jungen können aber auch den Konflikt innerhalb des Systems suchen wie die Jungsozialisten der siebziger Jahre, die mit Vorliebe zwei sozialdemokratische Bundeskanzler kritisierten.

Es klingt wie ein Gemeinplatz: Jede Demokratie erlebt Generationenkonflikte und geht mit diesen Konflikten irgendwie um. Für die deutsche Demokratie ist der Dualismus von Alt und Jung allerdings bedeutsamer als für andere, denn an ihrer Wiege steht ein uralter Mann, Konrad Adenauer, der diese Wiege vierzehn prägende Jahre lang schaukelt und das schon erwähnte »Nur ein alter Bundeskanzler ist ein guter Bundeskanzler«-Prinzip etabliert. Seither sind alle Bundeskanzler alt – zwar immer jünger an Lebensjahren, aber im Denken älter als die kulturelle Leitgeneration ihrer Zeit.

Von einer Generation geht eine historische Kraft aus. Sie prägt maßgeblich den Lauf der Zeit, in der sie lebt. Ihre Mitglieder teilen ein ähnliches Weltbild und deuten die Gegenwart in vergleichbarer Weise. Gemeinsam drücken sie einem Gemeinwesen ihren Stempel auf. Die Bindekraft einer Generation ist total, die Anziehungskraft offenbar magisch. »Man fühlt sich als Angehöriger der Flakhelfer-Generation, obwohl man nie an einem Flak-Geschütz gestanden, oder als Angehöriger der 68er-Generation, obwohl man nie an einer Demonstration teilgenommen hat«, beschreibt der Soziologe Heinz Bude diese Magie. »Das Zusammengehörigkeitsgefühl bemisst sich nach der Bedeutung, die bestimmte Ereignisse und Situationen haben, und nicht daran, ob man tatsächlich dabei oder wirklich betroffen war.« Generationen teilen Überzeugungen, Gefühlsweisen und Handlungsnormen, die sie von anderen Generationen unterscheiden und die sie antreiben, die frühere Generation abzulösen.

Die Intelligenz einer Generation ist keine Schwarmintelligenz. Jede Generation neigt zur Selbstidealisierung, hält sich für fortschrittlicher als alle Generationen davor und für klüger als alle danach. Jede Generation hält sich für unersetzlich. Wenn jemand sagt: »Ich bin noch vom alten Schlag!«, versteht er das als Kompliment an sich selbst.

Konrad Adenauer kann wegen seines Alters nicht weit in die Zukunft planen, aber in jeder Legislaturperiode kommt er zu der Überzeugung, er dürfe die Zukunft noch nicht Jüngeren überlassen. Keine Sekunde ist ihm die junge Demokratie schon gefestigt genug zur Weitergabe in andere Hände. Erst nach erfolgreicher Erpressung durch den Koalitionspartner kündigt er seinen Rücktritt an und erst nach einer im Januar 1961 öffentlich im Rundfunk vorgetragenen Erinnerung seines »Parteifreundes« Eugen Gerstenmaier, der es an der Zeit findet, sich »Gedanken über den Nachfolger zu machen«, vollzieht er ihn auch. Nach seinem Rücktritt fuhrwerkt er weiterhin in der Politik herum, indem er CDU-Parteivorsitzender bleibt und seinen Nachfolger Ludwig Erhard madig macht.

Eine späte Nachfolgerin im Amt, Angela Merkel, nimmt sich vor, es besser zu machen, sie will »nicht als ein halb totes Wrack« aus dem Amt scheiden. Im Winter 2016 erklärt sie, nach den Wahlen im Herbst 2017 für eine weitere, dann vierte Legislaturperiode zur Verfügung zu stehen. Falls sie die Wahl gewinnt und weitere vier Jahre im Amt bleibt, wäre sie 16 Jahre Bundeskanzlerin und 67 Jahre alt.

Jede Generation weiß um ihren Auftrag in der biologischen Generationenfolge. Ihn zu erfüllen, geht sie bei der Großeltern- und der Elterngeneration in die Schule, verdrängt die Elterngeneration als Leitgeneration und wird selbst wieder von ihren Kindern verdrängt. Eine Generation prägt ihre Kinder und Kindeskinder. Die Generationenfolge ist Entwicklungsmotor in vielen Bereichen der Gesellschaft. Ein Familienunternehmen geht von einer Generation zur nächsten über. In einer Monarchie ist die Thronfolge eine Generationenfolge. Auch in Demokratien gibt es generationale Kontinuitäten, etwa wenn die Kennedys oder die Bushs über Generationen hinweg amerikanische Politik machen. Justin Trudeau ist ein kanadischer Premierminister aus eigenem Recht, aber er bleibt nicht nur biologisch, sondern auch in der allgemeinen Wahrnehmung der Sohn von Pierre Trudeau, der ebenfalls einmal Premierminister war.

Journalisten greifen gern zum Generationenbegriff, um politische Stammbäume zu schreiben. Zu den »Enkeln« von Willy Brandt gehören Rudolf Scharping, Gerhard Schröder und Oskar Lafontaine. Angela Merkel war einmal das »Mädchen« in den Kabinetten von Helmut Kohl. Die Zuordnung zu »Vatergenerationen« ist so langlebig wie der biologische Zusammenhang zwischen Vater und Tochter.

Politiker selbst wählen den Generationenbegriff, um die besondere Qualität ihrer Alterskohorte zu betonen. Helmut Schmidt war ein Meister darin. Er betrieb Generationenverklärung (die galt seiner eigenen) und Generationenbashing (die galt der Generation Gerhard Schröder). Nach mir, so die stehende Rede, ist nichts Besseres, nicht einmal etwas Gutes gekommen!

Der Kampf der Generationen ist ein immanentes Entwicklungsgesetz der Politik. Das Buch wird zeigen, dass Königsmörderinnen und Königsmörder in der Geschichte der Bundesrepublik immer auch den Generationenkonflikt suchen. Die Jungen sticheln, die Alten halten dagegen. Die Alten mobben die Jungen weg. Irgendwann siegen die Jungen über die Alten, aber dann sind sie schon nicht mehr jung, sondern selbst alt. Die politische Geschichte der Bundesrepublik Deutschland ist die Geschichte politischer Generationenkonflikte.

Als Oskar Lafontaine in einem »Stern«-Interview erklärt, mit den Sekundärtugenden, die der aktuelle Bundeskanzler Helmut Schmidt verkörpere, könne man auch ein KZ betreiben, begeht er eine diskutable Provokation. Zugleich ist es die Äußerung eines Politikers, der namens seiner Generation das Hornsignal zur Jagd bläst. Macht Platz ihr Herren auf den Regierungssesseln! Jetzt sind wir dran! »Neue Generationen betreten die Bühne und entwerten die Erfahrungen der Älteren (...)«, schreibt der Soziologe Bernhard Giesen.

Nichts hat Helmut Schmidt in seinem langen politischen Leben so sehr gekränkt wie die Bemerkung Oscar Lafontaines. Sie traf ihn und die Angehörigen seiner Generation ins Mark. Dabei hatte Oskar Lafontaine nur die Strategie von Helmut Schmidt, eigene Machtansprüche generational zu begründen, gegen ihn selbst gerichtet. Mit Oskar Lafontaines Wort setzt für Helmut Schmidt und die Seinen die Generationendämmerung ein. Tatsächlich dauert es danach nicht lange, bis die politische Generation Helmut Schmidt ihren Hut nehmen muss: Oskar Lafontaines Interview erscheint in der »Stern«-Ausgabe vom 15. Juli 1982, am 1. Oktober 1982 wird Helmut Schmidt als Bundeskanzler abgewählt und durch Helmut Kohl ersetzt, der um eine politische Generation jünger ist.

Helmut Schmidt und Helmut Kohl verkörpern politische Paradepferde ihrer jeweiligen Generation. Andere Generationen ereilt das Schicksal, keine Angehörige und keinen Angehörigen ganz nach oben zu bringen. Das passiert, wenn sich Protagonisten der vorherigen, im Fall von Konrad Adenauer der vorvorherigen Generation lange an der Macht halten können.

Konrad Adenauer, Helmut Kohl und Angela Merkel bremsen nicht nur mögliche Nachfolger, sondern auch die Generationen dieser Nachfolger aus. Die Babyboomer, die geburtenstarken Jahrgänge 1959 bis 1964 (mit 1964 als Peak) bleiben ohne Galionsfigur von Format oder von der Macht eines Helmut Kohl und eines Gerhard Schröder. Christian Wulff, Jahrgang 1959, wird nicht Bundeskanzler, sondern Bundespräsident. Roland Koch, Jahrgang 1958, Friedrich Merz, Jahrgang 1955, Peter Müller, Jahrgang 1955, oder Norbert Röttgen, Jahrgang 1965, sahen nie den Gipfel und werden ihn auch nicht mehr sehen. Angela Merkel hat Christian Wulff in ein repräsentatives Amt weggelobt. Bei Friedrich Merz und Norbert Röttgen drückte sie den Knopf ihrer politischen Falltür.

Angehörige übergangener Generationen bleiben im hierarchischen Mittelbau hängen und neigen zu subversiven Handlungen. Friedrich Merz gehört zu den engen Beratern von Julia Klöckner, Jahrgang 1972, Kritikerin von Angela Merkels Flüchtlingspolitik und eine der Unionshoffnungen für die Nachmerkelzeit. Zu ihren Beratern zählt auch der greise Heiner Geißler, der als CDU-Generalsekretär gegen Bundeskanzler Helmut Kohl geputscht und darüber sein Amt verloren hat. Bis heute haben sich beide nicht ausgesöhnt.

Generation, Generationenfolge, Generationenbewusstsein – in diesen Begriffen steckt die Dynamik für biologische und soziale Phänomene. »Gesellschaftlicher Wandel vollzieht sich durch Paradigmenwechsel, indem diejenigen, die eine bestimmte Geisteshaltung vertreten, von anders denkenden oder handelnden Gruppen abgelöst werden«, schreibt der Soziologe Horst-Alfred

Heinrich. Das gilt auch für die Dynamik von Kleingesellschaften wie der politischen Elite.

So sehr diese Begriffe schillern, so sehr stehen sie analytisch auf wackligen Beinen. Gibt es überhaupt ein gemeinsames Erleben und eine gemeinsame Prägung unter Angehörigen derselben Generation? Setzen ihnen Zeitläufte, die gemeinsam erlebt werden, eine gemeinsame Brille auf?

Generationenforscher antworten auf diese Frage seit längerem mit einem Ja. Besonders bei traumatisierenden Ereignissen, so ihre Erkenntnis, kommt es zu einer vergleichbaren, gemeinsamen Prägung. Zwei Weltkriege im zwanzigsten Jahrhundert setzten besonders tiefe Schnitte zwischen Alterskohorten. War jemand bei Kriegsbeginn Kind, Jugendlicher oder gerade erwachsen? Musste er in den Krieg und in welchem Alter oder blieb ihm das erspart? Helmut Schmidt, Offizier im Krieg, hielt sich namens seiner Generation für tapferer als Erhard Eppler oder Helmut Kohl samt ihren Generationen. Erhard Eppler gehörte zum »letzten Aufgebot«, Helmut Kohl war gar nicht mehr im Krieg. Tapferer meint hier: geeigneter für politische Spitzenämter!

Wie sollen politische Generationen in Deutschland voneinander geschieden werden, seit es hier (zum Glück) keine Kriege mehr gibt? Für die Nachkriegszeit bis heute schlägt Heinz Bude den Wohlfahrtsstaat als Kriterium vor. Welche Alterskohorten profitierten vom Wohlfahrtsstaat, und wie sehr? Historische Marksteine wie »1989« bieten sich ebenfalls an. Welche Generation wurde mit dem Ende der DDR zur Verlierergeneration? Angehörige einer verlorenen Generation sind nach einem Umbruch zu alt, um ein neues Weltbild zu formen, und können anderswo schwer Fuß fassen. Der Zerfall der DDR hat zwei Generationen eine vertraute Gesellschaft und einen vertrauten Arbeitsplatz genommen. Auch die Eltern- und die Großelterngeneration der Flüchtlinge, die seit 2015 nach Deutschland kommen, werden hier keine Wurzeln schlagen. Der Krieg wurde ihnen zum Generationenschicksal.

In dem Bewusstsein, dass der Generationenbegriff auf einem analytisch schwachen Fundament steht, macht dieses Buch dennoch regen Gebrauch von ihm. So schwammig der Begriff ist, liefert er doch schlüssige Erklärungen für soziale Phänomene, nicht nur in der Soziologie, auch in der Geschichtswissenschaft, in den Politik- und Kulturwissenschaften. Der Generationswechsel ist nicht der einzige, aber ein wichtiger Treibstoff für den politischen Betrieb. Der Generationenbegriff hilft politische Phänomene zu verstehen. In diesem Buch wirft er ein helles Licht auf das Kommen und Vergehen deutscher Kanzlerschaften.

»Seit vielen Jahren erklären uns ältere Männer die Welt.«

Anita Blasberg

Wer zu spät kommt, darf regieren

Die Bundeskanzler in ihrer Zeit

Historiker bedienten sich gern, beginnt der Politikwissenschaftler Franz Walter seinen Artikel »Wer zu spät kommt, darf regieren«, der Daten von Regierungswechseln, um daran den gesellschaftlichen Wandel festzumachen. Damit griffen sie allzu leicht daneben. »Denn die Mentalität einer Gesellschaft verändert sich durchaus nicht entlang den Zeitstrukturen politischer Macht.« Neue Regierungen, fährt der Politikwissenschaftler fort, hätten keine sozialen oder gesellschaftlichen Tatsachen geschaffen, sondern »lediglich vorangegangene, schon weit fortgeschrittene gesellschaftliche Prozesse zum Abschluss gebracht (...)«. Kurz und prägnant skizziert er das Zuspätkommen der Kanzlerschaften von Willy Brandt bis Gerhard Schröder und sagt als Ergebnis der Bundestagswahl 2009 eine schwarz-gelbe Koalition voraus. »Dann aber dürfte ein weiteres Mal ein Bündnis regieren, dessen politisches Mantra hoffnungslos in der Vergangenheit wurzelt.«

Franz Walter liegt auch hier mal wieder richtig mit seiner Wahlprognose – es käme die Parteien billiger, sie würden ihn gemeinsam engagieren statt die Meinungsforschungsinstitute, die in letzter Zeit völlig versagt haben.

Helmuth Plessner hat das Wort von Deutschland als »verspäteter Nation« geprägt. Deutschland ist nicht nur eine verspätete Nation, sondern auch ein Land der verspäteten Regierungen. Mit den Regierungen kommen die Generationen, die sie verkörpern, seit jeher zu spät an die Macht. Jeder Kanzler, der länger als zwei Amtszeiten regiert, trägt das Seine zu dieser Verspätung bei. Oder um ein Bild zu wählen: Der Zug, in dem die politische Klasse Platz nimmt, bleibt seit 1949 weit zurück hinter dem Zug, in dem die Gesellschaft ihr soziales und kulturelles Leben führt. Die Gesellschaft hängt die Politiker, von denen sie regiert wird, ab.

Die Geschichte der Bundesrepublik Deutschland ist in vielerlei Hinsicht eine Erfolgsgeschichte, manchmal auch eine Wundergeschichte, in wirtschaftlicher, sozialer und kultureller Hinsicht. Trotzdem gibt es bis heute nicht behobene, schmerzhafte Geburtsfehler wie das Zuspätkommen ihrer Kanzler, ihrer Regierungen, ihrer politischen Leitgenerationen. Das politische System ist bis heute nicht durchlässig genug für immer neue soziale und kulturelle Entwicklungen. Die Chance, dass einmal eine deutsche Bundeskanzlerin, ein deutscher Bundeskanzler diese Verspätung geringer werden lässt oder gar wettmacht, geht gegen null.

Was bedeutet es, dass eine Politikerin, ein Politiker »zu spät« kommt? Der Begriff klingt beim ersten Lesen trivial, zumal in einem Buch, das politische Geschichte als Generationengeschichte erzählen will. Folgenlos oder folgenschwer kann neben einem persönlichen Zuspätkommen im privaten Bereich ein soziales Zuspätkommen sein. Wenn eine Mode in den USA erst ein, zwei Jahre später nach Europa kommt, ist das eine Verzögerung, die den Modemacher ärgert. Wenn aber ein Bundeskanzler 37 Jahre nach Kriegsende noch immer frühere Wehrmachtsoffiziere in sein Kabinett beruft, hat das Auswirkungen auf die Arbeit der Regierung und auf die politische Kultur im Land.

Michail Gorbatschow richtete seinen Satz »Wer zu spät kommt, den bestraft das Leben« an einen Politiker, Erich Honecker, und machte ihm damit deutlich, dass dessen letztes politisches Stündlein geschlagen habe. Michail Gorbatschow sagte mit dem Satz aber auch, dass ein Land, dessen Politiker die Zeichen der Zeit nicht erkennen, mit schlechten Politikern gestraft ist.

Politiker tun sich schwer damit, die Zeichen der Zeit zu erkennen. Zu spät gekommene Politiker tun sich besonders schwer damit. Als Helmut Schmidt im Oktober 1982 das Kanzleramt an Helmut Kohl übergibt, sagt er in einer kurzen Rede: »Meine Zeit ist abgelaufen, Ihre hat begonnen.« Helmut Schmidt will die historische Stunde eines Kanzlerwechsels, auch eines Wechsels der Kanzlerpartei, nüchtern kommentieren, wie es seine Art ist. Er will nicht den kleinsten Hinweis darauf geben, dass ihn dieser Abgang schmerzt, dass er gern weiterregiert hätte, um vor der Geschichte noch etwas zu leisten. Das werden später nur andere, die Schmidt nahestehen, preisgeben, Klaus Bölling und Hans Apel. Helmut Schmidt selbst wird noch jahrzehntelang beteuern, dass er »erleichtert« gewesen sei über sein Ausscheiden.

Als Helmut Schmidt sagt, seine Zeit sei abgelaufen, könnte er auch »Amtszeit« sagen, denn gemeint sind die Tage, Monate und Jahre zwischen seiner ersten Vereidigung zum Bundeskanzler und seiner Entlassung an diesem Tag. Der kalendarische Begriff von Zeit ist natürlich nicht gemeint, wenn es in diesem Buch um eine verspätete Kanzlerin, um verspätete Kanzler geht. Fasst man den Zeitbegriff weiter, bezieht man den »Zeitgeist« mit seinen Umbrüchen und Aufbrüchen mit ein, war Helmut Schmidts Zeit schon um Jahre abgelaufen. Ein politisches Schicksal, das Helmut Schmidt mit allen seinen Vorgängern und Nachfolgern im Amt teilt.

»Da brauchen wir euch noch gar nicht.«

Konrad Adenauer zu Richard von Weizsäcker

Wie uns die Alten sungen

Konrad Adenauer, Ludwig Erhard und Kurt Georg Kiesinger

Als Konrad Adenauer am 15. September 1949 zum Bundeskanzler gewählt wird, ist er 73 Jahre alt. Die viel bemühte »Stunde Null«, die bekanntlich keine war, ist die Stunde der Alten. Der neue Staat muss für sein Personal tief in die Geschichte greifen, denn nur wer sich nicht durch Mitlaufen oder Mittun im NS-Staat schuldig gemacht hat, kann jetzt ein Amt übernehmen. Die politische Generation, die noch »Weimar« gestaltet hat und von 1933 an aus der Politik gedrängt wurde, meldet sich zurück. Diese Generation gilt den Alliierten als moralisch nicht korrumpiert. Ihre Biografie und ihre persönliche Standfestigkeit hat sie der Versuchung durch die Nazis widerstehen lassen. Dass diese Generation mit einem Patriarchen an der Spitze nicht zimperlich sein wird, wenn es um die Auswahl jüngerer, national-sozialistischer-belasteter Mitarbeiter geht, steht auf einem anderen Blatt.

Konrad Adenauer gehört nicht der politischen Generation von »1949« an, er ist älter. Der erste Bundeskanzler, Jahrgang 1876, erlebt die Kaiserzeit und den Großen Krieg, wie der Erste Weltkrieg bis zum Ausbruch des Zweiten genannt wird, bewusst mit, er nimmt in der Weimarer Republik hohe politische Ämter wahr und überwintert das Dritte Reich als Pensionär. Einen vergleichbar weiten Erlebnishorizont wird in der Geschichte der Bundesrepublik nur noch ein weiterer Politiker aufweisen, Helmut Schmidt. Er kommt während der ersten Wochen der Weimarer Republik zur Welt, erliegt als Jugendlicher kurz der Faszination des Nationalsozialismus, wird im Krieg traumatisiert und avanciert in der Bundesrepublik zu einem ihrer politischen Gestalter. Nach der deutschen Vereinigung bedarf es offenbar einer Art Bundeskanzlerpräsidenten, Helmut Schmidt füllt diese Rolle bis zu seinem Tod 2015 aus.

Konrad Adenauer und Helmut Schmidt: zwei Jahrhundertleben.

Bereits Konrad Adenauer lebt vor, was Helmut Schmidt später zur Stereotype erheben wird: Politik ist eine Fron, die Last des Amtes bedrückt mich, aber leider weiß ich niemanden, der die Arbeit besser macht als ich! »Die politische Tätigkeit«, schreibt Konrad Adenauer im Frühjahr 1946 an einen Freund, »die ich habe auf mich nehmen müssen, weil schlechthin kein anderer da war, ist sehr aufreibend, körperlich anstrengend und sehr undankbar. Ich suche ihr zu entgehen, sobald ich es irgendwie verantworten kann. Das ist ja überhaupt das Verhängnis für Deutschland, dass die alte Generation überall an die Spitze muss. Die mittlere Generation fällt nahezu vollständig aus, weil sie in der Partei war. Die junge Generation ist nicht urteilsfähig, weder in politischer noch einer sonstigen Hinsicht. Sie muss völlig umerzogen werden.«

Richard von Weizsäcker schrieb einmal, so schrecklich die Nazizeit gewesen sei, »als sie endete, war noch eine Generation da, deren Erfahrung aus der Zeit vor den Nazis stammte«. Wie wenig Konrad Adenauer den Jungen zutraut, sagt er Richard von Weizsäcker, Jahrgang 1920, auf den Kopf zu: »Nun macht mal eure Ausbildung, erwerbt euch erst mal Berufserfahrung, für die Politik sorgen wir, da brauchen wir euch noch gar nicht.« Der so Belehrte tritt zwar 1954 in die CDU ein, übernimmt aber für lange Zeit Aufgaben fernab der Politik. Erst 1969, mit dem Einzug in den Bundestag, wird er Berufspolitiker.

Es wäre vermessen zu behaupten, mit dem Regierungsantritt des 73-jährigen Konrad Adenauer habe die Kette der verspäteten Kanzler ihren Anfang genommen. Die Situation 1949 ist eine historisch besondere. Nach der Katastrophe von Nazideutschland und Krieg spielt die Frage, wie alt ein Regierungschef sein darf, keine Rolle. Überdies fehlen die Jungen – viele von ihnen sind im Krieg umgekommen oder gerieten in Gefangenschaft.

Tatsächlich erweist sich der alte Bundeskanzler mit seiner Erfahrung, seiner Bedächtigkeit und Schläue als ein Glück für das Land. Konrad Adenauer muss keinen persönlichen Ehrgeiz mehr entwickeln. Er macht seine Arbeit in dem Bewusstsein, dass er im Winter seines Lebens steht. Vor diesem alten Mann haben alle Respekt, auch seine Gesprächs- und Verhandlungspartner aufseiten der Alliierten. Konrad Adenauer nimmt sich gegenüber den Besatzern viel heraus. Vieles von dem, was er tut, würden sie einem Jüngeren nicht durchgehen lassen. Konrad Adenauer steht vor ihnen wie ein alter, knorriger Baum, den nichts und niemand umwerfen kann!

Konrad Adenauers politischer Gegenspieler Kurt Schumacher ist zwar an Jahren jünger (1895 geboren), aber im Denken älter. Er argumentiert nicht pragmatisch wie Adenauer, sondern ideologisch. Er neigt zudem, wie Psychologen sagen würden, zu einer hohen Kränkungsbereitschaft, sprich: Er ist rasch beleidigt. Seine Emotionen überwältigen seine Vernunft. Kurt Schumacher gelingt das Kunststück, die eigene Partei trotz guter Ausgangslage ins politische Aus zu manövrieren. Ob bei der Außenpolitik, der Wirtschaftspolitik oder auf anderen Politikfeldern, für die in diesen Jahren Weichen gestellt werden: Sozialdemokraten stehen immer beiseite, schätzen Lagen falsch ein, ziehen sich schmollend zurück. Konrad Adenauer kann die deutsche Politik auch deshalb dominieren, weil er keinen adäquaten Gegenspieler hat.

Ein weiterer Faktor spielt Konrad Adenauer politisch in die Hände: Er regiert zu einer Zeit, als das Alter noch in hohem Ansehen steht. In der Bundesrepublik der fünfziger und sechziger Jahre gilt noch das Senioritätsprinzip, wonach ein an Jahren Älterer prinzipiell recht hat. Es ruht auf der Annahme, dass mit dem Alter Erfahrung und Klugheit einhergehen. Das Alter bedeutet einen Wert an sich, in der Politik wie in der Familie. »Widersprich nicht deinem Vater!« – »Widersprich nicht deinem Großvater!«, bekommen Kinder und Jugendliche eingebläut.

Alter macht weise. Alter macht autoritär.

Konrad Adenauer regiert zu einer Zeit, da die Politik Grundbedürfnisse erfüllen muss. Sie muss für inneren und äußeren Frieden sorgen, für Sicherheit, Ordnung, Ruhe. Die Deutschen wollen »politisch entpflichtet« werden (Franz Walter). »Sicherheit« proklamiert die SPD auf Wahlplakaten, »Keine Experimente!« die Union. Solche Versprechen kann kein Junger machen, denn er ist – siehe oben – nicht erfahren, geschweige denn weise.

Es ist eine Zeit des Aufbaus, nicht des Aufbruchs. »Politik ist garstig Lied«, sagte der Volksmund in den zwanziger Jahren, als Helmut Schmidt groß wurde. Für die Deutschen bleibt sie nach dem zweiten Jahrhundertkrieg ein »garstig Lied«. Halb aus Scham, weil sie sich von Hitler verführen ließen, halb aus wirtschaftlicher Not, die alle Kräfte braucht, machen sie einen Bogen um die öffentlichen Angelegenheiten. Die sollen »die in Bonn« besorgen. Sie selbst nehmen den neuen Staat hin, weil er ein Versprechen auf Brot und Kohlen macht. Von einer Regierung erwarten sie, dass sie ihnen Arbeit gibt. Ihr Ehrgeiz geht ganz in die Arbeit. Es soll für sie materiell bergauf gehen. Sie wollen sich wieder Wünsche erfüllen. Ihre Wunschliste ist lang.

Politiker in diesen Jahren werden weniger für ihre politischen Grundsätze gewählt als für das Wohlstandsversprechen, das sie den Deutschen geben. Konrad Adenauers Macht in Bonn festigt sich erst in seiner zweiten Legislaturperiode, als das System der Sozialen Marktwirtschaft zu greifen beginnt. Sein Nachfolger Ludwig Erhard, Symbolfigur für diese wirtschaftliche Erfolgsgeschichte, stürzt später über eine kurze, in ihren Ausmaßen läppische Delle in der statistischen Kurve ökonomischen Wachstums. Bis heute werden in Deutschland Bundestagswahlen von dem Kandidaten mit der vermeintlich größeren Wirtschaftskompetenz gewonnen (die Wahl von Willy Brandt war ein Sonderfall, weil seiner Ostpolitik geschuldet). Gerhard Schröder kam mit dem Nimbus des »Autokanzlers« an die Macht. Sigmar Gabriel wollte bei der Regierungsbildung 2013 Wirtschaftsminister werden – zum Nachweis seiner Wirtschaftskompetenz als künftiger Kanzlerkandidat.

Konrad Adenauer ist der Mann der Stunde, der Tage, Monate und Jahre. Bei der ersten Bundestagswahl liegen Union (31,0 Prozent) und Sozialdemokraten (29,2 Prozent) noch fast gleichauf, doch vier Jahre später, am 6. September 1953, gelingt der Union ein Erdrutschsieg (45,2 Prozent gegenüber 28,8 Prozent für die SPD) – es ist auch der Sieg Konrad Adenauers. Die FDP fällt leicht von 11,9 Prozent auf 9,5 Prozent zurück. Der Wahltriumph der Union macht den »Alten« unangreifbar. Der CDU-Staat, auf Jahre zementiert, die SPD auf Jahre abgeschrieben!

Selbst wenn die SPD aus ihrem Tal kommt, muss die Union um die Macht nicht fürchten, der Abstand reicht, um in einer Großen Koalition den Chef zu stellen. Von 1949 an wird immer wieder über eine »Allparteienkoalition« für die Aufbaujahre diskutiert, aber ihr tragischer Vorsitzender Kurt Schumacher schlägt auch diese Option aus. Lieber versteigt er sich in ein persönliches Duell mit Konrad Adenauer. Sein Nachfolger Erich Ollenhauer ist ein Verwalter, kein Politiker, ein redlicher, aber politisch mutloser Mann. Er zieht die Opposition vor.

Also freie Bahn für »den Alten«? Mitnichten. Wenn die Opposition schwach ist, kommen die Gegner aus der eigenen Partei. Bereits Konrad Adenauer macht die Erfahrung, dass sein Wahltriumph von 1953 ein Jahr später nichts mehr wert ist. Das erste Jahr mit dem zweiten Kabinett ist nicht sein bestes. Die »Parteifreunde«, die später einmal auf seinen Stuhl wollen, registrieren es genau und suchen die Lücke. Schon für den ersten aller Bundeskanzler gilt: »Die gegenmajoritären Kräfte, das institutionelle Gegengewicht und Vetospieler stabilisieren sich, je länger eine Kanzlerschaft dauert« (Karl-Rudolf Korte). Der Gegenwind kommt professionell von der Opposition, mal mehr und mal weniger aus dem Volk, aber am effizientesten von Widersachern im eigenen Lager.

Der nächste Wahltriumph, den Konrad Adenauer erlebt, ist ein historischer. Die Bundestagswahl am 15. September 1957 (50,2 Prozent der Stimmen für die Union, 31,8 Prozent für SPD und 7,7 Prozent für die FDP) schafft überraschend klare Fakten. Konrad Adenauer, jetzt 81 Jahre alt, wird weitere vier Jahre im Amt bleiben, wenn es seine Gesundheit erlaubt. Die Anwärter auf die Nachfolge müssen zurück auf die Ersatzbank. Ihre Geduld wird arg strapaziert, aber nach diesem Traumergebnis kann man dem Alten keinen Abgang nahelegen!

Wahlsiege führen nicht automatisch zu starken Regierungen, wie bereits Konrad Adenauer erfahren muss. Er hat – wie später Helmut Schmidt, Helmut Kohl und Angela Merkel – seine politisch besten Jahre, als er im Bundestag über die knappsten Mehrheiten verfügt. Knappe Mehrheiten sorgen für Disziplin in der Truppe. Wer gegen ein Gesetzesvorhaben der eigenen Koalition stimmt, riskiert Neuwahlen und den Verlust des eigenen Mandats. Konrad Adenauer regiert trotz absoluter Mehrheit mit der FDP weiter. Helmut Kohl kann 1976 und 1983 von Glück reden, dass die Union die absolute Mehrheit verfehlt. Lieber einen schwachen Koalitionspartner am Tisch als eine starke Schwesterpartei!

Wie später Helmut Kohl und Angela Merkel erlebt auch Konrad Adenauer drei Phasen während seiner langen Kanzlerschaft: einen holprigen Start, eine solide Mittelphase und einen glücklosen Herbst. Am Anfang ist es die mangelnde Erfahrung in der neuen Konstellation, am Ende der Verschleiß auf vielen Ebenen. Alle Bundeskanzler erleben diesen Verschleiß auch ganz persönlich, denn sie machen einen physisch und psychisch strapaziösen Job. Ein Topmanager hat ein vergleichsweise glückliches Leben, denn er muss während einer Dienstreise nicht ständig Interviews geben und wird nicht von Journalisten abgepasst.

Der Verschleiß trifft auch den eigenen Apparat, während des Regierens können sich die Figuren in Schlüsselpositionen nicht regenerieren. Jede Administration neigt zur Bildung von Routinen, die sich eine Zeitlang bewähren mögen, aber irgendwann mehr hinderlich als förderlich sind. Ein Bundeskanzler müsste, um dem vorzubeugen, zur dritten Legislaturperiode alle politischen Ämter neu besetzen, was er natürlich persönlich nicht will und politisch nicht kann. Eine Bundeskanzlerin, ein Bundeskanzler hat es hier nicht besser als der Trainer einer Fußballmannschaft, der während des Spiels bis zu drei Spieler auswechseln darf, aber die Taktik korrigieren kann er erst in der Kabine. Früher haben Bundeskanzler gern ihr Kabinett umgebildet als Signal für einen Aufbruch. Seit sich herumgesprochen hat, dass eine Kabinettsumbildung eher kosmetischen Charakter hat, treten Minister nur noch wegen Skandalen zurück.

Schon der ewige Kanzler Konrad Adenauer erlebt die strukturellen Probleme, die sich ein ewiger Regent selbst einbrockt. Er steht noch nicht vor der Schwierigkeit, umsteuern, sich im Amt neu erfinden zu müssen, denn für einen Gründungskanzler gibt es nur etwas zu gründen, nicht umzubauen. Aber alle Adenauer-Nachfolger stehen vor der Aufgabe, einen fahrenden Zug umzugestalten. Alle werden, so wird sich zeigen, an dieser Aufgabe scheitern, oder, mit dem Slogan einer Autowerbung: Ihnen misslingt das »Umparken im Kopf«. Weil ein Umparken nicht klappt, folgt bald das Ausparken aus dem Kanzleramt.

Konrad Adenauer stammt aus keiner der Generationen, die in der neuen Republik Verantwortung tragen. Zu den – längst verstorbenen – Führungspolitikern seiner Generation gehören Reichspräsidenten oder Reichsminister der Weimarer Republik, Friedrich Ebert, Jahrgang 1871, Gustav Stresemann, Jahrgang 1878, Walther Rathenau, Jahrgang 1867, Franz von Papen, Jahrgang 1879, oder Kurt von Schleicher, Jahrgang 1882. Konrad Adenauer selbst war kein Berufspolitiker, aber als Oberbürgermeister von Köln in einer hohen Verwaltungsfunktion. Im Bonn von 1949 wirkt er wie der biblische Abraham, dem Gott ein Gnadenalter schenkt, damit er eine Mission erfülle. Der Abraham aus Köln plant in kurzen Etappen, von Jahr zu Jahr, von Legislaturperiode zu Legislaturperiode, wenigstens erweckt er diesen

Eindruck. Er fährt persönlich und politisch »auf Sicht«. Dank seines himmlischen Beistandes darf er so alt werden wie selten ein Mensch und dabei so robust und fit bleiben wie wenige in diesem Alter.

Wie verhalten sich während Konrad Adenauers gefühlt endloser Kanzlerschaft die Generationen, die er hinhält, ausbremst, ignoriert? Der alte Herr sieht gleich mehrere politische Generationen kommen und gehen. Zu seiner Zeit ist das noch ein Werden und Vergehen der politischen Eliten.

Im Deutschen Kaiserreich hat die preußische Oberschicht das Sagen. Preußen ist überall. Nach dem Zusammenbruch des Reiches bleibt diese Macht intakt – nicht zum Glück der neuen, der Weimarer Republik. Die Oberschicht hält Distanz oder stellt sich gegen sie. Als für die Weimarer Republik die Sterbeglocke läutet, gehören die neuen Machthaber nicht der preußischen Oberschicht an, aber Adolf Hitler und seine Führungsleute lassen die Junker unbehelligt. Einstweilen werden sie für den Wirtschaftsaufschwung und für die Kriegsvorbereitung gebraucht. Früher oder später hätten die Nazis mutmaßlich die preußischen Großgrundbesitzer enteignet, um Parteileute auf ihre Güter wegzuloben, aber die Niederlage 1945 macht diesen Plan zunichte und die Naziherrschaft zum Glück auch.

Mit der Neuordnung der deutschen Landkarte von 1945 an kommen den politischen Eliten das Land und die Macht abhanden. Die Führungsoffiziere der Besatzungsmächte sorgen dafür, dass die gewachsene Oberschicht nicht die Schlüsselpositionen des neuen Staates besetzen kann. Hinzu kommt, dass die Alliierten die Gründung politischer Parteien fördern, die Schmelztiegel für neues Personal. Die Republik von 1949 wird eine Parteiendemokratie, der Staat ein Parteienstaat. Das ist ein Glück, weil Politiker nicht dank ihrer sozialen Herkunft oder dank ihres Vermögens gesetzt sind, aber auch ein Unglück, weil die Parteien den Staat usurpieren. Die starke Stellung der Parteien im politischen System von Bonn und Berlin trägt dazu bei, dass die deutsche Bundeskanzlerin, die deutschen Bundeskanzler bis heute zu spät kommen.

Die ersten Politiker der Bundesrepublik sind Politiker aus der Zwischenkriegszeit. Sie wurden im letzten Jahrzehnt des vergangenen Jahrhunderts geboren und teilen ein politisches Trauma, den Ersten Weltkrieg. Ernst Reuter (Jahrgang 1889), Kurt Schumacher (1895), Heinrich Krone (1895), Franz Blücher (1896), Carlo Schmid (1896), Ludwig Erhard (1897) oder Thomas Dehler (1897) werden in der Kriegszeit zu überzeugten Demokraten. Der NS-Staat weckt ihre Abscheu und ihren Widerstand, für den sie, siehe das Schicksal Kurt Schumachers, ins Zuchthaus gehen. Die Generation Kurt Schumacher prägt das Land bis etwa Mitte der sechziger Jahre, als Bundeskanzler Ludwig Erhard zurücktritt.

Je länger Konrad Adenauer regiert, desto mehr Generationen klopfen an die Zugbrücke der Trutzburg Bonn. Im zweiten Kabinett des »Alten« sitzen schon Angehörige der Generation, die den Ersten Weltkrieg im Kindes- oder Jugendalter erlebt und ihre politische Prägung während der ruhelosen zwanziger Jahre erfahren hat. Der Historiker Hans-Peter Schwarz nennt diese Generation die »Vorkriegsgeneration«.

Die ruhelose Zwischenkriegszeit mit ihren Wirtschaftskrisen und dem Scheitern der Weimarer Republik sorgt dafür, dass die Politiker dieser Generation unterschiedliche Schicksale erleben. Der Sozialdemokrat Erich Ollenhauer, Jahrgang 1901, muss wegen Hitlerdeutschland ins Londoner Exil. Der Jurist Kurt Georg Kiesinger, geboren 1904, wird NSDAP-Mitglied und Mitläufer. Herbert Wehner, Jahrgang 1906, ist Kommunist und leistet Widerstand von Moskau aus. Fritz Erler, Jahrgang 1913, verbringt als Sozialdemokrat Jahre im Gefängnis, Willy Brandt, ebenfalls Jahrgang 1913, wählt das Exil und erlebt Nazideutschland »von außen«, wie der fünf Jahre jüngere Helmut Schmidt bitter sagen wird.

Helmut Schmidt ist mit Jahrgang 1918 bereits Angehöriger der »Kriegsgeneration«, die ihre politische Prägung im Nazideutschland erlebt und im Krieg viele Offiziere stellt. Helmut Schmidt weiß: Wer wenige Jahre jünger oder wenige Jahre älter ist, kam oder kommt um den Krieg herum oder er nimmt als einfacher Soldat daran teil. Er muss keine Einheiten befehligen, muss nicht für den Tod seiner Männer verantwortlich sein.

Helmut Schmidt geht einen Umweg über Hamburg, ehe er auch im Bund Spitzenämter übernimmt, doch drei aus seiner Generation prägen die Politik schon in der Adenauer-Zeit mit: Franz Josef Strauß, Jahrgang 1915, Erich Mende, Jahrgang 1916, und Walter Scheel, Jahrgang 1919. Franz Josef Strauß kommt eine exponierte Stellung zu, weil er kein Landespolitiker unter vielen ist, sondern für eine der beiden Unionsparteien steht. Erich Mende und Walter Scheel spielen trotz der kleinen Partei, der sie angehören, eine wichtige Rolle, weil die FDP bis 1969 an fast allen Regierungskoalitionen beteiligt ist.

Dass mit Erich Mende und Franz Josef Strauß auch Jüngere nach oben kommen, bleibt unter der Ägide von Konrad Adenauer folgenlos für die politische Kultur. In dieser ahistorischen Zeit der Republikgründung, dieser Zeit mit neuen Landkarten, neuer Verfassung und neuem Wirtschaftssystem, steht nicht Jung gegen Alt, eine Generation gegen die andere, sondern stehen Konzepte gegen Konzepte, politische, wirtschaftliche, gesellschaftliche.

Ist die »Restauration«, der Konrad Adenauer geziehen wird, je länger er im Amt ist, ein Vorwurf an ihn oder an die politische Klasse als Ganze? Der Vorwurf lautet, dass die neue Republik nicht immer freiheitlicher, demokratischer, im Denken fortschrittlicher wird, sondern mit ihrem Staats- und Gesellschaftsverständnis zurück in die Vergangenheit marschiert. Die Politik lernt nicht aus der geistigen und moralischen Katastrophe, die ihr in der Wiege liegt, sie restauriert eine bürgerliche Gesellschaft und verfällt auf ein Wirtschaftssystem, das im letzten Jahrhundert viele Menschen in die Not gestürzt hat!

Auch die großen politischen Debatten dieser Zeit, etwa um die Wiederbewaffnung des Landes oder die Stationierung von

Atomwaffen in der Bundesrepublik sind keine politischen Generationenkonflikte von der Art, wie sie die Generation Helmut Schmidt mit dem NATO-Doppelbeschluss erleben wird. Wenige Jahre nach einem zweiten Weltkrieg innerhalb eines Jahrhunderts stehen nicht Junge gegen Alte, sondern »Wehrpolitiker« und Pazifisten einander gegenüber.

Es ist Konrad Adenauer, der diesen Jahren seinen Stempel aufdrückt, es ist aber auch der Zeitgeist dieser Jahre, der mit Konrad Adenauer einen Namen bekommt. In keiner anderen Ära werden die Persönlichkeit des Bundeskanzlers und die Deutungshoheit der gesellschaftlichen Leitgeneration so stark harmonieren wie in den fünfziger Jahren. Auch Helmut Kohl und Angela Merkel stehen mit ihren Namen jeweils für eine Ära, die sie politisch geprägt haben, aber gesellschaftliche oder gar kulturelle Ambitionen hatten bzw. haben sie zum Glück nicht.

Die Bundestagswahl 1957 beschert Konrad Adenauer und den Seinen den schon erwähnten historischen Triumph einer absoluten Mehrheit. Der Kanzler, inzwischen 81, ist jetzt acht Jahre im Amt und kann auf vier weitere Jahre hoffen. Erst mit seiner dritten Legislaturperiode beginnt der Umstand, dass ein Greis das Land regiert, Folgen zu zeitigen – mit Wirkungen bis in die Gegenwart. Als »Gründungsbundeskanzler« durfte Konrad Adenauer sehr alt sein, aber eine Gründung ist eine zeitlich begrenzte Aufgabe, ein Gründen ist kein Regieren. Im besten Fall geht das Gründungswerk nicht zu früh in jüngere Hände, weil der Mörtel vielleicht noch nicht trocken ist, aber auch nicht zu spät, damit aus dem Gründer kein Bremser wird. Der Gründer der Bundesrepublik wird in seinen späten Kanzlerjahren zum Bremser. Die Schere zwischen den fähigen Jungen und den machtbewussten Alten geht immer weiter auf.

1957 gelangen spätere Spitzenpolitiker wie Rainer Barzel (Jahrgang 1924), Ernst Benda (Jahrgang 1925), Freiherr von und zu Guttenberg (Jahrgang 1921) oder Bruno Heck (Jahrgang 1917) in den Bundestag. Sie bringen einen gesunden Willen zu Veränderungen mit, der von den Alten konterkariert wird. Die Alten wissen, sie würden für diese Vorhaben nicht mehr gebraucht. Lieber sitzen sie die Jungen aus, wie ein modernes Wort lautet, und hoffen auf eine späte Ernte ihrer Lebensarbeit.

Ludwig Erhard (Jahrgang 1897), Eugen Gerstenmaier (1906), Heinrich von Brentano (1904) und Gerhard Schröder (1910) ringen um Konrad Adenauers Nachfolge – im Namen ihrer Generation. Auch Kurt Georg Kiesinger, Jahrgang 1904, gehört dazu, doch er schaut sich das Treiben aus der Ferne an, vom Ministerpräsidentensessel in Stuttgart aus.

Solange Konrad Adenauer regiert, gibt es im Bundeskabinett allenfalls »Blutauffrischungen«, keine Generationenwechsel. Zumal Konrad Adenauer kein »Talentfischer« ist wie später Willy Brandt, der politische Nachwuchsarbeit betreibt. Konrad Adenauer denkt klassisch machiavellistisch, lässt niemanden, der jung ist, hochkommen, ein Zögling könnte ja zum Königsmörder werden! Auch das gucken sich der Amtsnachfolger Helmut Kohl und die Amtsnachfolgerin Angela Merkel von ihm ab.

Im Frühjahr 1960 entscheidet sich Konrad Adenauer zu einer nochmaligen Kandidatur bei der Bundestagswahl 1961. Der Alte kann natürlich den Triumph von 1957 nicht wiederholen, aber die Union stellt mit 45,3 Prozent (1957: 50,2) – die SPD kommt auf 36,2 Prozent (1957: 31,8) und die FDP auf 12,8 Prozent (1957: 7,7) – weiter den Bundeskanzler. Seine selbsternannten Erben schweigen weiter und hoffen mehr denn je auf die Gesetze der Biologie. Einen ersten Tabubruch begeht dagegen die FDP, die wieder als Koalitionspartner gebraucht wird, aber sich ziert. Zuerst will sie »den Alten« überhaupt nicht mehr, dann stimmt sie seiner Kanzlerschaft mit Verfallsdatum zu.

Konrad Adenauer würde vor der Geschichte noch strahlender dastehen, wenn er 1959 abgetreten oder 1961 nicht wieder angetreten wäre, denn zwischen 1959 und 1963, immerhin vier von vierzehn Kanzlerjahren, gelingt ihm nicht mehr viel. Der alte Herr macht plötzlich Fehler. Franz Josef Strauß und er lösen 1962 die »Spiegel«-Affäre aus, sie lassen verantwortliche Journalisten eines deutschen Leitmediums ins Gefängnis stecken. So etwas macht nur, wer nach langen Jahren der Macht die Bodenhaftung verloren hat und sich mit unkritischen Beratern umgibt. 1959 erwägt Konrad Adenauer für kurze Zeit die Bundespräsidentenschaft, um als eine Art Überkanzler weiterzumachen. Nach Monaten quälender Debatte kommt dieses Gespenst wieder in die Flasche. Am 13. August 1961, als die Berliner Mauer gebaut wird, verkennt er die verheerende Symbolik dieser Grenzschließung und kommt erst Tage später nach Berlin.

Wie alt der Repräsentant des Bonner Staates geworden ist und wie wenig er für eine politische Gegenwart und Zukunft steht, bekommen die Deutschen im Juni 1963 ganz buchstäblich vor Augen geführt. US-Präsident John F. Kennedy, 46, besucht Deutschland und fährt mit Konrad Adenauer im offenen Wagen durch die Bundeshauptstadt. Seit' an Seit' mit dem Greis strahlt der jugendliche Mister President noch jugendlicher als sonst.

Beim Kennedy-Besuch in Berlin winkt noch ein anderer deutscher Politiker aus dem gemeinsamen Wagen, Willy Brandt, 49. Der Berliner Regierende Bürgermeister wird zum Prototypen eines deutschen »John F. Kennedy«, er soll ebenfalls Jugendlichkeit und Modernität verkörpern. Kein Zweifel, Willy Brandt hebt sich in Sprache und Gestus positiv von den meisten seiner Kollegen ab, doch auch ihn ereilt das Schicksal, zu spät, weil erst sechs Jahre, drei Bundeskanzler und drei Kandidatenanläufe später an die Macht zu kommen.

Ist es ein historisches Gesetz, dass auf einen Amtsinhaber, der das Amt maßgeblich geprägt hat, eine Übergangsfigur folgt? Eine oder gar mehrere Übergangsfiguren? Persönlichkeiten in einem Amt tragen in der Regel nicht dazu bei, dass Köpfe desselben Formats auf sie folgen. Kluge Köpfe sind gefährlicher als mittelmäßige, und mittelmäßige bringen die Leistungen des Vorgängers heller zum Strahlen!

Die Qualität von Konrad Adenauers zwei Nachfolgern erschließt sich aus der Geschichte ihrer Rekrutierung. Ludwig Erhard und Kurt Georg Kiesinger haben den Renegaten geduldig ausgesessen. Helmut Kohl wird von Ludwig Erhard und Kurt Georg Kiesinger Geduld lernen, er wird Franz Josef Strauß eine Ehrenrunde als Kanzlerkandidat drehen lassen, um selbst die Agonie der sozialliberalen Koalition zu beenden. Ausnahmsweise liegt ein Amtsinhaber, hier Konrad Adenauer, einmal richtig, wenn er seinen Nachfolger Ludwig Erhard für ungeeignet hält. Aber die Angst der Union um die Regierungsmacht lässt sie Warnungen in den Wind schlagen. Ludwig Erhard ist als »Vater des Wirtschaftswunders« (der Titel unterschlägt weitere Urheber) sehr populär – mit ihm glaubt die Union an einen fünften Wahlsieg in Folge. Er ist also weder eine Verlegenheitslösung wie Kurt Georg Kiesinger noch ein Betriebsunfall wie Angela Merkel.

Ludwig Erhard ist ein Mann der Wissenschaft, der trotz vieler Jahre in der Politik nicht zum Machtmenschen mutiert. Der Bonner Parteienklüngel ist ihm ein Gräuel. Er will lieber gemeinsam mit dem Volk als mit seinen Bonner Kollegen regieren, er nimmt seinen Titel als »Volkskanzler« wörtlich. Adenauers Machiavellismus geht ihm völlig ab. Als Ludwig Erhard Bundeskanzler wird, überlässt er Konrad Adenauer, seinem schärfsten Kritiker, noch für einige Monate den Parteivorsitz. Das ist ein fataler Fehler in einer Partei, die traditionell Amtsinhaber ohne Siegernimbus meuchelt. (Die SPD hält es mit ihren Verlierern erst seit der Generation Gerhard Schröder so. Die Art und Weise, wie Oskar Lafontaine Rudolf Scharping den SPD-Parteivorsitz abnahm, war beste Unionsschule.)

Selbst wenn der neue Bundeskanzler sein Machthandwerk besser verstünde, wäre er doch die falsche, weil zu spät gekommene Figur. Ludwig Erhard ist zwar Jahrgang 1897, also 21 Jahre jünger als Konrad Adenauer, aber das ist bei Adenauers Gnadenalter kein Verdienst. Ein Bundeskanzler mit 66 steht weder für eine Verjüngung noch für einen Generationswechsel im Amt.

Formal ist es ein Wechsel, weil Ludwig Erhard einer späteren Generation angehört, aber geistig und programmatisch bekommt hier eine Kutsche nur ein neues Pferd, sonst bleibt alles – im wahrsten Sinn des Wortes – beim Alten.

Mitte der sechziger Jahre ist die Welt nicht mehr, wie sie Mitte der Fünfziger war. Konrad Adenauer teilte die Welt in Freund und Feind, aber diese Welt ist komplexer geworden. Ludwig Erhard trifft erstmals auf einen US-Präsidenten, Lyndon B. Johnson, der Westdeutschland finanziell in die Pflicht nimmt. Konrad Adenauer konnte dank des Wirtschaftswunders regelmäßig Wahlgeschenke an Interessengruppen machen, Ludwig Erhard und die Seinen müssen zum ersten Mal haushalten.

Auch in der Gesellschaft der Bundesrepublik gibt es klimatische Veränderungen, eine junge Generation wächst heran und begehrt ganz unpolitisch auf. Sie liebt den Rock 'n' Roll eines Bill Haley oder Elvis und den Beat einer jungen Band aus Liverpool. Sie kopiert die Pilzfrisuren dieser Musiker und schockiert damit die Aufbaudeutschen. Neue Mode, Musik und Literatur kommen über den großen Teich, nachdem es lange Jahre nur Wurst und Zigaretten waren. Die Jugendzeitschrift »Bravo« tritt ihren Siegeszug an, sie öffnet den Bürgerkindern ein Fenster zur Welt.

Weil Bill Haley in einem Konzert auf dem Stuttgarter Killesberg keine Zugabe spielt, zertrümmern Besucher die Stühle im Saal. Als die Beatles für Konzerte nach Hamburg kommen, ist die Hölle los. Im politischen Bonn regiert zur selben Zeit eine träge Altherrenrunde dicker Männer mit reichlich Zigarren und Whiskey. Das Modernste am Ludwig-Erhard-Bonn ist Sep Rufs neuer Kanzlerbungalow. Das Bauhaus-Werk wird im Ausland als architektonischer Geniestreich gefeiert und in der Heimat als puristisch abgelehnt. Nicht einmal Ludwig Erhard, einem der Architekten des Wirtschaftswunders, wird der repräsentative Bau gegönnt. Es ergeht ihm wie Jahrzehnte später dem Limburger Bischof Tebartz-van Elst: Kurz darf er in seinen schmucken Räumen wohnen, dann muss er raus.

Eisenhower und Chruschtschow, Bill Haley und Elvis Presley, Juri Gagarin und Hildegard Knef erschüttern das Lebensgefühl der Wirtschaftswunder-Deutschen noch nicht. Die Wahlparolen der großen Parteien lauten weiter »Unsere Sicherheit – CDU« und »Sicher ist sicher« bei der SPD. In dieser Stimmung erfüllt Ludwig Erhard zunächst seine Rolle als »Wahllokomotive« und erringt bei den Bundestagswahlen am 19. September 1965 einen persönlichen Triumph: Die Union kommt auf 47,6 Prozent und konnte damit noch einmal zulegen, die SPD auf 39,3 Prozent. Die FDP liegt mit 9,5 Prozent deutlich unter dem letzten Ergebnis. Kein Zweifel, eine Partei, die schon sechzehn Jahre regiert, hätte ohne dieses Zugpferd weniger Stimmen geholt, hätte massiv verloren und um die Macht bangen müssen.

Der Wahlerfolg macht Ludwig Erhards Regierungskunst nicht besser, die so wichtigen Koalitionsverhandlungen entgleiten ihm (ein Fehler, den Willy Brandt bei seiner zweiten Regierungsbildung wiederholen wird). Ein FDP-Politiker verrät später, der Koalitionspartner habe mehr aus Ludwig Erhard »herausgeholt« als erwartet.

In der neuen Legislaturperiode flacht die Konjunktur erstmals seit Jahren ab – lächerlich wenig im Vergleich zu den Konjunkturkrisen später, aber für die verwöhnten Deutschen ein Schock. Der Nimbus von Wirtschaftswundermann Ludwig Erhard ist dahin. Der Bundeskanzler engagiert sich bei der wichtigen Landtagswahl in Nordrhein-Westfalen, dem größten und bevölkerungsreichsten Bundesland, kann aber die krachende Wahlniederlage der CDU nicht verhindern. Danach hat der Paradiesvogel seine Schuldigkeit getan (Jahre später wird eine verlorene Wahl im wichtigsten Bundesland auch Gerhard Schröder die Kanzlerschaft kosten).

Es sind erstmals, wenn schon nicht die Jungen, so doch die Jüngeren, die einen Bundeskanzler vom Schild stoßen, Franz Josef Strauß, 50, Rainer Barzel, 41, Hans-Dietrich Genscher, 38, und Helmut Kohl, 35. Sie können nur den Dolch zücken, selbst regieren dürfen sie noch nicht. Rainer Barzel wird in diesen Tagen immer wieder als Nachfolger gehandelt, doch dann kommt ein Angehöriger der bislang hingehaltenen Generation zum Zug, Kurt Georg Kiesinger, 61. Der Altersunterschied zwischen Ludwig Erhard und Kurt Georg Kiesinger beträgt gerade einmal sieben Jahre.

17 Jahre nach Gründung der Republik und 21 Jahre nach Kriegsende gelangt ein Politiker in das wichtigste Amt, der einmal in der NSDAP war und dessen publizistische Rolle im NS-Staat strittig bleibt. Kurt Georg Kiesinger erlebt Nazideutschland nicht wie Willy Brandt »von außen«, sondern mittendrin. Seine Generation ist keine Generation des Widerstands, und sie ist zu jung, um sich ins Privatleben zurückzuziehen. Wer kein glühender Anhänger war, suchte irgendwie durchzukommen, ein Gescheiter wie Kurt Georg Kiesinger auch beruflich voranzukommen, sei es um den Preis der Anpassung.

Mit Kurt Georg Kiesinger, Jahrgang 1904, und Willy Brandt, Jahrgang 1913, teilen ein Angehöriger der Mehrheitsdeutschen und das Beispiel eines »anderen Deutschen« die Regierungsbank, als Bundeskanzler und Vizekanzler sogar Seite an Seite. Einem Willy Brandt bleibt ein Kurt Georg Kiesinger zutiefst fremd. Den jungen Leuten, die Jahre später Willy Brandt für sich entdecken, umso mehr.

Prägende Figuren der neuen Bundesregierung sind Franz Josef Strauß, Karl Schiller und Willy Brandt. Im Parlament machen Rainer Barzel und Helmut Schmidt die Ausputzer. Die Generation Helmut Schmidt, die sogenannte »Kriegsgeneration«, rückt in die zweite Reihe auf. Da sitzt sie, bis sie, natürlich zu spät, in die erste darf.

Der junge Helmut Schmidt war einmal Mitarbeiter bei dem etwas mehr als sieben Jahre älteren Karl Schiller in Hamburg. Die zwei tragen miteinander einen Ziehvater-Ziehsohn-Konflikt aus. Karl Schiller versteht sich gut mit Franz Josef Strauß, aber nicht mit Helmut Schmidt.

Die Große Koalition aus Union und SPD ist eine Verlegenheitsgeburt, weil sich Union und FDP nach so vielen Ehejahren entzweit haben. Eine Große Koalition gilt im Verständnis der Bonner Politiker als Ausnahme von der Regel, weil sie eine Opposition im Bundestag erstickt und Wähler Randparteien in die Arme treibt.

Die Große Koalition kommt auch deshalb zustande, weil der SPD-Fraktionsvorsitzende Herbert Wehner die Ehe eingefädelt hat. Er will zeigen, dass die SPD regieren kann. Union wie SPD betrachten das Kabinett Kiesinger als Sprungbrett für eine Alleinregierung (der Union fehlen dafür vier Mandate) oder eine kleine Koalition von SPD und FDP. Die Große Koalition soll in der Trutzburg nur ein Zwischenspiel sein. Die nächste Auflage eines schwarz-roten Bündnisses in den Jahren 2005 bis 2009 wird diesen Charakter nicht mehr tragen.

Was Kurt Georg Kiesingers halb der Verlegenheit, halb der Vernunft geschuldete Regierung zustande bringt, ist eindrucksvoll: Karl Schiller als Finanz- und Franz Josef Strauß als Wirtschaftsminister beheben die konjunkturelle Delle der Erhard-Zeit und legen den Streit ums Geld mit den USA bei. Es läuft glänzend für die konsumfreudigen Deutschen. Union und SPD überbieten sich gegenseitig mit Versprechen steigender Wirtschaftsraten und Geldgeschenken für Interessengruppen. In diese Zeit fällt auch die »Konzertierte Aktion« von Arbeitgebern und Arbeitnehmern, eine kluge Erfindung, weil hier gesellschaftliche Gruppen mit unterschiedlichen Interessen an einem Strang ziehen.

Die Bundesrepublik der siebziger Jahre wird in der Bundesrepublik Mitte der sechziger Jahre geboren, in der zweiten Hälfte der Regierungszeit von Ludwig Erhard und in der Regierungszeit von Kurt Georg Kiesinger. Trabantenstädte schießen in die Höhe, Autoschneisen zerstören Städte, Kaufhäuser ersetzen Kirchen als Mittelpunkt des Ortes. Mit den Olympiastätten von München bekommt Deutschland sein »Brasilia«. Die überwiegende Mehrheit der technikbegeisterten, modernitätsfreudigen Deutschen begrüßt diese Entwicklung. Jedes Dorf erhält sein Hochhaus, seine Durchgangsstraße und seinen Hertie. Das Neue ist das Bessere! Das Moderne ist das Wertige! Die Klage über »unwirtliche Städte« (Alexander Mitscherlich) bleibt – vorläufig – eine Klage weniger.

»Wir bauen das moderne Deutschland«, wird Willy Brandt Jahre später in seiner ersten Regierungserklärung verkünden. Wenn das wörtlich und nicht politisch gemeint ist, kommt damit ein deutscher Bundeskanzler mal wieder zu spät, denn die Moderne hat die Bundesrepublik nicht nur längst tiefgreifend verändert, der Schwung des Reformoptimismus wird schon bald erlahmen, er kühlt sich, wie Franz Walter schreibt, »gleichsam Monat für Monat ab«.

Die Modernität der Erhard- und Kiesinger-Jahre – jeweils drei Jahre reichen nicht aus, um von einer Ära zu sprechen – ist eine technische, keine geistige. Zwei Nebensächlichkeiten mögen zeigen, wie wenig aufgeschlossen ein Kurt Georg Kiesinger für geistige Entwicklungen der Zeit ist, und wie sehr das auch für den Vertreter der Folgegeneration gilt, für Helmut Schmidt.

Nie vorher und nie mehr danach ist der Kanzlerbungalow so spießig eingerichtet wie zur Regierungszeit von Kurt Georg Kiesinger. Seine Gattin besorgt die Möblierung mit schweren, plüschigen Stilmöbeln. Schwäbische Gemütlichkeit soll die, wie es Marie-Luise Kiesinger empfinden muss, Reizarmut des Bauhaus-Stils vergessen machen. In den Jahren, da die Kiesingers im Kanzlerbungalow wohnen, erlebt das Möbeldesign seine kreativste und bunteste Phase des ganzen Jahrhunderts. In der Trutzburg Bonn bekommt man nichts davon mit.

Aufschlussreich ist auch ein »Wochenschau«-Bericht, der Loki und Helmut Schmidt im Juni 1966 als Besucher eines Beatles-Konzerts in Hamburg zeigt, wo die Band aus Liverpool zwei der sechs Konzerte ihrer einzigen Deutschlandtour gibt. Dass der damalige Hamburger Innensenator für die seltene Gelegenheit Karten kauft, scheint wenig wahrscheinlich, denn die Schmidts sitzen in der ersten Reihe, was auf zwei Ehrenkarten schließen lässt. Während Loki Schmidt in die Rhythmen der Beatles einschwingt, bleibt der Gatte steif und seine Mimik grimmig. Wahrscheinlich sinniert er gerade darüber, weshalb junge Leute bloß auf einen solchen Schwachsinn stehen?

Der kulturelle Horizont der Bonner Politiker bleibt trotz vieler Reisen und Begegnungen mit auswärtigen Staatsmännern eng. Der Politiker Helmut Schmidt reist schon früh in die USA als dem wichtigsten Bündnispartner der jungen, fragilen Republik. Er lernt die Weite des Landes und den Pragmatismus der Amerikaner lieben. Persönlich bleibt ihm wie seinen Kollegen der »american way of life« zeitlebens fremd. Ihre kulturelle Prägung erfolgte viel früher, in den zwanziger und dreißiger Jahren. In der Nazizeit galt alles Amerikanische, etwa der Jazz, als Judenwerk. Als Ludwig Erhard die USA besucht, bekommt er bei einem Ausflug einen Cowboyhut gereicht. Er sieht mit dem Hut aus wie ein Gast auf seiner ersten Fasnachtsfeier. Es ist auch unmöglich, sich Kurt Georg Kiesinger in Freizeitkleidung vorzustellen.

Die Folgegenerationen fangen mit dem »american way of life« dagegen ziemlich viel an. Der Musiker Wolfgang Niedecken (»BAP«), Jahrgang 1951, kritisiert als Erwachsener das Amerika des Ronald Reagan, aber er weiß auch seine kulturelle Prägung durch die Besatzer zu schätzen. Mit der BAP-CD »Amerika« setzt er ihnen ein musikalisches Denkmal. Konrad Adenauer schuf die politische Westbindung. Die Amerikanisierung der bundesdeutschen Kultur besorgen andere, Junge – eine »Westbindung« der freiwilligen Art, während die Ostdeutschen mit sowjetischer Kultur zwangsernährt werden.

Eine kleine Gruppe von jungen Leuten setzt sich nicht nur mit der Kultur, sondern auch mit der Politik der USA auseinander. Es sind Angehörige der ersten Generation in Deutschland, die den Krieg nicht mehr erlebt hat, Frauen und Männer um die zwanzig, Studentinnen und Studenten, die jetzt zu einem politischen Bewusstsein finden. In den frühen Sechzigern protestieren sie in kleinen Gruppen, von 1967 an zu Tausenden gegen den US-Krieg in Vietnam und den noblen Empfang, der Reza Pahlavi, dem Schah von Persien, bei seinem Besuch in Deutschland bereitet wird. »Bonn« hegt wirtschaftliche Interessen und sieht dafür über den Charakter des Regimes hinweg. Der Schah ist ein Diktator. Die jungen Leute halten ihren alten Politikern den moralischen Spiegel vor.

»Vietnam« und der Schah-Besuch sind Anlässe, nicht die Ursache des Aufbegehrens. Wortgewandte Studenten wie Rudi Dutschke tragen einen Generationskonflikt auf die Straße, nachdem sie die Hoffnung auf eine Dialogfähigkeit der Alten – die eigenen Väter und die »politischen Väter« in Bonn – aufgegeben haben. Es sind die Jungen, die in diesen Jahren Margarethe und Alexander Mitscherlichs Buch »Die Unfähigkeit zu trauern« verschlingen, nicht ihre Eltern, die biografisch mit der NS-Zeit verstrickt sind. Die Generation Kurt Georg Kiesinger verweigert sich einer kollektiven Trauerarbeit, wie sie die Mitscherlichs von den NS-Mitläufern fordern. Es vergehen noch Jahre, bis 1978 die amerikanische Fernsehserie »Holocaust« ein wenig von dieser Trauerarbeit nachholt. Die führenden Politiker in der Trutzburg geben sich mal wieder rückständig: Ein Franz Josef Strauß, dessen Generation die schmerzhafte Auseinandersetzung mit persönlicher Schuld und Versagen während der Nazi-Jahre scheut, erklärt die Serie zu amerikanischem Kitsch. Nach der Ausstrahlung der vier Folgen im Januar 1979 fordert die CSU-nahe Schüler Union Bayern vom Bayerischen Rundfunk eine Nachfolgeserie über die Vertreibung Millionen Deutscher aus ihrer Heimat. Sie bezichtigt die »Holocaust«-Serie einseitiger Schuldbekenntnisse, die der Jugend nicht zuzumuten seien.

Durch den Tod des Studenten Benno Ohnesorg bei einer Anti-Schah-Demonstration im Juni 1967 erhält die »Studentenbewegung« eine ungeahnte Dynamik. Ihr politischer, gesellschaftlicher und kultureller Impuls wird das Land auf Jahre beschäftigen und prägen – leider auch das Mörderwerk linker Terroristen stiften, die als »Rote Armee Fraktion« oder als »Kommando Siegfried Hausner« Anschläge verüben, Menschen entführen und Menschen töten.

Der Historiker Götz Aly wertet für ein Buch Dokumente der Bundesregierung über die Studentenbewegung aus, er möchte wissen, wie Kiesinger und Co. über Dutschke und Co. dachten. Sein Ergebnis überrascht: Der Bundeskanzler bemüht sich ernsthaft um ein Verständnis der Motive. Hier offenbart sich ein differenzierender, mit Blick auf die eigene Generation auch selbstkritischer Geist. Aber Kurt Georg Kiesinger wäre der falsche Brückenbauer in diesem Konflikt, gilt er doch wie gehört wegen seiner NS-Vergangenheit als Unperson.

Unter den anderen Spitzenpolitikern ist die Haltung gespalten. Horst Ehmke, als ehemaliger Professor mit dem universitären Leben vertraut, plädiert fürs Brückenbauen, Helmut Schmidt macht – stellvertretend für die meisten Bewohner der Trutzburg Bonn – einen bemühten, aber erfolglosen Versuch, die »jungen Leute« (sein Standardwort) zu verstehen. »Eine Gesellschaft«, sagt er im Juni 1967 ziemlich verquast im Bundestag, »die mit einem nicht unbedeutenden Teil der heranwachsenden Generation in solchem Spannungsverhältnis lebt wie wir heute, die hat Grund zur kritischen Untersuchung aller Bereiche des gesellschaftlichen Lebens und aller möglichen Ursachen.« Solche Sätze erreichen die jungen Protestierer nicht.

Später trennt Helmut Schmidt – wieder stellvertretend für die herrschende Politikergeneration – nicht mehr zwischen den friedlichen Studenten mit politischem Idealismus und den Randalierern, die Springer-Zeitungs- oder Polizeiwagen umstürzen. Die Wut über die jungen Leute ist eine Wut seiner Generation: Welcher Undank unserer und der Generation Adenauers gegenüber, die das Land mühevoll wieder aufgebaut haben! Wem sonst als uns verdanken die Studenten ihren Wohlstand und dass sie studieren dürfen?

Nur Außenseiter in der Trutzburg Bonn sehen in den protestierenden Studenten mehr als verwöhnte Bürgerkinder mit krausen Ideen. Zu ihnen gehört der Berliner Regierende Bürgermeister Heinrich Albertz, der eigentlich Pfarrer und ein schlechter Politiker ist. Erst als moralischer Mahner in der sogenannten Friedensbewegung findet er in die Rolle seines Lebens. Ralf Dahrendorf, ein Wissenschaftler, der für die FDP zeitweilig im Bundestag sitzt, diskutiert mit Rudi Dutschke während einer Demonstration auf einem Autodach. Auch Bundespräsident Gustav Heinemann äußert Verständnis, ein eigenwilliger Kopf, der mit seiner protestantischen Gesinnungsethik immer ein politischer Einzelgänger bleibt.

Natürlich, unter die Studentenbewegung mischen sich von Anfang an auch wirre Köpfe, mit denen ein Gespräch nicht möglich und nutzlos ist. Protest gegen den Vietnamkrieg, massenhafte Verbreitung neuer synthetischer Drogen, sexuelle Revolution, eine erste Blütezeit der Rockmusik – vieles kommt hier zusammen, das meiste davon muss die Alten in Bonn tief verstören. Die Westdeutschen tragen ihren ersten großen Generationskonflikt aus. Polizei und Politik reagieren über, weil sie einem neuen »Weimar« vorbeugen wollen, und weil Politik nach ihrem Verständnis ins Parlament und nicht auf die Straße gehört. Sie sehen diesen Generationskonflikt durch die Brille ihrer biografischen Prägungen wie umgekehrt die Studenten durch die ihre.

Eine zeitlich zufällige, aber symbolträchtige Dramaturgie will es, dass »Bonn« in diesen Jahren über Notstandsgesetze befindet. Die Bundesrepublik Deutschland hat noch keine – ein Versäumnis, wie Politiker der Großen Koalition meinen, sicher bestärkt durch die Bilder protestierender Massen in Deutschland, Frankreich und den USA. Befürworter einer Notstandsgesetzgebung wollen die Republik für den innenpolitischen »Ernstfall« gerüstet wissen. Kritiker halten die Notstandsgesetze für ein Mittel des »Polizeistaats« zum Machtmissbrauch, eine Art Kriegsrecht im Frieden.

Die Debatte über das Thema verläuft hitzig, auf der Straße wie im Parlament. Die Union ist als Law-and-order-Partei sowieso dafür. In der SPD gibt den Ausschlag, dass sich der Parteivorsitzende Willy Brandt spät, aber noch rechtzeitig für eine Zustimmung ausspricht. Rainer Barzel und Helmut Schmidt, die Fraktionsvorsitzenden der Regierungsparteien im Bundestag, erreichen für die Notstandsgesetze die parlamentarisch erforderliche Mehrheit.

Mit dem ausgestandenen Konflikt in dieser wichtigen Frage ist der Konflikt zwischen den Generationen nicht zu Ende. Manche Studenten resignieren und ziehen sich ins Private zurück, andere treten einen »Marsch durch die Institutionen« an. Immerhin haben sie erreicht, dass die politische Klasse das Selbstverständnis von Politik von 1967 an stärker reflektiert hat als in den fünfzehn Jahren davor. Das Land warf ein paar geistige Fesseln ab. Als Dank erhält es einen Regierungschef von einer inneren Freiheit, wie sie kein Kanzler, keine Kanzlerin in der Geschichte der Bundesrepublik hatte und wieder haben wird.

»Persönlich glaube ich, dass ein Regierungswechsel schon im Jahre 1976 das Normale und Wünschbare gewesen wäre.«

Golo Mann

Aufbruch und Abbruch

Willy Brandt und Helmut Schmidt

Als Willy Brandt am 21. Oktober 1969 zum Bundeskanzler gewählt wird, ist es zu spät.

Wie bitte, zu spät? Willy Brandts sozialliberale Bundesregierung bedeutet nichts weniger als einen Neustart für die Bonner Demokratie! Keine Regierungserklärung vorher und danach signalisiert eine vergleichbare Zeitenwende wie die von Willy Brandt am 28. Oktober 1969. Der neue Bundeskanzler kündigt an, vieles anders zu machen, und er verkörpert diesen Anspruch glaubwürdig. Seine Partei war schon unter Kurt Georg Kiesinger knapp drei Jahre lang Regierungspartei, aber für die SPD der Großen Koalition standen Machtpolitiker wie Herbert Wehner und Helmut Schmidt, machttaktische, von Visionen freie Geister. Am Wahlabend nimmt Willy Brandt das Heft des Handelns in die Hand und rettet das politische Schicksal von Walter Scheel, dem Vorsitzenden der FDP, die das schlechteste Wahlergebnis ihrer Geschichte verkraften muss. Willy Brandt weiß, dass er jetzt nicht nur selbst regieren, sondern mit Walter Scheel weitreichende Vorstellungen einer neuen Politik umsetzen kann.

Am wichtigsten ist ihm eine neue Politik gegenüber den östlichen Nachbarn. Sein Kniefall in Warschau, der Besuch in Erfurt oder die Bootsfahrt mit Leonid Breschnew auf dem Schwarzen Meer bedeuten nicht nur symbolische, sondern politische Tabubrüche, sie katapultieren die Bonner Politik auf die Höhe der Zeit. Autorinnen und Autoren wie Marion Gräfin Dönhoff, Golo Mann und Hansjakob Stehle haben die Neue Ostpolitik über Jahre hinweg geistig vorbereitet, aber den publizistischen Boden dafür bereiten ist das eine, sie würdig und entschlossen umsetzen das andere. Auch ein Bundeskanzler der Union, Kurt Georg Kiesinger oder Rainer Barzel, wäre diesen Schritt gegangen, aber später und wohl weniger würdig. Ein Kniefall Rainer

Barzels ist undenkbar. Es wäre gekommen wie Jahre später, als ein Unionskanzler, Helmut Kohl, die polnisch-deutsche Grenze endlich anerkennen muss, aber diese Erklärung mit Rücksicht auf Unionswähler immer wieder hinauszögert. Symbolische Gesten sucht er lieber mit François Mitterand in Verdun oder Ronald Reagan in Bitburg; mit Warschau, das eine symbolische Geste besonders verdient hätte, geht er geschäftsmäßiger um.

»Wir bauen das moderne Deutschland«, dieses Zitat von Willy Brandt ist schon gefallen. Nicht nur für die Außenpolitik, auch für die Innenpolitik nehmen sich Willy Brandt und seine Minister viel vor. Im Jahrzehnt dreier Unionskanzler sind viele Aufgaben liegengeblieben: Gesetze müssen überarbeitet, Sozialsysteme neu geordnet werden. Es beginnt eine Zeit der Reformen, die in der Geschichte der Bundesrepublik beispiellos ist, und das auf allen Ebenen. Ob Bund, Länder oder Gemeinden – was Gesetze und Vorschriften angeht, wird so ziemlich jeder Stein umgedreht. Selbst das kleinste Kaff bleibt von einer »Verwaltungsreform« nicht verschont, bisher selbstständige Gemeinden werden zu »Verbandsgemeinden« oder neuen Städten zusammengelegt, je nachdem, wie viel der Bundestagsabgeordnete aus dem Wahlkreis in Bonn zu sagen hat.

Die Bundesregierung bringt wichtige Gesetze auf die Höhe der Zeit, veränderte Moralvorstellungen erreichen endlich auch das Bürgerliche Gesetzbuch. Der »Kuppelparagraph« – Vermieter von Studentenbuden machen sich der »Kuppelei« strafbar, wenn darin ein Paar nicht nur Tisch, sondern auch Bett teilt – wird abgeschafft, ebenso wird die Schuldfrage aus dem Scheidungsrecht gestrichen.

Die Bundesregierung öffnet die Hochschulen für Mittelstandskinder und pumpt Milliarden in den Wohnungsbau. Unzählige Familien beziehen eine Etagenwohnung mit Zentralheizung und eigenem Bad – ein großer Fortschritt gegenüber den Nachkriegsverhältnissen, wo Kohle- und Ölöfen die Regel waren und es häufig nur in der Küche fließendes Wasser gab.

Zu den politischen Wundern, die Willy Brandt vollbringt, gehört der Gang vieler Achtundsechziger in die sozialdemokratische Partei. Für sie ist Willy Brandt »der Vater«, wie der Chansonnier Klaus Hoffmann einmal im Gespräch mit Roger Willemsen sagt – allerdings einer, den sie sich selbst suchen. Willy Brandt ist der erste Bundeskanzler, »der zu seinem Volk nicht sprach wie ein Vater zu seinen Kindern« (René Pfister). Die jungen Leute, die in den Sechzigern protestieren, gründen noch keine eigene Partei, sie halten in Bonn Ausschau nach einer Identifikationsfigur. Die Wahl fällt auf den ersten sozialdemokratischen Bundeskanzler, der selbst mit seiner Biografie – uneheliches Kind, Exilant im Krieg – ein Außenseiter bleibt. Zu Tausenden treten in diesen Jahren junge Leute in die SPD ein.

Ein Bundeskanzler, der moralische Kriegsschulden ablöst und innere Reformen auf den Weg bringt, soll nicht modern sein? Immerhin ist er auch der bisher jüngste Amtsinhaber dieser Republik (37 Jahre jünger als Adenauer, 16 als Erhard, 9 als Kiesinger).

Natürlich, die Neue Ostpolitik kommt nicht zu spät. Sie hätte schon in die Sechziger gehört, um der Welt das deutschlandpolitische Durchwursteln der Großen Koalition zu ersparen. Mal erkannte die Regierung von Kurt Georg Kiesinger pragmatisch die Wirklichkeit an, mal fiel sie in ideologische Scharmützel zurück. Doch Willy Brandt kann sich als Außenminister auf die historische Aufgabe vorbereiten, um genau zu wissen, was er will, als er selbst am Steuer sitzt.

Nein, die Ostpolitik kommt nicht zu spät, aber sonst so ziemlich alles, was der neue Bundeskanzler an jenem Oktobertag 1969 in seiner ersten Regierungserklärung verkündet. Sein Regierungsprogramm setzt volle Staatskassen und eine gesunde Weltwirtschaft voraus. Während der Regierungsjahre von Kurt Georg Kiesinger herrschte Hochkonjunktur. Aber gehört nicht zum Wesen einer Konjunktur, dass sie mal nach oben, mal nach unten geht? Weshalb sollte das ehrgeizige, millionenschwere Regierungsprogramm der sozialliberalen Koalition von diesem volkswirtschaftlichen Grundgesetz ausgenommen sein? Es zieht einen teuren Wechsel auf die nahe Zukunft! »Fast alle Planer ziehen die Linien der ihnen bekannten Empirie ungebrochen in die Zukunft fort«, schreibt Franz Walter in seiner Studie »Im Herbst der Volksparteien«.

Mit den nationalen und internationalen Wirtschaftszahlen der sechziger Jahre wären Willy Brandts innere Reformen fraglos zu finanzieren. Der Konsum läuft jetzt auch in den vom Weltkrieg zerstörten Ländern auf vollen Touren. Die Siebziger bringen eine neue, durchaus vorhersehbare Lage. Schon 1971 tritt der Finanzminister im Kabinett Brandt, Alex Möller, in der Vorausschau auf kommende Entwicklungen, die er nicht verantworten will, zurück. 1973 machen die Ölkrise mit ihren psychologischen Folgen und weltweite Währungsschwankungen der Hausse ein Ende. Aber der Geist ist aus der Flasche, von der Bundesregierung geweckte Hoffnungen, genährte Erwartungen, formulierte Ansprüche wollen bedient werden!

Die Regierungstechnik, die Willy Brandt wählt, ist ebenfalls ein Auslaufmodell. In seiner Administration bricht eine Steuerungs- und Planungsmanie aus. »Die große Idee, die den Planungsaktivitäten zugrunde lag, war die einer besseren Zukunft, das ambitionierte Anliegen aller Utopienschmiede und Gesellschaftsarchitekten. Die Politik sollte in weiser Voraussicht Probleme lösen, bevor sie überhaupt erst entstehen konnten.« (Franz Walter).

Der Gesellschaftsarchitekt und Kanzleramtsminister Horst Ehmke verdoppelt die Mitarbeiterzahl der Behörde. Seine Leute suchen die Wissenschaft von der rational geplanten, Irrtümer minimierenden Entscheidungsfindung in die Politik zu übertragen. Diese Wissenschaft hat ihren Siegeszug in den sechziger Jahren angetreten und ihren Zenit in den Jahren 1967/68 erreicht. Die Architekten des Olympischen Dorfes von München planen zum Beispiel so, mit dem bekannten, unfassbar hässlichen Ergebnis. Es kommt, wie es kommen musste: Horst Ehmkes Trutzburg innerhalb der Bonner Trutzburg wird schon nach der nächsten Wahl geschleift, die Ministerien behalten sich die Steuerung und Planung auf ihrem Politikfeld selbst vor.

Auch biografisch kommt der neue Bundeskanzler für seine Aufgabe zu spät. Denn Willy Brandt ist schon lange nicht mehr der »deutsche Kennedy« von 1961 – »das erste Zugeständnis der SPD an die Mediengesellschaft« (Franz Walter) –, der mit seiner relativen Jugend punkten wollte. Willy Brandt hat drei Anläufe gebraucht, die Bundestagswahlen 1961, 1965 und 1969, um Kanzler zu werden (ein Dreisprung, den heute keine Partei mehr erlauben würde). Jetzt ist er 55 Jahre alt und seit vielen Jahren ein Rad im politischen Getriebe. Nach der Bundestagswahl 1969 darf er auf der Troika mit Herbert Wehner und Helmut Schmidt in der Mitte sitzen, aber über seinen Platz befinden die anderen beiden immer auch mit.

Willy Brandt macht mit seiner Regierung tatsächlich vieles neu, und die Einbindung der ersten politisierten Jugendgeneration in seine Partei ist ein Geniestreich, doch auch er muss sich in die politische Generationenfolge einreihen, die der gesellschaftlichen und kulturellen Entwicklung hinterherhinkt.

Sein erstes Kabinett ist das Kabinett der »Kriegsgeneration«, wie die Angehörigen der Generation Helmut Schmidt von der eigenen Kohorte sagen. Franz Josef Strauß, Walter Scheel, Helmut Schmidt und Rainer Barzel (nicht im Kabinett, aber Fraktionsvorsitzender der Union im Bundestag) erleben im Zweiten Weltkrieg die »Tragödie der Pflichterfüllung« (Helmut Schmidt), einerseits für das Vaterland die Pflicht zu tun, andererseits die Herrschaft der Nazis zu verlängern. Als Offiziere sehen sie Kameraden, die sie befehligen, sterben. Ihre Verstrickung mit Nationalsozialismus und Krieg ist nicht nur ihrem Geburtsjahrgang geschuldet – sie sind alt genug, um Offiziere werden zu können –, sondern auch einer persönlichen Haltung, denn sie machen in diesem Staat Karriere. Nach einem gewonnenen Krieg und in einem länger währenden »Dritten Reich« hätten sie es weit bringen können!

Dem ersten Kabinett Brandt gehören auch schon Protagonisten der nächsten politischen Generation an, der »Flakhelfer-Generation« von Erhard Eppler, Jahrgang 1926, und Horst Ehmke, Jahrgang 1927. Sie haben die »Scheiße des Krieges« (Helmut Schmidt) nicht mehr in verantwortlichen Positionen erlebt, sondern als spätes oder auch letztes Aufgebot in kleineren Rollen. Sie sind alt genug, um die Brutalität des Krieges mitbekommen zu haben, aber jung genug, aus ihrem Leben danach etwas zu machen. Die Generation Helmut Schmidt wird die Generation Erhard Eppler für diese wenigen Jahre, die ihr eine maßgebliche Rolle im Krieg erspart haben, immer verachten. Die Flakhelfer sind die schlechteren Politiker, weil sie sich nicht im Stahlbad des Krieges bewähren mussten! Der Sozialdemokrat Helmut Schmidt, Jahrgang 1918, und der konservative CSU-Politiker Friedrich Zimmermann, Jahrgang 1925, haben biografisch mehr gemein als die zwei Sozialdemokraten Helmut Schmidt und Erhard Eppler. Friedrich Zimmermann ist zwar nur ein Jahr älter als Erhard Eppler, aber bei Kriegsende bereits Leutnant der Reserve.

Die Kehrseite dieser Verachtung ist der Neid: Weshalb hat es gerade uns erwischt und nicht die? Die Generation Helmut Schmidt leistet keine Trauerarbeit, sondern wendet das Hadern über ihr Schicksal gegen andere, die den Krieg »von außen« erlebt haben (Willy Brandt) oder nur noch Schützengräben ausheben mussten (Erhard Eppler). Solche innerpsychischen Konflikte werden von 1969 an für lange 29 Jahre wirkmächtig, da Protagonisten dieser Generationen Bundesregierungen angehören. Vom ersten Kabinett Brandt an etabliert sich die Generation Helmut Schmidt als deutungsgewaltige politische Generation. Ihr Versuch, die Sicht auf die deutsche Geschichte und die Diskussion aktueller politischer Fragen maßgeblich zu beeinflussen, geht erst mit dem Tod von Richard von Weizsäcker (2015), Helmut Schmidt (2015) und Hans-Dietrich Genscher (2016) zu Ende.

Die Euphorie, die Willy Brandt von 1969 an freisetzt, ist keine allgemeine, mit seiner Biografie und seinem Politikverständnis polarisiert er die Deutschen zu jeder Zeit. Der bürgerliche Mehrheitsdeutsche mag diesen Mann, der so gar nichts Schneidiges, Autoritäres, Deutsches hat, eigentlich nicht. Willy Brandts Regierungszeit wäre mit den Bundestagswahlen von 1972 zu Ende, wenn die Union einen populäreren Kanzlerkandidaten als Rainer Barzel ins Rennen schickte. Seit Barzels gescheitertem Misstrauensvotum am 27. April 1972 im Bundestag haftet ihm der Nimbus des Verlierers an. Wie kann er hoffen, dass die Deutschen eine Entscheidung des Parlaments, so knapp sie auch war, korrigieren würden? Seine »So nicht!«-Haltung gegenüber Willy Brandts Ostpolitik zeigte keine Größe. Er ist intellektuell brillant, bleibt aber unzugänglich und empathielos. Nur Franz Josef Strauß und Helmut Schmidt dürfen unverhohlen zeigen, dass sie bei allem und jedem recht haben, denn zu ihrer Besserwisserei kommt Feuer, kommt Leidenschaft hinzu. Mit ihrer rhetorischen Brillanz können sie eine Halle »rocken«.

Glaubt man dem Historiker Rudolf Wildenmann, will Helmut Kohl, sechs Jahre jünger als Rainer Barzel und Angehöriger der nächsten Generation, den CDU-Parteivorsitzenden schon Anfang der siebziger Jahre stürzen. Er weiß, dass mit einem Kandidaten Barzel kein Kanzler zu machen ist, aber er weiß auch, er muss dessen Niederlage abwarten, so wie er sechs Jahre später die Niederlage von Franz Josef Strauß abwarten muss, um sein Ziel zu erreichen. Für die Union wie für das Land wäre der 42 Jahre alte Helmut Kohl als Kanzlerkandidat 1972 ein charmantes Angebot, denn zu dieser Zeit gehört er noch zu den politischen Erneuerern, als Ministerpräsident von Rheinland-Pfalz und als Vorstandsmitglied der CDU.

Der Kanzlerkandidat Rainer Barzel beschert Willy Brandt und seiner Partei einen historischen Wahlerfolg. Am 19. November 1972 gewinnt die SPD 45,8 Prozent der Stimmen (1969: 42,7 Prozent), während die Union auf 44,9 Prozent der Stimmen zurückfällt (1969: 46,1) und die FDP mit 8,4 Prozent (1969: 5,8 Prozent) hinzugewinnt. Das Wahlergebnis straft die irritierende Haltung der Opposition zur Ostpolitik ab, die nunmehr eine breite Billigung durch die Wähler und Wählerinnen erfährt. Hinzu kommt, dass die Deutschen diesen Bundeskanzler noch nicht wirklich als Innenpolitiker erlebt haben.

Ein Generationswechsel bleibt mit diesem zweiten Kabinett Brandt aus, zumal sein maßgeblicher Architekt, Herbert Wehner, mehr als sieben Jahre älter, deutlich vor dem Regierungschef politisch sozialisiert wurde. Die jungen Abgeordneten seiner Fraktion brüllt er gern an. Das Kabinett wird zwar nicht jünger, dafür lässt die Qualität der Minister nach, wie das schlechte Krisenmanagement einiger Herren in der neuen Legislaturperiode zeigen wird. Das ist kein Einzelphänomen, die Qualität der Minister lässt auch in den späten Kabinetten von Helmut Schmidt und Helmut Kohl nach. Angela Merkel kommt zweimal um diesen Qualitätsverlust herum, weil eine Große Koalition mehr Personalreserven freisetzt als ein Bündnis aus Union und FDP.

Willy Brandts zweite Bundesregierung kämpft nicht mit knappen Mehrheiten im Bundestag oder einer pfiffigen Opposition, sondern mit Ansprüchen, die Rot-Gelb selbst erzeugt hat und die jetzt ins Unermessliche steigen. Ausgerechnet einem sozialdemokratischen Bundeskanzler bescheren sie historische Arbeitskämpfe mit historischen Folgen – Arbeitskämpfe, die wenige Jahre vorher, in einer wirtschaftlichen Hochphase, keine vergleichbare Destruktionskraft entwickelt hätten. Die Gewerkschaften kündigen die »Konzertierte Aktion« auf, sozusagen antizyklisch zur beunruhigenden Konjunkturentwicklung. Willy Brandts Wahlerfolg und die Aussicht auf eine stabile, vier Jahre amtierende Koalitionsregierung unter einem sozialdemokratischen, sozialstaatsfreundlichen Bundeskanzler macht sie mutig bis übermütig.

Vom 31. Mai 1973 an streiken in Deutschland die Fluglotsen. Zusammen mit den Piloten und den Lokführern bilden sie eine Berufsgruppe, die, wenn ihre Angehörigen streiken, die Pläne vieler Menschen durchkreuzt. Das macht ihre Arbeitgeber erpressbar. Viele Flüge fallen aus. Die Deutschen kommen in den Urlaubsmonaten gar nicht oder später oder nur auf Umwegen ans Ziel. Die Gewerkschaft der Fluglotsen nimmt keine Rücksicht darauf, dass eine traditionell gewerkschaftsfreundliche Partei den Bundeskanzler stellt, im Gegenteil: Schauen wir doch mal, wie weit wir gehen können!

Es dauert 179 Tage, bis der Konflikt ausgestanden ist.

Die Jahre, da die Wirtschaft läuft wie geschmiert, sind vorbei. 1973 steigen die Verbraucherpreise um 7,1 Prozent. Deutsche Bundesbank und Sachverständigenrat sagen für 1974 eine Inflationsrate von 10 Prozent voraus. Die Ölkrise im Herbst 1973 – die Scheiche drehen nach dem israelischen Sieg über Ägypten und Syrien vorübergehend den Ölhahn zu – hat eine niederschmetternde psychologische Wirkung. Die Deutschen lassen ihr liebstes Kind, das Auto, auf staatliches Geheiß an mehreren Sonntagen in der Garage. Als der Ölhahn wieder aufgeht, ist das Öl um ein Mehrfaches teurer. Die Bundesrepublik zahlt 1974 17 Milliarden Mark mehr für Öl als 1973, obwohl sie 6 Prozent weniger Fördermenge bezieht. Diese Milliarden fehlen nun schmerzhaft überall.

Willy Brandt müsste jetzt umsteuern, müsste vom Reform- zum Sparkanzler werden, nichts weniger leisten, als sich im Amt neu erfinden. Schon Ludwig Erhard war in eine Situation gekommen, die ihn unvorhergesehen traf, seine beschwichtigenden Reden während der konjunkturellen Delle wurden ihm, dem Wirtschaftswundermann, nicht abgenommen. Aber Ludwig Erhard war zu dieser Zeit schon als politische Persönlichkeit umstritten, da kam die Flaute seinen Gegnern gerade recht. Willy Brandt dagegen steht 1973 am Anfang seines Machtverfalls; er hat bis zu den Wahlen genügend Zeit zur Neubestimmung seines Kurses.

»Doch alsbald (nach ihrem Machtantritt, Anm. M. R.) waren alle Koalitionen mit Herausforderungen konfrontiert, auf die sie programmatisch nicht vorbereitet waren und für die sie im laufenden Regierungsbetrieb Strategien entwickeln mussten«, stellt der Politikwissenschaftler Karl-Rudolf Korte fest. Willy Brandt schafft den Rollenwechsel indes nicht, sei es, weil ihn die krisenhafte Situation zutiefst schreckt, sei es, weil er die falschen Berater hat oder nach der ersten, kräftezehrenden Legislaturperiode schlichtweg nicht mehr die Kraft. Aber wahrscheinlich liegt es gar nicht an Willy Brandt selbst, auch nicht an seiner Politik, sondern an der Struktur des Amtes, das seine Inhaber mit der Aufgabe überfordert, im laufenden Regierungsbetrieb neue Strategien zu entwickeln. Denn auch Helmut Schmidt, Helmut Kohl, Gerhard Schröder und Angela Merkel – darauf kommt die Rede noch – vermögen auf Lagen, die sie nicht einmal erahnt haben, nicht angemessen zu reagieren. Sie haben keine Antworten darauf. Machtwechsel in der Bundesrepublik Deutschland werden, das sei schon einmal vorweggenommen, mit dem Scheitern in solchen Lagen entschieden. Das Ausbleiben eines »policy learning« entscheidet ihr politisches Schicksal, das alternative Angebot der Opposition spielt keine Rolle und der Ausgang einer Bundestagswahl schon gar nicht.

Heinz Kluncker, Vorsitzender der Gewerkschaft Öffentlicher Dienst, Transport und Verkehr, lässt im Winter 1974 das Land zum Himmel stinken. Er fordert für die Beschäftigten, unter anderem die Müllmänner, eine Lohnerhöhung von fünfzehn Prozent. Am Ende sollen, so sein durchsichtiges Kalkül, mindestens zehn Prozent, eher mehr, herausspringen, um die erwartete Inflationsrate von zehn Prozent (es werden dann sieben) aufzufangen. Willy Brandt schließt in zwei Bundestagsreden zweistellige Tariferhöhungen aus. Als die Bundesregierung hart bleibt, lässt Heinz Kluncker die Müllmänner streiken. Das hindert die Deutschen nicht am Reisen wie der Fluglotsenstreik im Sommer zuvor, aber es erinnert sie an die Verhältnisse in ihren Urlaubsländern, wo sie auf dem Weg zum Strand, wie jetzt, an überquellenden, meterweit stinkenden Mülltonnen vorbeikommen. Solche Zustände akzeptiert der Deutsche im Urlaub, aber doch nicht vor der eigenen Haustür!

Heinz Kluncker macht in diesen historischen Wochen den Gegenkanzler. Wird Willy Brandt einknicken oder nicht? Er wird. Heinz Kluncker bekommt entgegen der früheren Beteuerung des Bundeskanzlers eine zweistellige Tariferhöhung. Willy Brandt gibt nach Anrufen von SPD-Bürgermeistern aus dem ganzen Land, die selbst unter Druck stehen, klein bei. Abgesehen davon, dass auch ein reicher Staat wie die Bundesrepublik eine zweistellige Lohnerhöhung nicht leicht wegsteckt, ist das Nachgeben der Bundesregierung und des Bundeskanzlers persönlich ein fatales Signal.

Mitarbeiter von Willy Brandt setzen nach seinem Rücktritt ein Jahr später eine Verratslegende in die Welt, Herbert Wehner wird zum bösen Buben erklärt, weil er den Parteifreund aus dem Amt gekickt haben soll. Willy Brandts Redenschreiber Klaus Harpprecht kolportierte diese Legende zeit seines Lebens, linksengagierte Journalisten wie Peter Merseburger, der Willy Brandts Hagiografie besorgt, wollen noch Jahrzehnte später nicht wahrhaben, dass der enttarnte DDR-Spion im Umfeld Willy Brandts nur der Anlass, nicht die Ursache des Rücktritts gewesen ist. Was nicht sein darf, kann nicht sein!

In einer Fernsehansprache am 7. Mai 1974 verkündet der Bundeskanzler die Aufgabe seines Amtes. Schon am 16. Mai 1974 wird der ewige Zweite, Helmut Schmidt, als sein Nachfolger im Bundestag vereidigt. Helmut Schmidt, fünf Jahre jünger als Willy Brandt, konnte mit diesem Karrieresprung schon nicht mehr rechnen. Er wusste immer, dass ihm der ältere und charismatischere Sozialdemokrat vorgezogen würde. 1968, vor den Bundestagswahlen, diskutieren Journalisten mit dem Vorsitzenden der SPD-Bundestagsfraktion über das Für und Wider einer Kandidatur. Doch so lästerlich Helmut Schmidt über Willy Brandt spricht (»Willy versteht nichts von Wirtschaft«), ist er im Kern ein politisch loyaler Mann und kein Brutus. Seine Enttäuschung darüber, dass ihm Willy Brandt immer vorgezogen wird, führt zu Absentierungsgedanken: Im Gespräch mit Journalisten wie Ben Witter räsoniert er über einen Wechsel in die Wirtschaft, um endlich so viel Geld zu verdienen, wie ihm, dem bewährten Krisenmanager, nach eigener

Meinung zusteht. Aber das bleiben kurze Anwandlungen, sein Pflichtgefühl und sein Vergnügen an der Politik als »Kampfsport« (sein eigenes Wort) holen ihn bald wieder ein.

Jetzt also muss er doch selber ran. Er ist als Jahrgang 1918, 55 Jahre alt und der bisher jüngste Bundeskanzler der Bonner Geschichte.

Es fällt auf, dass die meisten seiner Minister jünger sind, nicht nur im ersten, sondern in all seinen Kabinetten. Hans Matthöfer ist Jahrgang 1925, Hans-Jochen Vogel Jahrgang 1926 wie Otto Graf Lambsdorff, Hans-Dietrich Genscher Jahrgang 1927. Keiner von ihnen macht den Eindruck, je eine politische Jugend oder Sturm-und Drang-Zeit gehabt zu haben. Im Lauf von Helmut Schmidts Amtszeit kommen Junge hinzu, Björn Engholm, Jahrgang 1939, oder der ein Jahr jüngere Volker Hauff. Beides kluge, frische Köpfe wider den Mainstream. Doch der eine ist Landwirtschafts-, der andere Verkehrsminister, also zuständig fürs »Gedöns«.

Das hohe Tempo, in dem Helmut Schmidt eine Regierung bildet, und die schneidige Rhetorik seiner ersten Regierungserklärung drücken einen neuen Elan und eine neue Entschlossenheit aus. In der kurzen Zeit, die ihm bis zur Bundestagswahl 1976 bleibt, tritt er bei den Reformen seines Vorgängers auf die Bremse. Er nimmt alle Genossen, die seiner Meinung nach nicht die Zeichen der Zeit erkannt haben, an die Kandare.

»Wie Helmut Schmidt«, antwortet Rainer Barzel 2005 auf die Frage eines Journalisten, wie er als Unionskanzler der siebziger Jahre regiert hätte. Die Politik, die der zweite sozialdemokratische Bundeskanzler macht, ist alternativlos. In Zeiten einer wechselhaften Konjunktur und eines fundamentalen Wandels der Arbeitsgesellschaft – erstmals gibt es in der Bundesrepublik mehr Angestellte als Arbeiter – braucht es einen Bundeskanzler, der »von Wirtschaft« etwas versteht. Helmut Schmidt nervt Minister, Journalisten und überhaupt alle, die ihm zuhören, mit seiner »Weltwirtschaftsoper«, die er viel zu dick orchestriert, denn tatsächlich ist der Arbeitsplatz bei Thyssen (noch) nicht gefährdet, weil in China ein Sack Reis umfällt. Helmut Schmidt versteht aber ziemlich viel von dem, worüber er zu entscheiden hat, und nimmt wirtschaftliche Entwicklungen der nächsten Jahre und Jahrzehnte analytisch vorweg. Der Bundeskanzler Helmut Schmidt der ersten Jahre ist nicht weniger als ein politischer Glücksfall für das Land, so wie es schon Konrad Adenauer und Willy Brandt in ihren ersten Phasen waren. Mit seinen krisenerprobten Managerqualitäten sorgt er dafür, dass die Bundesrepublik in den Stürmen der Weltwirtschaftskrise weniger gebeutelt wird als andere Staaten. Es ist keine Zeit für politische Aufbrüche, sondern für solide Erfolge.

Die Deutschen danken es ihrem Bundeskanzler, den sie halb witzelnd, halb bewundernd für den »besten Mann, nur in der falschen Partei« halten, mit einem zwar knappen, aber eben einem Sieg. Bei den Bundestagswahlen am 3. Oktober 1976 kommen die Sozialdemokraten noch auf 42,6 Prozent der Zweitstimmen (1972: 45,8), die Union auf 48,6 Prozent (1972: 44,9) die FDP holt 7,9 (1972: 8,4) Prozent.

Der knappe Ausgang legt die Annahme nahe, dass ein Bundeskanzler Willy Brandt nach 18 verlorenen Regierungsmonaten, einem Spion in seiner persönlichen Umgebung und Frauengeschichten, die im Zuge der Guillaume-Affäre ans Licht kommen, nicht wiedergewählt worden wäre, zumal in der zweiten, von Helmut Schmidt bestrittenen Hälfte der Legislaturperiode die Wirtschaftskompetenz eines Regierungschefs gefordert war. Helmut Schmidt kommt gerade rechtzeitig, als die konservative Grundstimmung der Deutschen nach dem Hype um Willy Brandt wieder Wahlen entscheidet. Nicht die fünfziger Jahre der Adenauer-Zeit, sondern die siebziger Jahre mit Franz Josef Strauß und Helmut Kohl bringen der Christdemokratie den größten Zuspruch ihrer Geschichte. Die absoluten Mehrheiten in Bayern, Baden-Württemberg und anderswo sind nicht mit dem traditionell gegenläufigen Wahlverhalten im Bund und in den Ländern zu erklären. Bei bundesweiten Umfragen 1977 kommt die Union auf 54 Prozent!

Beim Ergebnis der Bundestagswahlen 1976 fällt auf, dass der Wähler die Einwechslung von Helmut Schmidt mitten in der Legislaturperiode nicht problematisiert. Auch Helmut Kohl, der sich am 1. Oktober 1982 von der Union und einigen Abgeordneten der FDP zum Bundeskanzler wählen lässt, erhält bei den Bundestagswahlen sechs Monate später ein nachträgliches »Go«. Die Deutschen nehmen ihren Chefs »unterjährige« Machtübernahmen offenbar nicht übel, sondern urteilen über ihre Eignung im Hier und Heute.

Der Bundestagswahlkampf 1976 gerät zum dramatischsten in der bisherigen Geschichte der Bundesrepublik, weil die Union zur Regierungsübernahme auf eine absolute Mehrheit angewiesen ist. Der Architekt ihrer Wahlkampfstrategie, der intellektuell brillante CDU-Generalsekretär Kurt Biedenkopf – zu dieser Zeit holt Helmut Kohl noch eigenständige Köpfe in seine Nähe – gibt das Motto »Freiheit statt Sozialismus« aus, eine Infamie gegenüber dem politischen Gegner, aber eine erfolgreiche. Dass die Union das triumphale Ergebnis der SPD von 1972 aus dem Stand umkehren und sogar die absolute Mehrheit erreichen würde, kann Kurt Biedenkopf nicht wirklich hoffen. Aber die geistige Saat, die er legt, fällt in diesen Jahren vielfach auf fruchtbaren Boden. Frank Bösch hat darauf hingewiesen, dass die Siebziger kein »sozialdemokratisches Jahrzehnt« waren, wie Ralf Dahrendorf vorausgesagt hatte, sondern eine Renaissance der Konservativen, die in signifikante Wahlerfolge mündet.

Die sozialliberale Koalition hat bereits 1976 ihr politisches Kapital aufgebraucht. Es war ein Glück für das Land, dass es sie von 1969 an gab, aber die Nachfolger von Willy Brandt und Walter Scheel, Helmut Schmidt und Hans-Dietrich Genscher, haben sich nicht mehr viel zu sagen. Beide wollen regieren, und dafür arrangieren sie sich miteinander, aber was morgen an politischen Verlockungen kommt, ist offen.

Helmut Schmidts peitschenartige Rhetorik und sein strenges Regiment mit den Genossen, die ihn wegen seines guten Rufs als »Macher« und Krisenmanager zähneknirschend gewähren lassen, täuscht lange über die geistige Rückständigkeit seines politischen Weltbildes und seines Politikverständnisses hinweg. Ulrich Blank, ein früher, sehr einfühlsamer Biograf von Helmut Schmidt, zählt die Generation Helmut Schmidt »zu den Front-Jahrgängen, für die alles immer entweder zu früh oder zu spät kam«. Helmut Schmidt kommt zu spät in das Amt des Bundeskanzlers, er hätte, anstelle von Kurt Georg Kiesinger, in der Mitte der sechziger Jahre dorthin gehört. Zu dieser Zeit zeichnet sich noch keiner der Konflikte ab, über die er stürzen wird, und er hätte mutmaßlich auch sparsamer gewirtschaftet als Kurt Georg Kiesinger und vor allem als Willy Brandt.

Ein Helmut Schmidt glaubt wie viele in den Sechzigern an den Segen moderner Technik. »Technik ist das Ergebnis der schöpferischen Fähigkeiten des Menschen«, sagt er einmal in einer Rede. »Sie ist die Basis unseres Wohlstands.« Sie werde auch helfen, »mit den ökologischen Problemen besser fertig zu werden«.

Er glaubt an das militärische Prinzip eines »Gleichgewicht des Schreckens«, wie kein anderer deutscher Politiker beschäftigt er sich mit militärstrategischen Fragen und setzt seine Überzeugungen in Waffen um. Er gebe »dem Bemühen um Gleichgewicht den Vorzug vor einer einseitigen Abrüstung«, sagt er in einem Fernsehgespräch mit dem Dirigenten Leonard Bernstein. »Ich habe Angst«, hatte der ihm zuvor bekannt.

Er glaubt an die Fähigkeit der »jungen Leute«, wie er gern sagt, zur politischen Einsicht – auch die Jugend der Siebziger, nimmt er offenbar an, wird in die SPD strömen wie schon die Jugend der Sechziger. Er kann sich nicht vorstellen, dass zu den drei Parteien der erwachsen gewordenen Bundesrepublik eine hinzukommt.

Mit ihren Prägungen und Überzeugungen entfremden sich Helmut Schmidt und die Seinen zunehmend vom Bewusstsein der Zeit. 1977 gehören bereits zwei Millionen Deutsche in 750 Gruppen dem »Bundesverband Bürgerinitiativen Umweltschutz« an. Wyhl, Kalkar, Brokdorf, Gorleben sind Stationen des Widerstands, genährt von Seveso und Harrisburg.

»Menschen, die in der Politik ihre Emotionen nicht jederzeit unter Kontrolle hatten, verstand er nicht«, konstatiert der Politikwissenschaftler Franz Walter mit Blick auf Helmut Schmidt. »Doch der Mensch lebt nicht nur vom Brot allein, die Demokratie nicht nur vom Krisenmanagement«, findet Horst Ehmke, einer der ewigen Gegner von Helmut Schmidt, in seinen Memoiren.

Wäre Willy Brandt nicht 1974 zurückgetreten und hätte stattdessen mit einem Wahlsieg 1976 ein weiteres politisches Wunder vollbracht, wäre die Auseinandersetzung mit den neuen sozialen Bewegungen, die seinen Nachfolger aus dem Amt kippen werden, fraglos anders verlaufen. Tatsächlich nimmt der frühere Bundeskanzler und SPD-Parteivorsitzende nur wenige Jahre Rücksicht auf seinen Nachfolger, bis er die Angehörigen der neuen sozialen Bewegungen genauso in die Partei ruft wie Jahre zuvor die Achtundsechziger.

Der Auslaufcharakter von Helmut Schmidts Politikverständnis käme bald nach der Bundestagswahl 1976 ans Licht, wenn die Politik nicht die bisher größte Herausforderung für den Staat bewältigen müsste. Während der Kanzlerschaft von Helmut Schmidt begehen die Mitglieder der linksterroristischen »Roten Armee Fraktion« (RAF) mehr Entführungen und Morde denn je. Ihre Aktionen zur Freipressung der RAF-Führer, die zu langjährigen Haftstrafen verurteilt wurden und in Stuttgart-Stammheim hinter Gitter sitzen, münden in das Terrorjahr 1977 mit dem Attentat auf Generalbundesanwalt Siegfried Buback, mit der Ermordung des Dresdner Bank-Chefs Jürgen Ponto, der entführt werden sollte, mit der Entführung und Ermordung von Arbeitgeberpräsident Hanns Martin Schleyer und der Entführung einer Lufthansa-Linienmaschine mit 86 Passagieren und 5 Besatzungsmitgliedern. Während des mehrtägigen Irrfluges ermorden die palästinensischen Terroristen, die mit ihrer Aktion den RAF-Forderungen beispringen, den Kapitän des Flugzeugs.

Die früheren Wehrmachtsoffiziere Franz Josef Strauß, Jahrgang 1915, Walter Scheel, Jahrgang 1919, Werner Maihofer, wie auch Helmut Schmidt, Jahrgang 1918, Friedrich Zimmermann, Jahrgang 1925, fühlen sich in den Weltkrieg zurückversetzt. Sie betrachten die Frauen und Männer, die Verbrechen begehen, als im Krieg mit dem Staat. Die Terroristen werden zu militärischen Gegnern, auf die der Staat mit militärischer Härte antworten muss. Im Großen Krisenstab der früheren Wehrmachtsoffiziere wird das Handeln von Bundesregierung, Großem und Kleinem Krisenstab eine »Operation« genannt, analog zu einer militärischen Aktion. Wichtige Briefe an den Bundeskanzler, persönliche Notizen von ihm und Protokolle der Sitzungen des Krisenstabes werden in mehreren Leitz-Ordnern zusammengefasst und bekommen im Sprachgebrauch der Protagonisten die Bezeichnungen »Operationstagebuch« oder gar »Kriegstagebuch«.

Helmut Schmidt und die Seinen beschneiden den Kontakt der RAF-Gefangenen mit der Außenwelt, heben die Pressefreiheit auf und bilden mit dem Großen und dem Kleinen Krisenstab (»Kleine Lage«) Versammlungen, die das Grundgesetz nicht vorsieht. Helmut Schmidt denkt keine Sekunde daran, den in der Verfassung vorgesehenen Bundessicherheitsrat einzuberufen, sondern bildet mit dem Großen Krisenstab ein Gremium mit Vertretern aller im Bundestag vertretenen Parteien, um sich seine Haltung, die wiederum von der ersten Sekunde an feststeht, genehmigen zu lassen. Weiter gibt es mit der »Kleinen Lage« eine Art »inner circle«, in dem die Entscheidungen fallen.

Helmut Schmidt denkt auch keine Sekunde daran, die inhaftierten RAF-Mitglieder, die für den entführten Arbeitgeberpräsidenten Hanns Martin Schleyer freikommen sollen, ausfliegen zu lassen, er arbeitet erfolgreich an einer Allparteienkoalition gegen ein Nachgeben. Das gekaperte Flugzeug lässt er, nachdem er sich während der Entführungstage mit keinem Wort an die zu Tode geängstigten Geiseln gewandt hat, auf dem Flughafen von Mogadischu/Somalia durch die Sondereinheit GSG 9 stürmen. Alle

Geiseln werden mit nur geringen Verletzungen befreit – ein Wunder angesichts des hohen Risikos der Aktion! Die Leistung der am Sturm Beteiligten wird weltweit als symbolischer Sieg über den Terrorismus gefeiert. In den Stunden nach »Mogadischu« begehen die Führungsmitglieder der RAF Selbstmord.

Der entführte Arbeitgeberpräsident Hanns Martin Schleyer galt vom ersten Entführungstag an als sicheres Terroropfer, wenn es der Polizei nicht gelänge, sein Versteck zu finden und ihn zu befreien. Das Bundeskriminalamt unter seinem Leiter Horst Herold, Jahrgang 1923 und ebenfalls früherer Wehrmachtsoffizier, steht kurz vor einem Fahndungserfolg, aber eben nur fast. Hanns Martin Schleyer wird nach »Mogadischu« von seinen Entführern erschossen.

In einer Situation, auf die niemand vorbereitet war, erweist sich die politische Rückständigkeit der Generation Helmut Schmidt als Glück. Die Herren, die das Stahlbad des Weltkrieges durchlaufen mussten, bewahren in der Stunde terroristischer Bedrohung die Nerven und retten so viele Menschen wie nur irgend möglich – allen voran der Bundeskanzler. »Während der Schleyer-Tragödie besaß er«, bilanziert der Journalist Knut Teske in der »Welt«, »wahrscheinlich nur er, wiewohl immer schmächtig, nie ganz gesund und in den letzten Fragen menschlicher Existenz von Zweifeln geplagt, die nötige Härte sowie den glasklaren Charakter für das damals Notwendige.«

Helmut Schmidts Führungsrolle und das gemeinsame Verständnis des Konflikts als Kriegszustand führt zu einer beispiellosen Entschlossenheit über alle im Bundestag vertretenen Parteien hinweg. Doch zeigt sich darin zugleich, wie spät diese Generation an die Macht gekommen ist, denn die Bundesrepublik steht nicht mehr wirklich im Krieg, das Kriegsende liegt 32 Jahre zurück.

Akten des Bundeskanzleramtes belegen, dass die Protagonisten der Trutzburg Bonn seit dem ersten Anschlag der RAF 1968 keine Sekunde darauf verwandten, die Motive der Gewalttäter politisch oder psychologisch zu analysieren oder analysieren zu lassen. Terroristen werden von der Bundesregierung bis zum Ende des »Deutschen Herbstes« ausschließlich als Verbrecher wahrgenommen. Die geistige Auseinandersetzung mit dem Terrorismus, seinen Motiven und seiner Strahlkraft auf sogenannte Sympathisanten beginnt erst im Winter 1977, als Justizminister Hans-Jochen Vogel im Kabinett Geld für eine wissenschaftliche Expertise bewilligen lässt. Sie kommt um Jahre zu spät!

Auch die Akteure in einem anderen politischen Konflikt, die Demonstranten gegen den Bau neuer Atomkraftwerke, werden in den Akten des Bundeskanzleramtes über Jahre als Rechtsbrecher geführt. Natürlich, sie brechen Recht, wenn sie Grundstücke und Baustellen besetzen und sich Polizisten, die das Gelände räumen sollen, entgegenstellen. Sie brechen noch mehr Recht, wenn sie vermummt mit Steinen auf Polizisten losgehen. Dass der Widerstand gegen die Kernenergie viel mehr sein könnte als ein Vorwand weniger, Steine gegen den Staat zu werfen, kommt der herrschenden Politikergeneration nicht in den Sinn.

So wenig Helmut Schmidt die Politik seines Amtsvorgängers fortsetzt, in dieser Hinsicht tut er es mit Leidenschaft. Er ficht für die Kernenergie, wie er später für neue Mittelstreckenwaffen fechten wird. Ihm steckt noch die politische Hilflosigkeit der Bundesrepublik von 1973 in den Knochen, als die Ölscheiche plötzlich den Hahn abdrehten. Die Kernenergie soll die Bundesrepublik von den OPEC-Ländern unabhängiger machen.

Der Bundeskanzler weiß, dass diese Energiequelle ein »Restrisiko« birgt, wie die diminuierende Bezeichnung dieser Jahre lautet, aber in seinen Reden beruhigt er mit dem Argument, dass immer bessere Technik ein solches Risiko immer geringer machen werde. Sein Hauptargument sind die Arbeitsplätze, die deutsche Atomkraftwerke schaffen, womit er an diese hochgefährlichen Anlagen dieselbe Elle anlegt wie an eine Bierbrauerei.

Willy Brandt und Helmut Schmidt sind die »Atomkanzler« in der Geschichte der Republik. Das ist ihnen nicht vorzuwerfen, sie entscheiden gemäß ihrer biografischen, technikaffinen Prägung und dem Selbstbewusstsein der Ingenieure dieser Zeit. Nicht einmal der Kraftwerksunfall von Harrisburg 1979 bewirkt ein Umdenken – bei den Sicherheitsstandards, die in der Bundesrepublik gelten, kann »Harrisburg« nicht passieren!

Und wenn doch? Der sonst so kluge Publizist Sebastian Haffner gibt in seinen »Überlegungen eines Wechselwählers«, die er zur Bundestagswahl 1980 vorlegt, die damals gängige Antwort: »... dann gibt es eben eine Katastrophe – eine Katastrophe wie ein Erdbeben, mit dem man ja auch immer wieder einmal rechnen muss.« Sebastian Haffner tröstet seine Leser, »aber auch eine solche Katastrophe würde die Menschheit, anders als einen atomaren Weltkrieg, mit Sicherheit überleben«.

Die Generationen nach Helmut Schmidt verfügen über eine andere biografische Prägung und tragen dessen Affinität zur Großtechnik nicht mit. Was die Bundesregierung als den örtlichen Protest gewaltbereiter Autonomer gegen ein paar Atomkraftwerk-Baustellen wahrnimmt, entpuppt sich als Brutstätte eines neuen Bewusstseins, das nicht die immer modernere Technik, sondern die Rettung der Natur und überhaupt der Welt im Fokus hat. Im Lauf der siebziger Jahre gründen sich wie gehört unzählige Bürgerinitiativen zum Schutz von Umwelt und Natur. Als sie sich auch politisch organisieren, erst als »Bunte«, dann als »Grüne«, bezeichnet Bundeskanzler Helmut Schmidt ihre Mitglieder als »Umweltidioten«. Der hessische Ministerpräsident Holger Börner, der auf dem Bau gelernt hat, findet gar, man solle mit »Dachlatten« auf sie einschlagen.

Helmut Schmidt hat die sozialliberale Koalition nach der Depression unter Willy Brandt stabilisiert und das Ansehen der Bundesrepublik als respektierter Staatsmann gemehrt, als diese Bewegung die Grundfesten der Politik, für die er seit Jahrzehnten steht, erschüttert. Hätte 1969 er selbst statt Willy Brandt in das Bundeskanzleramt einziehen können, wäre ihm eine Anti-Atomkraftbewegung erspart geblieben. Hätte er Anfang der siebziger Jahre das Amt angetreten, wäre er auch vom zweiten todbringenden Konflikt seiner Kanzlerschaft, dem Streit um neue US-Mittelstreckenwaffen in Mitteleuropa, verschont worden.

Helmut Schmidt handelt gemäß seiner politischen Prägung und seinem politischen Weltbild, als er im Oktober 1977, dem Schicksalsmonat seiner Kanzlerschaft mit einem Triumph über den Terrorismus und einer politisch verhängnisvollen Rede, eine »Nachrüstung« von amerikanischen Mittelstreckenwaffen in Europa fordert, um neuen Mittelstreckenwaffen der Sowjetunion Paroli zu bieten. Die Rede, die der Bundeskanzler in London hält, um auf das Defizit der NATO im Mittelstreckenbereich aufmerksam zu machen, ist eine von klassischen Sicherheitspolitikern geschriebene Rede, für den Laien schwer verständlich, weil voller militärischer Fachbegriffe, eine kühle Analyse und Aufforderung zum Handeln an den amerikanischen Verteidigungsminister. Helmut Schmidt ist als Verfasser zweier sicherheitspolitischer Bücher in dieser Nomenklatur zu Hause, er weiß in jedem Satz, wovon er redet. Was er nicht weiß: Sein Vorschlag, wie auf die Vorrüstung des Breschnew-Regimes zu reagieren ist, kommt zu spät. Das Denkmuster einer Abschreckung durch immer neue, modernere Waffen beginnt vielen Menschen in Mitteleuropa und besonders in Deutschland Angst zu machen. Diese Menschen verstehen die Denkmuster ihrer Politiker nicht mehr. Und die Politiker werden nicht verstehen, was plötzlich in den Köpfen dieser Menschen vorgeht. Helmut Schmidt nennt einmal das Volk, das er als Bundeskanzler regiert, »Weltmeister der Angst«.

Der Widerstand keimt zunächst langsam auf, wächst aber nach der Wiederwahl des Kanzlers – Besiegelung weiterer vier Regierungsjahre der Generation Helmut Schmidt – sprunghaft an. Immer wieder gab es sicherheitspolitische Debatten in der Bundesrepublik, etwa über deren Wiederbewaffnung oder über atomare Waffen für die Bundeswehr, doch was jetzt passiert, übersteigt die Dynamik alles Bisherige. Bis in die Schulen hinein wird über die »Kette von Vor- und Nachrüstungen« (Erhard Eppler) diskutiert, stehen Konzepte wie die »soziale Verteidigung« –

Widerstand gegen einen Eindringling im Stil eines Mahatma Gandhi – in Rede. »Lieber rot als tot« ist der meistdiskutierte Satz der Zeit. Nie vorher und nie mehr danach führt ein Thema so viele Westdeutsche zum Protest zusammen wie dieses. Auf den Großkundgebungen sprechen »Parteifreunde« des Bundeskanzlers aus der zweiten (Erhard Eppler) und sogar der ersten Reihe (Willy Brandt) und verwerfen seine Politik. Ein SPD-Parteivorsitzender setzt sich öffentlich von der Haltung eines sozialdemokratischen Bundeskanzlers in einer wichtigen Frage ab!

Weshalb gehen die Massen nicht 1971 gegen immer neue Nuklearwaffen in der Bundesrepublik auf die Straße, aber 1981? Während der Kanzlerschaft von Helmut Schmidt vollzieht sich nichts weniger als eine mentale Zeitenwende. Immer mehr Junge übernehmen in wichtigen Fragen ihres Lebens nicht mehr die Meinungen der Alten. Das gilt im privaten Leben, wo immaterielle Werte die materiellen aus der Wirtschaftswunderzeit ablösen, und es gilt in der Politik, wo plötzlich ein »Prinzip Verantwortung« (Hans Jonas) hoch im Kurs steht. Das Prinzip Verantwortung bedenkt das Wohlergehen, ja das Überleben künftiger Generationen bei politischen Entscheidungen mit. Später wird sich ein anderer Begriff dafür einbürgern, »Nachhaltigkeit«. Politisches Handeln soll nachhaltig sein!

Die selbsternannte »Friedensbewegung« gegen eine »Nachrüstung« von Cruise-Missiles- und Pershing-II Raketen in der Bundesrepublik wird von Alten (Heinrich Böll, Heinrich Albertz, Gert Bastian, Erhard Eppler) angeführt, doch sie ziehen überwiegend Junge an, denen das »Bonn« der Generation Helmut Schmidt fremd ist, und die in Demonstrationen und »Menschenketten« zu einem eigenen politischen Bewusstsein finden. Ihr Verhalten irritiert das »Bonn« der Generation Helmut Schmidt in höchstem Maße. Der Bundeskanzler, der im Weltkrieg existenzielle Grenzerfahrungen machen musste, kann kein Verständnis für die Träger der »Ich habe Angst«-Plakate entwickeln, die ihm von Angehörigen der Friedensbewegung entgegengestgreckt werden. Helmut Schmidt kennt Angst sehr wohl: Angst vor dem Verlust seiner Familie im Krieg und Angst um das eigene Leben. Die junge Generation, die sich jetzt erstmals politisch artikuliert, hat Angst vor einem Atomkrieg, der alles Leben vernichtet. Die biografischen Prägungen von Alten und Jungen sind so verschieden, dass keine Annäherung möglich ist. Der Konflikt kommt zustande, weil eine Generation zu spät an die Macht gekommen ist und jetzt eine Generation regiert, mit der es keine biografische Schnittmenge und folglich auch keine gemeinsame Sprache gibt.

Kein Bundeskanzler ist, als er in das Amt kommt, so jung wie Helmut Schmidt. Gleichwohl erscheint er einer Christiane F. mit seinen politischen Ansichten als »alter Sack«. Christiane F. wächst in einer Westberliner Trabantenstadt als »Schlüsselkind« auf und greift früh zu Drogen. Um ihren Drogenkonsum zu bezahlen, geht sie auf den »Babystrich« am Bahnhof Zoo. Dort existiert eine Parallelgesellschaft von Menschen, die in der Bundesrepublik der Generation Helmut Schmidt keinen Platz haben. Das Buch »Die Kinder vom Bahnhof Zoo« von 1978 gibt den Blick in diese Parallelgesellschaft frei.

Christiane F. ist ein Extrembeispiel, und doch das Symptom einer Krise. Anfang der achtziger Jahre nehmen sich nirgends so viele junge Menschen das Leben wie in der Bundesrepublik. Ihre Zahl beträgt 500, was auf den ersten Blick nicht viel ist, aber auf den zweiten Blick Symptom für ein Land, in dem offenbar die Alten regieren, als gäbe es die Jungen nicht.

Ihre politische Rückständigkeit manifestiert die Bundesrepublik der Ära Schmidt mit zwei Entscheidungen, deren Akteure die Zeit nicht vorausdrehen wie die Protagonisten im Science-Fiction-Klassiker »Die Zeitmaschine« von H. G. Wells, sondern zurück in die Ära Kiesinger: 1979 wird Karl Carstens Bundespräsident, weil sich der CDU-Vorsitzende Helmut Kohl nicht gegen Franz Josef Strauß durchsetzen kann, der Carstens protegiert; 1980 darf der Verteidigungsminister, der 1962 zu Recht wegen der »Spiegel«-Affäre zurücktreten musste, Kanzlerkandidat der Union werden.

So viel politische Rückständigkeit war nie. Die Union legt »verspätet ein Wahlkampfprogramm vor, das in vieler Hinsicht ein Rückfall in frühere Zeiten« ist, stellt Frank Bösch fest. Der Kandidat selbst wünscht sich nach seiner Zugehörigkeit zum Kabinett Kiesinger die vollständige politische, und das heißt bundespolitische Rehabilitation, was bei einem Alphatier wie ihm menschlich verständlich, aber für die Union und die Deutschen politisch verheerend ist. Der Kanzlerkandidat Franz Josef Strauß im Jahr 1980 hat zu keiner Zeit eine Chance. Helmut Schmidt hätte mutmaßlich auch gegen den anderen Kandidaten der Union, den in einer »Nacht der langen Messer« gegen Franz Josef Strauß unterlegenen niedersächsischen Ministerpräsidenten Ernst Albrecht, gewonnen, aber nicht so hoch.

Im vorletzten Regierungsjahr von Helmut Schmidt, der dem Bundestag seit 1953 angehört, sprich: 32 Jahre nach der ersten Sitzung des Bundestages im Jahr 1949 tritt zum ersten Mal im Hohen Haus ein Mann ohne Krawatte an das Rednerpult. Darauf Zurufe von Unionsabgeordneten: »Sie wollen hier demonstrieren.« Der CDU-Abgeordnete Lothar Haase, Kassel, raunt, »da können Sie ja gleich nackt kommen«. Weitere Zurufe aus der Union: »Sie haben nicht einmal den Präsidenten begrüßt.«

Der Mann ist 37 Jahre alt und SPD-Abgeordneter für den Wahlkreis Hannover-Land. Er heißt Gerhard Schröder.

»Die Wende kam schon vor acht Jahren.«

Arnulf Baring

Ich bin das Volk!

Helmut Kohl und Franz Josef Strauß

Am 1. Oktober 1982 stimmen die Mitglieder des Deutschen Bundestages zum zweiten Mal seit 1949 über einen Antrag für ein konstruktives Misstrauensvotum gegen eine Bundesregierung ab. Bundeskanzler Helmut Schmidt soll von einer Mehrheit der Abgeordneten aus Union und FDP das Misstrauen ausgesprochen und Helmut Kohl als Nachfolger berufen werden. Der Unionspolitiker Rainer Barzel war am 27. April 1972 mit einem solchen Antrag gegen Willy Brandt gescheitert, weil auch sogenannte Parteifreunde ihm die Stimme verweigerten. Helmut Kohl, Nachfolger von Rainer Barzel als CDU-Vorsitzender und Unions-Kanzlerkandidat, riskiert es jetzt wieder – und gewinnt: Mit 256 zu 235 Stimmen kommt er sicher über die erforderliche Mehrheit.

Weshalb dieses parlamentarische Manöver? Der Kanzlerbonus, so Helmut Kohls Kalkül, der zugleich ein Verlierernimbus seines Intimfeinds Helmut Schmidt ist, wird ihm zugutekommen, wenn der Wähler das nächste Mal an die Urnen geht. Helmut Kohl trickst das parlamentarische System, dessen Souverän das Volk sein soll, gleich doppelt aus: Er zwingt die Legislaturperiode mit einer gewählten Regierung zum Abbruch und setzt einen Wahltermin für eine neue Legislaturperiode nach Gutdünken an. Bis zur Bundestagswahl Anfang März bleiben ihm fünf Monate Zeit, um die alte Koalition als Totengräber und seine neue Regierung als Retter der Politik hinzustellen.

Bei diesem »immanenten Machtwechsel« – die FDP mit Hans-Dietrich Genscher und Otto Graf Lambsdorff als Protagonisten gehören der Regierung weiterhin an – kommen Männer zum Zug, die viele Jahre auf diesen Augenblick warten mussten. Es ist ihre letzte Chance, denn in der Union steht nur Helmut Kohl in ihrer Pflicht. Helmut Kohl kann nicht darauf wetten, dass er 1984 ein zweites Mal nach 1976 als Kanzlerkandidat nominiert wird. Zugleich ist es die letzte Chance für eine ganze Generation, die »Flakhelfer-Generation« der Jahrgänge 1925 bis 1935, die alt genug war, um das Dritte Reich und den Weltkrieg mitzuerleben, aber jung genug, um nach 1945 neu anzufangen.

Dass der frühere Wehrmachtsoffizier Alfred Dregger, Jahrgang 1920, Vorsitzender der CDU/CSU-Bundestagsfraktion wird, ist keine Verlegenheitslösung, sondern Programm. Alfred Dregger steht beispielhaft für die Verspätung des neuen Spitzenpersonals. Zum Club der Gestrigen gehören auch Bundesinnenminister Friedrich Zimmermann, Jahrgang 1925, und Landwirtschaftsminister Josef Ertl, der im selben Jahr geboren wurde. Otto Graf Lambsdorff ist nur ein, Hans-Dietrich Genscher zwei Jahre jünger. Auch Rainer Barzel, Jahrgang 1924, gehört dem Kabinett an, als Minister für Innerdeutsche Beziehungen.

Seine Berufung ist ein Restant aus der Vergangenheit. Helmut Kohl erwägt schon 1970, Rainer Barzel als CDU-Vorsitzenden und Kanzlerkandidaten zu stürzen. Ohne Zweifel würde er die CDU früher modernisieren, wie er zuvor als Ministerpräsident das Bundesland Rheinland-Pfalz modernisiert hat. Der gläubige Katholik schaffte dort die Konfessionsschulen ab. Aber die Generation Helmut Kohl ist noch nicht dran, noch lange nicht. In der Generationenfolge der Bundesrepublik spielt die Frage, ob ein Junger möglicherweise der Bessere wäre, keine Rolle. Der junge Kandidat muss warten, bis sich der alte in Regierung oder Opposition abgearbeitet hat. Der junge Kandidat muss warten, bis er alt ist.

Helmut Kohl ergreift im Herbst 1982 seine mutmaßlich letzte Chance. Er ist mit Jahrgang 1930 der erste Bundeskanzler, der nicht mehr am Weltkrieg teilgenommen hat. Im Deutschen Herbst 1977 gehörte er dem Großen Krisenstab, obwohl schon 47, als Benjamin an. Schmidt, Maihofer, Strauß, Zimmermann und Horst Herold, der Chef des Bundeskriminalamts, gaben als ehemalige Wehrmachtsoffiziere die Linie vor. Helmut Kohl nickte dazu. Fünf Jahre später ist er selbst der Chef. Er erweist sich als gelehriger Schüler von Strauß, Schmidt und Co.

Franz Josef Strauß, inzwischen 67, tritt nicht in die Regierung ein, bleibt aber so einflussreich wie zu Zeiten von Adenauer, Erhard und Kiesinger. Kein Gedanke daran, dass sich dieser Mann inzwischen politisch und persönlich verbraucht hat. Nicht einmal die deutliche Wahlniederlage von 1980 – eine klare Abwahl seines Politikverständnisses und seines politischen Stils – lässt ihn an einen Rückzug denken oder Jüngere gegen ihn putschen. Offenbar sagt ihm niemand, dass ein Rückzug auch seiner Gesundheit zuträglich wäre nach einem Politikerleben mit deftiger Kost und viel Alkohol. Die Nachfolger von Franz Josef Strauß müssen eine vergleichbare Geduld aufbringen wie einst die Nachfolger von Konrad Adenauer. Als Franz Josef Strauß am 3. Oktober 1988 stirbt, folgt ihm nicht überraschend der Älteste und Schwächste unter ihnen nach, Max Streibl, Jahrgang 1932. Die Jüngeren – Theo Waigel, Jahrgang 1939, Edmund Stoiber, Jahrgang 1941, Gerold Tandler, Jahrgang 1936, und Otto Wiesheu, Jahrgang 1944, müssen in der zweiten Reihe bleiben. Als Max Streibl über eine Affäre stolpert, ist auch Edmund Stoiber schon ein Mann von gestern. In Bayern allerdings wird der zeitliche Überstand des Ministerpräsidenten schon immer in monarchische Gewänder gekleidet und fällt deshalb nicht allgemein auf.

Der Nebenkanzler Franz Josef Strauß bleibt der Pfahl im Fleisch des neuen Bundeskanzlers. Ein solcher Pfahl begleitet bis heute alle Bundeskanzler mit Ausnahme des ersten, Konrad Adenauer hat keinen innerparteilichen Gegenspieler. Es wäre reizvoll, eine Geschichte dieser Gegenspieler zu schreiben. Ein Bundeskanzler weiß, was er an seinem Gegenspieler hat, nämlich notorisches Misstrauen und ein waches Auge auf alles, was er macht. Ludwig Erhard würde tausend Kreuze machen, wenn Konrad Adenauer endlich nur noch Rosen züchtete, Kurt Georg Kiesinger erlebt einen Franz Josef Strauß im Zenit seines bundespolitischen Einflusses. Willy Brandt fährt nie allein, sondern immer auf einer Troika zusammen mit Herbert Wehner und Helmut Schmidt, ohne die seine wechselvolle Laufbahn nicht zu denken ist. Helmut Schmidt geht es, als er selbst Bundeskanzler ist, genauso. Er stürzt als Bundeskanzler über Willy Brandt, nicht über Hans-Dietrich Genscher.

Die »Männerfreundschaft« zwischen Franz Josef Strauß und Helmut Kohl ist legendär. Helmut Kohl würde seinen ewigen Bewacher gern per Schleudersitz aus der Trutzburg Bonn katapultieren, aber das geht nur um den Preis, dass er selbst eine Luftreise macht. Wie lautet die schöne Redensart? Die zwei sind auf Gedeih und Verderb aufeinander angewiesen.

Gerhard Schröder reizt Oskar Lafontaine so lange, bis »der Saarländer« (Helmut Schmidt) selbst auf den Knopf für den Schleudersitz drückt. Gerhard Schröders Mobbing gegen Oskar Lafontaine – oder sein Zulassen des Mobbings durch enge Mitarbeiter – ist die strategisch dümmste Entscheidung seines politischen Lebens, denn ein solcher Pfahl, einmal aus dem Fleisch gerissen, bleibt nicht tot liegen, sondern irrlichtert umher, bis er eine neue politische Richtung nimmt. Sein Treibstoff ist der Schwur auf Rache. Nach Oskar Lafontaines Rücktritt von allen Ämtern wird Gerhard Schröder ein glückloser, noch während seiner Kanzlerschaft wieder abberufener Parteivorsitzender. Oskar Lafontaine findet eine späte Lebensrolle als Spaltpilz der SPD. Die Linke verdankt nicht Gregor Gysi, sondern Gerhard Schröder ihre dauerhafte Existenz im Bundestag

Auch Angela Merkel hat einen politischen Aufpasser, Wolfgang Schäuble. Er kann selbst nicht Bundeskanzler werden, weil ihn Helmut Kohl nicht lässt, und – das Tabu sei hier angesprochen – es freundlich ausgedrückt gelinde Zweifel daran gibt, ob ein Mann im Rollstuhl mit politischer Stärke statt mit persönlicher Krankheit und Schwäche assoziiert wird.

Angela Merkel fügt ihrem Pfahl im Fleisch Kränkungen zu wie Gerhard Schröder seinem »Männerfreund« Oskar Lafontaine. Sie greift im CDU-Parteispendenskandal nach seinem Posten, dem

Parteivorsitz. Später bietet sie ihm die Bundespräsidentschaft an, um dann kurz vor der Wahl einen Rückzieher zu machen. Wolfgang Schäuble, der einen Helmut Kohl und ein Attentat überstanden hat, er bleibt der Pfahl in ihrem Fleische. Seine Gegnerschaft prägt ihr politisches Profil und ihre Politik mehr, als ihr lieb sein kann. Wolfgang Schäuble sorgt dafür, dass die ostdeutsche Angela Merkel westlicher als alle Bundeskanzler vor ihr wird. Sie regiert so, als sei die frühere DDR ein ökonomisches Beitrittsgebiet, das keine Geschichte und keine Kultur in das vereinigte Deutschland einbringt. Sie macht sich das Politikverständnis und die Regierungsstile eines verhinderten Bundeskanzlers Wolfgang Schäuble zu eigen, mit denselben Eliten, die Wolfgang Schäuble umworben hätte, und mit demselben Kabinett profilarmer Mitglieder, die sich Wolfgang Schäuble ausgeguckt hätte.

Wolfgang Schäuble schließt Frieden mit seinem politischen Schicksal, weil er für seine politische Herbstzeit eine Rolle findet, die des Hüters der europäischen Finanzen. Er wird einmal der nächste »Bundeskanzlerpräsident«, ein vom Grundgesetz nicht vorgesehenes, aber von den Deutschen erbetenes Amt, das Helmut Schmidt bis zu seinem Tod 2015 innehatte. Auf diesem Stuhl hat Seniorität zu Recht seinen Platz.

Nach Wolfgang Schäuble bohrt sich von 2015 an ein anderer Pfahl in Angela Merkels Fleisch, der CSU-Vorsitzende Horst Seehofer, der fast auf den Tag genau so alt ist wie die Bundesrepublik, für die er noch immer politisch Verantwortung trägt. Er war einmal ein ziemlich fortschrittlich denkender Gesundheitsminister im Kabinett Kohl. Horst Seehofer steht wie Oskar Lafontaine für den weiteren Faktor neben der politischen Generationenfolge, der den Lauf der Bundesrepublik bestimmt, das Begleichen offener Rechnungen. Horst Seehofer bekommt anders als Edmund Stoiber nie die Chance auf eine Kanzlerkandidatur der Union. Sein herablassender Umgang mit der Bundeskanzlerin schadet der politischen Kultur, weil er die Politikverdrossenheit fördert und der AfD Wähler in die Arme treibt.

Zurück zum historischen Lauf der Republik. Wie unzeitgemäß die Regierung Kohl daherkommt, zeigt die Zugehörigkeit nur einer Frau im Kabinett, Dorothee Wilms, Bildungs- und Wissenschaftsministerin. Ihre Berufung bedeutet gegenüber der Frauenquote im letzten Kabinett Schmidt eine Steigerung von null Prozent. Helmut Kohl ignoriert die Frauenbewegung der siebziger Jahre, er hält es politisch weiterhin ebenso wie mit seinen persönlichen Verhältnissen: Er gaukelt den Deutschen – wie es schon Willy Brandt tat und später Horst Seehofer tun wird – eine heile Familienwelt vor, die nicht mehr heil ist. Die Scheinheiligkeit wird sich Jahre später im Selbstmord von Hannelore Kohl und der Depression eines der Kohl-Söhne, der darüber in einem Buch berichtet, manifestieren.

Helmut Kohl wird die Frauenquote im Kabinett, die niedriger kaum ausfallen könnte, zögerlich korrigieren. Im zweiten Kabinett ab 1983 gehört außer Dorothee Wilms auch Rita Süssmuth der Regierung an. Im Kabinett III, das am 12. März 1987 vereidigt wird, sind es schon vier, wobei drei von ihnen ein Gedönsamt bekleiden, um noch einmal das Wort von Gerhard Schröder aufzunehmen, das Ressorts ausserhalb der Lebensfragen der Nation bezeichnet. Im vierten Kabinett ab Januar 1991 hat Helmut Kohl die Geschäftsbereiche der Gedönsministerien filetieren lassen (somit als Ganzes aufgebläht), damit sein Kabinett mit nunmehr fünf Frauen modern wirkt. Hannelore Rönsch führt das Ministerium für Familie und Senioren, Angela Merkel kümmert sich um Frauen und Jugend, Gerda Hasselfeldt um die Gesundheit der Deutschen und Irmgard Adam-Schwaetzer um Raumordnung, Bauwesen und Städtebau. Nur Sabine Leutheusser-Schnarrenberger übernimmt mit dem Justizministerium ein relevantes Ressort, aber das ist keine Entscheidung des Bundeskanzlers, sondern seines Koalitionspartners.

Mit seinem fünften und letzten Kabinett, das zwischen 1994 und 1998 regiert, schreibt Helmut Kohl in punkto Frauenförderung Geschichte. Um vergessen zu machen, dass nur noch drei

Frauen dem Kabinett angehören, beruft er Claudia Nolte, Jahrgang 1966 und damit historisch junge 28 Jahre alt, zur Ministerin für Familie, Senioren, Frauen und Jugend. Auf die Proporz-Frau und Proporz-Ostdeutsche und Proporz-Junge fällt die Wahl, weil sie außer an Jahren schon sehr alt und angepasst wirkt. Im Vergleich zu den meisten Gleichaltrigen ist sie eine geradezu altbackene Erscheinung. Die Ostdeutsche Claudia Nolte wirkt in ihrer Biederkeit wie die Wunschschwiegertochter von Helmut Kohl, dem biederen Westdeutschen schlechthin.

Die Berufung von Claudia Nolte ist ein politisches Statement, weil es früh zeigt, dass sich Politiker aus den neuen Ländern assimilieren müssen für ein Ticket in die Trutzburg Bonn. Sie müssen mit ihren Ansichten und ihrem Auftritt das implizite Versprechen leisten, dass sie einmal so werden wie eine Dorothee Wilms oder Hannelore Rönsch oder ein Wolfgang Schäuble oder Norbert Blüm. Sie müssen in derselben gestanzten Sprache sprechen und alle ostdeutsche Andersartigkeit hintanstellen.

Keiner der drei Bundeskanzler von Helmut Kohl bis Angela Merkel holt eine Frau oder einen Mann des Widerstandes gegen das Honecker-Regime in sein Kabinett. Die Bürgerrechtsbewegung hat mit dem 3. Oktober 1990 ihre Schuldigkeit getan. Sie wäre eine Chance für die politische Kultur in der Trutzburg Bonn, aber das macht Regieren nur komplizierter und eine Bundestagsfraktion aufsässiger. Was ist von der ostdeutschen Biografie mit ihren komplexen Erfahrungen und ihrem ambivalenten Verhalten im Verkehrsminister Manfred Stolpe übriggeblieben? Was im Bundestagspräsidenten Wolfgang Thierse, der sein Amt so parteiisch ausübt wie keiner vor oder nach ihm? Von der maximalen Anpassungsleistung einer Angela Merkel wird noch die Rede sein.

Helmut Kohl hat wie erwähnt in den siebziger und achtziger Jahren eigenwillige Köpfe wie Kurt Biedenkopf oder Heiner Geißler in seine Nähe geholt. Nach dem Putschplan von Heiner Geißler 1989 kommen nur noch genehme Geister wie Peter Hintze oder Friedrich Bohl durch seine Tür. Angela Merkel wird auch das von Helmut Kohl lernen, Ronald Pofalla und Peter Tauber sind effiziente, geräuschlose Arbeiter, die keine Debatten mehr anstiften wie einst Kurt Biedenkopf (»Freiheit statt Sozialismus«) oder Heiner Geißler (»multikulturelle Gesellschaft«). Für die Debatten sorgt heute die AfD, eine strukturelle Bedrohung für den Status der Union als Volkspartei.

Helmut Kohl wird bei der Bundestagswahl am 6. März 1983 eindrucksvoll im Amt bestätigt – oder exakter in das Amt gewählt. Die Deutschen sind der SPD als Regierungspartei, zumal ohne den populären Helmut Schmidt, überdrüssig. Die Union kommt auf 48,8 Prozent (1980: 44,5), die SPD mit dem charismafreien Kanzlerkandidaten Hans-Jochen Vogel auf 38,2 (1980: 42,9), die FDP wird für ihren Partnerwechsel mit 7,0 abgestraft (1980: 10,6). Die unbesiegbaren Gallier, die Grünen, bleiben mit 5,6 Prozent für eine zweite Legislaturperiode unbesiegbar.

Der Wahlerfolg macht auch bei Helmut Kohl fürs Erste vergessen, dass er spät in das Amt kommt und bald alt darin ist. Er versucht zwar, die Stationierung neuer Mittelstreckenwaffen in der Bundesrepublik zu verhindern, scheitert aber am Widerstand der Amerikaner. In allen wesentlichen Fragen der Politik setzt er, mal freiwillig, mal widerwillig, den Kurs seines Amtsvorgängers fort, mit denselben Rezepten: Wachstum, Ordnung, Frieden. So viel Kontinuität zwischen zwei Bundeskanzlern aus verschiedenen Parteien war nie! Die Aufreger, die seine Regierung produziert, sind mal der geistigen Rückständigkeit des Kabinetts geschuldet, mal der Unionstradition, die Arbeitgeber besser zu behandeln als die Gewerkschaften. Verteidigungsminister Manfred Wörner, neben Franz Josef Strauß und Helmut Schmidt der kenntnisreichste Sicherheitspolitiker der Republik, stolpert fast über das damals noch gängige Bild vom Schwulen, der bei der Befriedigung seiner Bedürfnisse nicht zimperlich ist. Ein angeblich homosexueller General wird wegen angeblicher Erpressbarkeit entlassen. Als sich die Vorwürfe als haltlos erweisen, muss ihn Manfred Wörner mit allen militärischen Ehren verabschieden. Was für eine Schmach für die geistig alten Herren in der Trutzburg Bonn, die sich offenbar in ihren Vorurteilen selbst übertroffen haben!

Als die Bundesregierung die Lohnfortzahlung im Krankheitsfall beschneidet – das Beispiel für die unternehmerfreundliche Politik jeder Unionsregierung –, geht eine große Erregung durch Bonn und durch die Medien. Die wirklich wichtigen Fragen, etwa wie die Teilnehmer der bis vor Kurzem kilometerlangen »Menschenketten« aus ihrer politischen Resignation herauszuholen wären, fallen unter den Tisch.

Helmut Kohl verkündet eine »geistig-moralische Wende«, aber die bleibt rhetorischer Schlachtenlärm. Der Kanzler setzt wieder die Sekundärtugenden eines Helmut Schmidt in Kraft und ignoriert den Wertewandel, der auch die Deutschen seit Mitte den siebziger Jahren erfasst. Kein Wort darüber, dass die Vorstellung vom guten Leben sich verändert hat, dass immaterielle Werte für viele wichtig geworden sind. Stattdessen: Leistung muss sich wieder lohnen! »Jetzt wird wieder in die Hände gespuckt, wir steigern das Bruttosozialprodukt!«, witzelt die Band »Geier Sturzflug« und trifft den Ton der neuen, im Geist sehr alten Bundesregierung.

Natürlich, die Mehrheitsdeutschen im Postwirtschaftswunder sind noch immer die Deutschen, die von einem Häuschen, einem Mercedes und zwei Urlauben im Jahr träumen, aber diese Vorstellung vom Glück ist nicht mehr allgemein. Die verschiedenen Bewegungen und Bürgerinitiativen aus der Ära Schmidt etablieren dauerhaft ein alternatives Bewusstsein. Der amerikanische Politologe Ronald F. Inglehart hat diesen Prozess mit seiner schon in den Siebzigern entwickelten Theorie des »Wertewandels« auf den Begriff gebracht.

Die Minister in den Kabinetten Kohl stehen für politische Auslaufmodelle und sind persönlich ohne Mut. Dass Matthias Wissmann schwul ist, bekennt er nie, das werden erst Klaus Wowereit und Guido Westerwelle Jahre später tun. Den Kabinetten von Helmut Kohl gehören fähige Minister wie Wolfgang Schäuble oder Horst Seehofer an, aber das Gros bleibt als Persönlichkeit blass und ohne Ambition auf eine moderne, zeitgemäße Politik.

Wie bieder das Kabinett von Helmut Kohl denkt, wie wenig es von den umwälzenden Bewegungen der siebziger Jahre wahrgenommen hat, bekommt es von einer Frau aus der neuen Fraktion im Bundestag, den Grünen, gespiegelt. Die Rede von Waltraud Schoppe am 5. Mai 1983 ist die Rede eines parlamentarischen Neulings, es gibt ungeschickte Sätze darin, aber das Thema, das die Rednerin dem Hohen Haus anträgt, zeigt den Mut der Rednerin und die Rückständigkeit ihrer Zuhörer.

»Die Männer sind gleichwertig an der Entstehung einer Schwangerschaft beteiligt«, belehrt Waltraud Schoppe die verdutzten Abgeordneten. Für den Abbruch einer Schwangerschaft wird aber nur die Frau bestraft! Waltraud Schoppe plädiert für die ersatzlose Streichung des Paragraphen 218 im Bürgerlichen Gesetzbuch (»Abtreibungsparagraph«). Weiter zieht die Grünen-Politikerin eine gedankliche Linie zwischen der Gewalt in der Politik, die militärische Abschreckung, sprich: Hochrüstung, für das Mittel der Wahl hält, und der Gewalt als Mittel der Auseinandersetzung in den »engsten menschlichen Beziehungen«. Waltraud Schoppe fordert die Bestrafung bei Vergewaltigung in der Ehe. Die Frauen, so die Abgeordnete weiter, sollen nicht mit der Verschärfung des Paragraphen 218 unter Druck gesetzt werden, sondern die Politik solle über Wege zur Schwangerschaftsverhütung nachdenken. Dann kommt der Satz, der Parlamentsgeschichte macht: »Eine wirkliche Wende wäre es, wenn hier oben z. B. ein Kanzler stehen und die Menschen darauf hinweisen würde, dass es Formen des Liebesspieles gibt, die lustvoll sind und die die Möglichkeiten einer Schwangerschaft gänzlich ausschließen.« Als die Abgeordneten von Union und FDP lachen, setzt Waltraud Schoppe noch einen drauf: »Aber man kann natürlich nur über das reden, wovon man wenigstens ein bisschen versteht.«

Die Angehörigen der Trutzburg Bonn reagieren auf die Bewohner des kleinen gallischen Dorfes wie die Römer in den »Asterix«-Heften, zutiefst irritiert und superempfindlich. Als die Mitglieder der Grünen-Fraktion eines Morgens in den Bundestag kommen, finden sie auf ihren Tischen Kamm und Seife vor.

Helmut Kohl hat sich nach schwachem Start im Amt gefestigt, als ihn Fragen von ganz anderer Dimension einholen: Mit »Tschernobyl« havariert nicht nur ein Atomkraftwerk, dessen radioaktiver Staub über deutschen Gemüsegärten und Kinderspielplätzen niedergeht, sondern der Glaube an die Atomkraft als Energieträger der Zukunft überhaupt. Die Immunkrankheit Aids macht Schluss mit der Kultur der kondomfreien Liebe. Der Aidstod von prominenten Schauspielern und Musikern schockt die westliche Welt. Den Ton macht nicht mehr die Musik, der Videoclip läuft den bildlosen Tonträgern den Rang ab. Die achtziger Jahre sind für die jungen Leute eine neongrelle, in ihrer Sprache geile Zeit, aber politisch herrscht Katerstimmung.

Zu dieser Stimmung passt die politische Blässe des protestantischen Menschenfischers Johannes Rau, der bei der Bundestagswahl 1987 Helmut Kohl ablösen will. Die Opposition ist nicht nur personell schwach aufgestellt, sondern auch wenig kampfbereit, der Vorsitzende Willy Brandt lässt Wochen vor dem Wahltermin wissen, 43 Prozent für die SPD seien »auch ganz schön«.

Bei der Bundestagswahl am 25. Januar 1987 erreicht die Union zwar nicht das »Wendeergebnis« von 1983, hält sich aber mit 44,3 Prozent wacker (1983: 48,8). Die SPD kommt auf 37,0 (1983: 38,2), die FDP auf 9,1 (1983: 7,0). Helmut Kohl kann die Koalition aus Union und Liberalen fortsetzen.

Es wiederholt sich das Drehbuch aus der Ära Adenauer: Wie zum »Alten« in den fünfziger Jahren fehlt zu Helmut Kohl in den Achtzigern eine personelle Alternative (wie zu Angela Merkel im zweiten Jahrzehnt des neuen Jahrtausends). Überlange Kanzlerschaften in der Bundesrepublik Deutschland gründen auch auf dem schlechten Personalmanagement der Oppositionsparteien.

Peer Steinbrück, früherer Ministerpräsident in Nordrhein-Westfalen und Bundesfinanzminister im ersten Kabinett Merkel, ist ein Mann, der Bundeskanzler kann, aber die Parteiführung um Sigmar Gabriel mobbt diesen klugen Kopf, den Altbundeskanzler Helmut Schmidt über ein gemeinsames Buch und über politische Talkshows zum Kandidaten berufen hat.

Bei seiner parlamentarischen Wiederwahl als Bundeskanzler am 11. März 1987 ist Helmut Kohl 56 Jahre alt. Sein drittes Kabinett entspricht im Wesentlichen den zwei ersten. Immerhin: Schon im Juni 1986, kurz nach der Havarie in Tschernobyl, hatte er ein Ministerium für Umwelt, Naturschutz und Reaktorsicherheit geschaffen. Der erste Umweltminister ist Jahrgang 1932 und eine Figur des politischen Proporzes, der Frankfurter Oberbürgermeister Walter Wallmann. Er gehört wie Alfred Dregger zum rechten Flügel der Partei. Mit Fragen des Umweltschutzes hat er sich bis dahin freilich nur befasst, soweit es die Stadt Frankfurt betraf.

Noch gibt es Mitte der achtziger Jahre im Umfeld von Helmut Kohl fortschrittlichere Geister als den neuen Minister in einem wichtigen Ressort, allen voran CDU-Generalsekretär Heiner Geißler. Rita Süssmuth nutzt als Quereinsteigerin ihre Chance. Lothar Späth gibt im »Ländle« Baden-Württemberg ein Beispiel dafür, dass auch eine ewige Regierungspartei zur Erneuerung fähig ist. Geißler, Süssmuth und Späth analysieren schonungslos, dass ein Bundeskanzler Helmut Kohl zum Ende der achtziger Jahre politisch verbraucht ist, und erwägen auf dem CDU-Bundesparteitag 1989 den Putsch. Helmut Kohl erfährt davon, sei es, weil Heiner Geißler und Co. dilettantisch vorgehen, sei es – und das liegt näher – weil sich jemand mit dem Verrat Helmut Kohls Dankbarkeit erschleicht. Der Herrscher kann seine Gegner nicht mehr in den Kerker werfen lassen wie noch vor ein paar hundert Jahren, aber Lothar Späth macht er bei den Parteitagsdelegierten madig, sodass er mit einem schlechten Wahlergebnis bestraft wird, Heiner Geißler setzt er als CDU-Generalsekretär vor die

Tür und Rita Süssmuth lässt er, als sie Jahre später Ministerpräsidentin von Thüringen werden will, kalt abfahren (es wird Bernhard Vogel, Pfälzer und Katholik wie Helmut Kohl).

Heiner Geißler ist zur Zeit solcher Putschpläne 59, Lothar Späth 51 und Rita Süssmuth 52. Sie würden die CDU-Spitze nicht wirklich jünger machen, aber den geistigen Mehltau der Ära Kohl beenden.

Den Mehltau beendet zwei Jahre später ein anderer, internationaler Vorgang, der von niemandem erwartete Fall des Eisernen Vorhangs, des »Ostblocks«, der Sowjetunion, der DDR. Nicht einmal die Bundesregierung mit den vielen Ohren ihrer Geheimdienste erwartet diesen Fall, aber als er eintritt, erweist sich der rückständige Politikstil als so erfolgreich, wie es der rückständige Politikstil von Helmut Schmidt im Deutschen Herbst war. Helmut Kohl führt sich diplomatisch auf wie ein Elefant im Porzellanladen, als er am 28. November 1989 sein Zehn-Punkte-Programm als Weg zu einer deutschen Vereinigung verkündet, aber sein Kalkül geht auf. Chuzpe und Mut, Gottesglauben und rationale Analyse der Lage bereiten für dieses Mal die Erfolg bringende Mischung.

Was für ein Treppenwitz der Geschichte, dass der Zerfall einer alt gewordenen DDR die Existenz einer alt gewordenen Regierung in der Bundesrepublik rettet! Sogar seinen politischen Gegnern flößt Respekt ein, wie entschlossen Helmut Kohl den »Zipfel der Geschichte« ergreift und ein kurzes Zeitfenster für die Vereinigung der zwei deutschen Staaten nutzt. Für ein paar Monate erweist sich sein selbstherrlicher, dominanter, monarchischer Regierungsstil als effizient.

Helmut Kohl treibt ein Vabanquespiel, das an Konrad Adenauers Taktieren zur Freilassung der letzten Kriegsgefangenen erinnert. Konrad Adenauer und Helmut Kohl geben sich mächtiger, als sie sind, aber sie tun es mit Bedacht, denn mögliche Gegner ihres Vorgehens sind entweder politisch machtlos oder müssten für ihren Widerstand unverhältnismäßig viele Kräfte mobilisieren. Die Sowjetunion unter Führung von Michail Gorbatschow ist schwach und Margret Thatcher und François Mitterand setzen viel aufs Spiel, wenn sie sich Helmut Kohl in den Weg stellen. US-Präsident George Bush ist sowieso alles recht, was der Sowjetunion schadet.

Helmut Kohl wird der Kanzler der Einheit, doch diese Einheit hat zwei Gesichter. Der Bundeskanzler verspricht den Ostdeutschen »blühende Landschaften« und bringt ihnen früher, als es volkswirtschaftlich verantwortbar ist, die D-Mark. Derweil wird die ostdeutsche Wirtschaft von der »Treuhand« abgewickelt. Die Ostdeutschen bekommen Aldi und Opel, aber die Unternehmen, in denen sie lange gearbeitet haben, verschwinden. Helmut Kohl bereitet den Ostdeutschen politische Wechselbäder. Er verhilft ihnen rasch zu Konsum, aber er nimmt ihnen auch die ideelle Identität und die wirtschaftliche Basis ihres bisherigen Lebens. Ihre Antwort auf diesen Verlust lautet Die Linke, Pegida und AfD, allesamt Trotzbewegungen.

Wegen der besonderen Umstände der deutschen Vereinigung muss bereits am 2. Dezember 1990 ein neuer Bundestag gewählt werden. Helmut Kohl fährt ein unerwartetes, ansehnliches Wahlergebnis ein: Die Union holt 43,8 Prozent der Stimmen (1987: 44,3), die SPD kommt noch auf 33,5 (1987: 37,0) und die FDP stabilisiert sich mit 11,0 Prozent (1987: 9,1). Bündnis 90/Grüne nehmen knapp die Fünfprozenthürde, die westdeutschen Grünen allein hätten gepatzt (3,8). Auch die PDS (heute Die Linke) zieht mit 17 Abgeordneten in den Bundestag ein. Bundesweit holt sie nur 2,4 Prozent, doch bei dieser Wahl galt die Fünfprozenthürde jeweils getrennt für die alten und neuen Länder. In den neuen Ländern sprang die PDS darüber.

Mit der Vereinigung beginnt die Zeitrechnung für Kohls Kanzlerschaft neu, denn die Ostdeutschen sehen in ihm eine Art Konrad Adenauer, der wieder ein Wirtschaftswunder verheißt. In der Bundesrepublik ist Kohls wolkige Rhetorik stumpf geworden, aber bei den Menschen in den neuen Ländern kommt sie gut an.

Zur politischen Renaissance von Helmut Kohl trägt weiter die Schwäche der Opposition bei. Im Wahlkampf 1990 gibt Oskar Lafontaine den Warner und Mahner und wird in vielen Punkten recht behalten, aber es ist nicht die Zeit des Reflektierens, sondern der großen Gesten, nicht die Zeit der Bedächtigen, sondern der Macher.

Oskar Lafontaine, Jahrgang 1943, ist der Erste von drei Politikern, die als Angehörige der Generation Gerhard Schröder den Sprung in das Kanzleramt versuchen. Vier Jahre später wird Rudolf Scharping, Jahrgang 1947, antreten und acht Jahre später Gerhard Schröder, Jahrgang 1944. Oskar Lafontaine brächte tatsächlich eine Verjüngung des politischen Spitzenpersonals in der Trutzburg, sein Politikverständnis wäre noch in der Zeit.

Ein Kanzlerkandidat Oskar Lafontaine hätte bei der Wahl 1987 gute Chancen gehabt, auf jeden Fall wäre er attraktiver gewesen, weil moderner, säkularer als »Bruder Johannes«, wie der Spitzname von Johannes Rau lautet. Aber seine Generation ist noch nicht dran. Als sie dran ist, ist mal eben die alte Bundesrepublik an ihr Ende gekommen und das Kind dieser Republik, Oskar Lafontaine, muss in Halle oder Jena Reden halten.

Oskar Lafontaine war immer besser im Spalten und Putschen als im Zusammengehen und Zusammenführen. Die Einheitsrhetorik eines Willy Brandt oder eines Helmut Kohl ist seine Sache nicht. Sogar Willy Brandt, dem Oskar Lafontaine seine Karriere verdankt, bricht mit ihm.

Die komfortable Mehrheit der bestehenden Koalition beschert den Sozialdemokraten neben ihrem personellen auch ein strukturelles Problem, denn solange die FDP keine Anstalten für einen Koalitionswechsel macht und die beiden weiteren Parteien als noch nicht bündnisfähig gelten, kann sie nicht den Bundeskanzler stellen. Die SPD steckt jetzt in einer vergleichbaren Klemme wie die Union bei den Bundestagswahlen 1976 und 1980. Es spielt keine Rolle, ob sie ein gutes oder ein sehr gutes Ergebnis hinlegt, sie kann aus eigener Kraft nicht zurück an die

Macht. Eine absolute Mehrheit ist in einem Fünf-Parteien-Parlament ohnehin unmöglich geworden.

Helmut Kohl bläht wie erwähnt das Kabinett mächtig auf. Es ist das Kabinett mit dem zeitweiligen Vizekanzler Jürgen Möllemann, Jahrgang 1945, mit Klaus Kinkel, Jahrgang 1936, als Nachfolger des zurückgetretenen Hans-Dietrich Genscher und dem Law-and-Order-Politiker Manfred Kanther, Jahrgang 1939. Als neue Begabungen kommen Klaus Töpfer, Jahrgang 1938, Horst Seehofer, Jahrgang 1949, und Angela Merkel, Jahrgang 1954, in das Kabinett. Wirklich jung ist nur Angela Merkel, weshalb sie in der Bonner Trutzburg abfällig »Mädchen« genannt wird.

Die politischen Faktoren, die zur überlangen Regierungszeit von Helmut Kohl führen, ähneln den Faktoren, die zur überlangen Amtszeit von Konrad Adenauer geführt haben. Helmut Kohl gilt – wie einst Konrad Adenauer – vielen Deutschen als Garant für die äußere und innere Sicherheit des Landes, und er scheint mehr als ein Sozialdemokrat für den wirtschaftlichen Erfolg der Bundesrepublik geradezustehen. Die Wirtschaft gehört so wenig zu seinen Fachgebieten wie einst für einen Bundeskanzler Willy Brandt, aber er handelt unternehmerfreundlich und macht um das Skalpell, das jetzt schon für den viel zu teuren Sozialstaat nötig wäre, einen großen Bogen.

Über der Bonner Trutzburg liegt Mitte der neunziger Jahre eine kollektive Mattheit. Die einen ermatten, weil ihnen der Zustand persönlich nützt, zumindest nicht persönlich schadet, die anderen ermatten aus Resignation. Die einen wissen, dass die Ära Kohl endlich ist, aber sie wissen nicht, wann das Ende kommt, und üben sich in Geduld, so wie sich Ludwig Erhard und Co. Anfang der sechziger Jahre, als Konrad Adenauer immer länger regiert, in Geduld übten. Die Resignierten wissen, dass sie mit im Zug sitzen, wenn Helmut Kohl die Trutzburg verlässt. Zwei Generationen von Führungspolitikern in der Union und SPD schaffen es unter dem längsten aller Bundeskanzler nicht ganz nach oben.

Der politische Mehltau von 1957 und 1995 liegt auch vor der Bundestagswahl 2017 über der Trutzburg Berlin. Diese Bundestagswahl wird nicht wegen der Attraktivität der Kandidaten oder eines Kopf-an-Kopf-Rennens spannend, sondern die Spannung geht von ihren Gefahren aus. Wird hinterher eine starke AfD den Bundestag aufmischen? Werden Falschmeldungen in den sozialen Netzwerken das Wahlergebnis beeinflussen?

Helmut Kohl täte für das Land und für die Bilanz seiner Kanzlerschaft gut daran, den Stab nach seiner Wiederwahl 1994 weiterzureichen. Die Koalition verfügt noch immer über eine sichere Mehrheit, Nein-Stimmen bei der Kanzlerwahl für einen Nachfolger wären verkraftbar. Helmut Kohl ginge als zweiter Gründungskanzler in die Geschichte ein, die zweite, starke Phase seiner Amtszeit würde die schwache erste vergessen machen. Aber Alphatiere wie Helmut Kohl oder Angela Merkel ticken anders, aus Pflichtgefühl, aus Sucht (worauf Jürgen Leinemann hingewiesen hat), auf das Zureden der Berater hin, die Berater bleiben wollen. »Und was wird dann aus mir?«, ruft die langjährige Ministerpräsidentin von Schleswig-Holstein Heide Simonis in einem Fernsehgespräch aus, als es um einen politischen Neuanfang ohne Heide Simonis geht.

Natürlich, es gibt Situationen, in denen ein Rücktritt aus eigenen Stücken nicht klug ist, etwa wenn eine große Aufgabe ihrer Vollendung harrt – selbstverständlich muss Helmut Kohl, der über die richtigen politischen Freunde für eine Vereinigung verfügt, noch einige Zeit im Amt bleiben zur Sicherung des Netzwerkes und für maßgebliche Entscheidungen im Zusammenhang mit der Vereinigung. Aber so unentbehrlich, wie sich Alphatiere dünken, sind sie nicht, Helmut Kohl könnte 1994 oder 1996 abtreten, er täte, wie die historische Rückschau zeigt, dem Land einen Gefallen.

Der uralte Konrad Adenauer will die junge Bundesrepublik festigen, solange er kann, Helmut Kohl die Vereinigung gestalten, Angela Merkel die europäische Idee retten. Die Bundeskanzlerin weiß, wie sich ein überlanger Bundeskanzler seinen Wählern überdrüssig macht, sie hat die Spätphase der Ära Kohl vom Kabinettstisch aus erlebt. Wenn die Analytikerin in ihr über das Alphatier in ihr obsiegt, hört sie 2018 oder spätestens 2019 als Bundeskanzlerin auf, eine erfolgreiche Wiederwahl in diesem Jahr natürlich vorausgesetzt.

Helmut Kohl hört 1994 nicht auf und 1996 auch nicht. Die Demokratie der Bundesrepublik wandelt sich zur Kohlokratie. Demokratische Spielregeln werden durch Machtworte des mächtigsten Mannes im Staat ersetzt. Unter Druck geraten, endlich den Namen eines potenziellen Nachfolgers zu nennen, beruft er Wolfgang Schäuble in diese Rolle, allerdings nicht bei einem Bundesparteitag, wie es Usus ist, sondern hinterher, per Verlautbarung im Fernsehen. Auf diesem Weg entwertet er seinen Vorschlag zugleich. Er gab, was er geben musste, und geht zur persönlichen Tagesordnung über.

Der potenzielle Nachfolger Wolfgang Schäuble, was nimmt es Wunder, kommt aus der nächsten, auch schon zu späten Generation. Wenn Helmut Kohl 1998 noch einmal gewinnt und 2000 an Wolfgang Schäuble übergibt, ist der Nachfolger 58 Jahre alt. Ein politischer Generationswechsel, der diese Bezeichnung verdient, sieht anders aus.

»Ich mach mein Ding, egal was die andern sagen«, singt Udo Lindenberg auf dem Album »Stark wie Zwei«. Udo Lindenberg ist seit jeher auf eine sympathische Weise eigenwillig, schrullig, aber sein Motiv lautet, authentisch zu sein und sich nicht verbiegen zu lassen. Helmut Kohl wird zum Inbegriff eines Charakters, der sein Ding »durchzieht« bis zur persönlichen Verbiegung. Von dem dynamischen Ministerpräsidenten, CDU-Vorsitzenden und Unionskanzlerkandidaten aus den siebziger Jahren ist nichts mehr übrig. Tragisch für einen Mann, dem das Land viel verdankt, auch schon vor 1989. Dass er im Entführungsfall Schleyer als Unionsfraktionsvorsitzender und persönlicher Freund von Hanns Martin Schleyer die harte Linie eines sozialdemokratischen Bundeskanzlers mittrug, ist eines seiner bleibenden Verdienste, auch, dass er bereit war, mit Franz Josef Strauß auszukommen.

Sein Nachfolger im Kanzleramt wird nicht mehr bereit sein, mit dem eigenen »Männerfreund« auszukommen, und teuer dafür bezahlen.

»Rot-Grün kam, als es schon nicht mehr passte.«

Peter Glotz

Willkommen im Leben

Gerhard Schröder und Joschka Fischer

Am Anfang steht ein Superlativ: Kein Kabinett davor und danach führt so viele spannende Lebenswege zusammen wie das von Gerhard Schröder. Diese politischen Biografien gründen in der Aufbauleistung der Generation Konrad Adenauer und ihrer Fortsetzung durch die Generation Helmut Schmidt. (Willy Brandt gehört nicht in die Aufzählung, weil er als Person Epochales leistet, nicht als Protagonist seiner Generation. Helmut Kohl gehört ebenfalls nicht hinzu, weil seine Generation die Arbeit der Generation Helmut Schmidt fortführt.)

Der neue Bundeskanzler, Jahrgang 1944, kommt aus einfachen Verhältnissen, seine verwitwete Mutter ging putzen, um ihre Kinder durchzubringen. Vizekanzler und Außenminister Joschka Fischer, Jahrgang 1948, beginnt politisch als Sponti und wird wichtigster Politiker der Grünen. Er macht sie zunächst auf Länderebene und dann im Bund regierungsfähig. Innenminister Otto Schily hat einmal als Anwalt von Gudrun Ensslin, eine Terroristin der RAF, verteidigt und den Staat für angeblich inhumane Haftbedingungen kritisiert.

Heidemarie Wieczorek-Zeul, Entwicklungshilfeministerin im neuen Kabinett, ist als »rote Heidi« (wegen ihrer roten Haare) eine der unartigen Jungsozialistinnen aus der ersten Hälfte der siebziger Jahre, die Helmut Schmidt wegen »Visionen« zum Arzt schickt.

Mit Herta Däubler-Gmelin kommt schon die zweite Frau dem Kerngeschäft des Regierens bedrohlich nahe. Sabine Leutheusser-Schnarrenberger war Justizministerin im vierten Kabinett Kohl, allerdings nicht von ihm, sondern vom Koalitionspartner benannt. Diesmal hat der Bundeskanzler selbst die Parteifreundin berufen.

Gerhard Schröder steht persönlich für die Bildungschancen in diesem jungen, freien Staat, denn Abitur macht er erst auf dem zweiten Bildungsweg. Joschka Fischer und Otto Schily stehen für die Aussöhnung einer gesellschaftlichen Gruppe mit dem Staat, die in den Siebzigern eine ziemlich kritische Auffassungen über diesen Staat hatten.

Auch durch die generationale Brille betrachtet macht das neue Kabinett Eindruck. Finanzminister Oskar Lafontaine hat einmal die Sekundärtugenden der Generation Helmut Schmidt kritisiert. Joschka Fischer repräsentiert eine Partei, deren Mitglieder der damalige Bundeskanzler und Protagonist seiner Generation, Helmut Schmidt, wie gehört »Umweltidioten« nannte. Dass Frauen und Männer mit so bunten Lebenswegen im ersten Kabinett Schröder zusammenfinden, nachdem sie von einer Mehrheit der Deutschen die Lizenz zum Regieren erhielten, ist eine deutsche Erfolgs-, weil Konsensgeschichte. Es ist eine politisch-kulturelle Leistung von hohen Graden – allerdings um den Preis zweier schicksalhafter Verspätungen, denn es brauchte sechzehn Jahre mit einem Bundeskanzler Helmut Kohl, bis die Deutschen seiner überdrüssig waren und Rot-Grün Vertrauen schenkten. Und es braucht acht Jahre und drei Kandidaten, bis die Generation Schröder übernehmen kann.

Die Tragik charismatischer Figuren ist, dass sie mit dem Tag der Wahl ihre wichtigste Rolle für das politische System, mit ihrer Berufung ein Land freier und offener zu machen, erfüllt haben. Die Wahl des unehelichen Kindes und Exilanten Willy Brandt zum Bundeskanzler bedeutet einen Markstein der westdeutschen Demokratie, genauso wie die Wahl des vaterlos groß gewordenen, erst auf dem zweiten Bildungsweg erfolgreichen Bundeskanzlers Gerhard Schröder. (Barack Obama erhält, kaum im Amt, den Friedensnobelpreis für die politisch-kulturelle Leistung seines Volkes, das ihn zum Präsidenten gemacht hat. Mit jedem Tag, da Barack Obama sein schwieriges Amt tatsächlich ausübt, schwindet der Glanz seiner Persönlichkeit ein wenig mehr.)

Die neue Bundesregierung nimmt ihre Arbeit mit viel Testosteron im Blut auf. Zum ersten Mal seit den Tagen Willy Brandts herrscht in Bonn wieder Aufbruchsstimmung – nicht nur im buchstäblichen Sinn, denn die Versetzung der Trutzburg nach Berlin steht bevor, sondern auch im politischen. Es ist wieder Zeit, mit politischen Konventionen zu brechen, damit alle Welt weiß, in der Trutzburg weht ein neuer Geist! Gerhard Schröder lässt sich für ein Magazin im Kaschmirmantel fotografieren, womit er ein persönliches und ein Signal namens seiner Generation setzt: Seht her, in diese Klamotten und in dieses Magazin habe ich es mit meinen nicht einfachen Startbedingungen gebracht! Und an die politischen Vorgängergenerationen gerichtet: Seht her, wir zeigen der Welt, was ihr euch immer verkniffen habt, wir zeigen unsere Lust an der Macht! Macht auszuüben ist plötzlich im wahrsten Sinne des Wortes schick.

Von Oskar Lafontaine ist der Satz überliefert, »wer das Leben nicht liebt, gibt auch keine richtigen Antworten auf das Leben«. Die Journalistin, die den Satz festhält, Sybille Krause-Burger, nennt die Generation von Oskar Lafontaine die »Wohlstands- und Vorwurfsgeneration«.

Gerhard Schröder provoziert die Angehörigen der Generationen Helmut Schmidt und Helmut Kohl, die bisher nicht durch elegantes Tuch aufgefallen sind. Sie werden es ihm heimzahlen, zumal Gerhard Schröders ostentative Distanzierung von Helmut Schmidt und Co. einen Schönheitsfehler hat: Ohne dessen Sekundärtugenden wie Fleiß und Disziplin hätte sich der Schüler nicht die Lizenz zum Studieren erarbeitet. Auch in das Jurastudium musste er sich hineinknien. Dem intellektuell Brillanten geht vieles leichter von der Hand, aber geschenkt bekommt er nichts.

Das erste Kabinett Schröder ist ein demokratischer Meilenstein in der Geschichte der Bundesrepublik, aber die Buntheit der Persönlichkeiten sagt nichts über die Eignung für ihre Ämter und die Fähigkeit zur Zusammenarbeit aus. Schon im ersten Regierungsjahr entpuppt sich die Berufung dieses Kabinetts, so viel Glanz von ihm ausgeht, als ein großes Missverständnis, es beruht auf der falschen Annahme, die Generation Gerhard Schröder habe über politische Symbolik hinaus – siehe den Kaschmirmantel – noch eine politische Mission zu erfüllen. Die neuen Mächtigen in Bonn und Berlin würden eine solche Behauptung weit von sich weisen, aber den Beweis des Gegenteils bleiben sie schuldig. Mit Ausnahme des ewig ruhelosen Oskar Lafontaine haben sie sich im Lauf ihres politischen Lebens in der Bonner Gesellschaft assimiliert und ihr Werk weit vor der Zeit, da sie in höchste Ämter kommen, erbracht.

Gerhard Schröder zählt selbst nicht zu den Achtundsechzigern, er steht für eine andere Bildungs- und politische Biografie, er ging wegen Helmut Schmidt und nicht wegen Willy Brandt in die SPD. Er gehört, worauf er bis heute pocht, im Vorstand der Jungsozialisten zu den Tauben, nicht zu den Falken, doch Papiere gegen Kernpunkte von Helmut Schmidts Politik tragen auch seinen Namen, und auch er macht bei den großen Demonstrationen und Platzbesetzungen der Siebziger mit. Sein Jahrgang 1944 ist ein Achtundsechziger-Jahrgang.

Die Achtundsechziger beginnen in den siebziger Jahren einen »Marsch durch die Institutionen«, um die Demokratie aus dem Inneren des Systems heraus demokratischer, freiheitlicher, offener zu machen. Einen ersten Demokratieschub erlebt die Bundesrepublik mit dem Amtsantritt von Bundeskanzler Willy Brandt, der zweite folgt in der Ära seines Nachfolgers Helmut Schmidt, was der Erklärung bedarf.

Helmut Schmidts Bundesregierung bleibt hart, als Arbeitgeberpräsident Hanns Martin Schleyer entführt und gegen die erste Generation der RAF, die im Gefängnis sitzt, ausgetauscht werden soll. Sie bleibt auch hart, als Palästinenser eine Lufthansa-Maschine auf dem Weg von Palma de Mallorca nach Frankfurt kapern und bis nach Mogadischu entführen. Sie votiert für die allgemeine Sicherheit des Gemeinwesens und gegen entführte Menschen in unmittelbarer Lebensgefahr. Diese Haltung mobilisiert nach dem Deutschen Herbst geistige Gegenkräfte im Land, es beginnt die Auseinandersetzung eines Teils der politischen Elite mit den Motiven der Terroristen. Bislang galten sie als Verbrecher, und wer von dieser Sichtweise abwich, bekam das Etikett »Sympathisant« aufgedrückt.

Um diese geistige Auseinandersetzung machen sich Politiker der FDP verdient. Die Berufung von Gerhard Baum zum Nachfolger des zurückgetretenen Innenministers Werner Maihofer ist mehr als ein Personalwechsel, sie setzt ein politisches Signal. Keiner im Kabinett denkt so modern wie er. Gerhard Baum stellt im Zweifel den Menschen über den Staat. Noch hochbetagt erstreitet er immer wieder Gerichtsurteile in diesem Sinn, auch Urteile des Bundesverfassungsgerichts.

Kein Wunder, dass der wichtigste Berater Helmut Schmidts im Deutschen Herbst, der Präsident des Bundeskriminalamtes Horst Herold, mit dem neuen Minister nicht kann und vorzeitig seinen Hut nimmt. Sein Alter verbringt Herold in Bitterkeit, weil das politische Pendel, typisch deutsch, in das andere Extrem ausschlägt. Zuerst waren Horst Herolds Erfindungen wie die »Rasterfahndung« hoch willkommen, um Terroristen und das Versteck von Hanns Martin Schleyer zu finden, plötzlich gelten sie als missbräuchliche verwendete Instrumente der »Datenkrake« Staat.

In den achtziger Jahren übernehmen die Achtundsechziger vollends die Deutungshoheit über gesellschaftliche Fragen. In der politischen Trutzburg Bonn kommt eine Bewegung an, die Grünen, die ohne die Achtundsechziger nicht zu denken ist. Während sich ein Bundeskanzler den autoritären Konrad Adenauer nicht nur politisch, sondern auch in seiner Regierungstechnik zum Vorbild nimmt, herrscht in dem Land, das er regiert, viel geistige Freiheit und eine selbstverständliche Toleranz mit anderen Kulturen. Das Westberlin der achtziger Jahre ist in seiner Ummauerung die freieste Stadt Europas. Die neuen sozialen Bewegungen, deren Angehörige in den Siebzigern als Spinner galten, fahren in den Achtzigern die politische Ernte ein. Der Staat macht zähneknirschend seinen Frieden mit ihnen. Ausgerechnet Holger Börner, der Mann mit der Dachlatte, muss mit Joschka Fischer den ersten grünen Minister berufen.

Die letzten Jahre der alten Bundesrepublik stehen für eine muntere, immer friedliche Protestkultur – gegen den NATO-Doppelbeschluss, gegen die Volkszählung und nach »Tschernobyl« mit neuem Schwung gegen die Kernkraft. Die Achtundsechziger sind auch personell im System, und dort häufig weit oben, angekommen. Sie arbeiten beim »Stern« oder ihnen gehören Verlage.

Die Achtundsechziger wirken länger und intensiver auf die Entwicklung der Bundesrepublik als jede Protestgeneration vor und nach ihnen. Doch auch ihre Strahlkraft vergeht. Anfang der neunziger Jahre, so Ulrich Greiner von der »Zeit«, beginnt die Deutungshoheit der Achtundsechziger zu bröckeln – gerade weil ihr Geist in alle Ritzen der Gesellschaft eingedrungen ist.

Schon 1995, drei Jahre vor dem Kanzlerwechsel, nennt Franz Walter die SPD wegen ihres rückständigen Führungspersonals konservativ, vorgestrig und undynamisch. »Sie ist die Partei der ewigen Siebziger, die sich auch dann noch als Enkel fühlen, wenn sie längst Großväter sind. (…) Ihre Aktivisten kennen sich alle nunmehr rund 25 Jahre (…) die sozialdemokratische Parteielite schmort seit einem Vierteljahrhundert im eigenen Saft.«

Gerhard Schröder und Co. haben, als sie endlich dran sind, ein politisches Identitätsproblem. »Es ist schon eine Ironie der Geschichte«, sagt der Historiker Thomas Biebricher in einem Interview, »dass sich viele Inhalte just aus dem Lambsdorff-Papier, der Scheidungsurkunde der sozialliberalen Koalition, sechzehn Jahre später im ›Ehevertrag‹ von Rot-Grün wiederfinden.« Als die Regierung schon im Amt ist, soll ein »Schröder-Blair-Papier« – Tony Blair ist britischer Premierminister und wie Gerhard Schröder Sozialdemokrat – das programmatische Defizit beheben, aber das misslingt im handwerklichen Tohuwabohu der ersten Monate.

Franz Walter weist auf die verheerende Wirkung hin, wenn drei Angehörige einer Generation – Oskar Lafontaine, Rudolf

Scharping, Gerhard Schröder – um das wichtigste Amt im Staat ringen. »Sie belauerten und befehdeten sich schon seit den frühen 1970er Jahren (...), sodass jeder die Schwächen, Defizite und Verfehlungen des anderen nur allzu gut kannte.« Nicht nur, dass diese Rivalität die Geschlossenheit der Parteiführung aushöhlt, sie lässt auch keine jüngere Generation nachkommen.

Das Identitätsproblem erfasst auch den Koalitionspartner. Noch während der ersten Legislaturperiode von Bundeskanzler Gerhard Schröder scheibt der Journalist Walter Wüllenweber einen »Nachruf voller Wehmut« auf die Grünen, die nach ihrem Einzug in höchste politische Ämter ihre Schuldigkeit getan hätten. »Die heutige Bundesrepublik ist ein Werk der Grünen«, behauptet der »Stern«-Autor, die Grünen seien in den vergangenen zwei Jahrzehnten die prägendste politische Kraft in Deutschland gewesen, gerade in der Opposition gegen das etablierte System. Heute stünden sie für das System selbst und hätten ihre Rolle darin verloren. Richard David Precht sieht es genauso. Im Jahr nach dem Amtsantritt der Regierung Schröder konstatiert er, »es dürfte das größte Dilemma der Grünen sein, in der Phase ihres allmählichen Niedergangs an die Macht gekommen zu sein«. Der Identitätsverfall sei älter als die Regierungsmacht.

Wie schon zu Zeiten von Willy Brandt betreiben Gerhard Schröder und seine Kabinettskollegen Gesetzesvorhaben mit moralischem Impetus. Hier sind sie in ihrem Element und leisten für das Land politisch Großes. Auch bei diesem sozialdemokratischen Aufbruch werden viele Gesetze auf die Höhe der Zeit gebracht. Homosexuelle dürfen zwar nicht heiraten, aber sich verpartnern. Kommunen boykottieren diese Entscheidung, indem sie Paare zur Verpartnerung nicht aufs Standesamt, sondern in die Zulassungsstelle für Kraftfahrzeuge einladen. Solche Scharmützel kommen bei Gesetzen, die Moralvorstellungen berühren, immer mal vor. Am neuen Geist der Gesetze ändern sie nichts.

Mit der grünen Seiteneinsteigerin Renate Künast tritt eine fähige und entschlossene Anwältin des Verbraucherschutzes auf den Plan, ein neues Politikfeld, das die Bundesregierung beherzt anpackt.

Nach einem Jahr im Amt steht der Bundeskanzler vor einer Herausforderung, auf die weder er noch sein Vizekanzler Joschka Fischer (er schon gar nicht) mit ihrer Biografie und politischen Prägung vorbereitet sind. Die Bundesrepublik kann sich als vereinigtes, fertig gestaltetes Deutschland nicht länger vor internationaler Verantwortung drücken, sie muss ihre Soldaten auf »Auslandseinsätze« schicken. Das ist eine begriffliche Verharmlosung, tatsächlich handelt es sich um Kriege. Gerhard Schröder und Joschka Fischer gehen diesen Weg gemeinsam und entschlossen, aber die Überzeugungsarbeit in ihren Parteien zehrt an ihren Kräften und kostet sie politischen Kredit, den sie in der nahen Zukunft dringend brauchen könnten.

Von der Generation Gerhard Schröder an siegt die Eitelkeit der Alphatiere über die Disziplin. Keine Generation bringt so wenig disziplinierte Politikerinnen und Politiker hervor wie die Achtundsechziger. In den Kabinetten von Gerhard Schröder herrscht ein beispielloses Kommen und Gehen. Nie erlebt eine Bundesregierung eine solche Fluktuation von Kabinettsmitgliedern wie in dieser Zeit.

Am 11. März 1999 tritt Bundesfinanzminister Oskar Lafontaine zurück. Er hätte werden können, was Karl Schiller für das Kabinett Brandt war, aber dazu kommt es nicht.

Bodo Hombach, Jahrgang 1952, hört nach neun Monaten als Chef des Bundeskanzleramtes auf. Am 9. Januar 2001 tritt Gesundheitsministerin Andrea Fischer, Jahrgang 1960, zurück. Am selben Tag tritt auch Ernährungsminister Karl-Heinz Funke, Jahrgang 1946, zurück. Am 29. September 1999 tritt Verkehrsminister Franz Müntefering, Jahrgang 1940, zurück. Am 18. Juli 2002 wird Verteidigungsminister Rudolf Scharping, Jahrgang 1947, entlassen. Es sind nicht alle Achtundsechziger, aber doch die meisten von ihnen. Am 22. Oktober 2002 scheidet Justizministerin Herta Däubler-Gmelin aus, nachdem sie wegen eines vermeintlichen Vergleichs Georg W. Bushs mit Adolf Hitler in Ungnade gefallen ist.

Das ist neu in der Geschichte der SPD, die nach dem bockigen Alleinregime von Kurt Schumacher und dem mutlosen von Erich Ollenhauer zu einer »Troika«, einer Führungsgruppe von dreien, findet. Die Fahrer auf der bekanntesten Troika, Herbert Wehner, Willy Brandt und Helmut Schmidt, mögen sich so wenig wie Jahrzehnte später Gerhard Schröder und Co. Herbert Wehner giftet gegen Willy Brandt, Herbert Wehner giftet gegen Helmut Schmidt, Helmut Schmidt giftet gegen Willy Brandt. Aber alle drei wissen immer auch, dass sie auf eine Zusammenarbeit angewiesen sind, wenn die SPD den Bundeskanzler stellen soll und sie persönlich Spitzenämter wahrnehmen wollen. Nie stößt einer einen anderen von der Troika, Willy Brandt bleibt erst Jahre später zurück, weil Herbert Wehner gesundheitlich nicht mehr kann und Helmut Schmidt sich in die politische Isolation manövriert hat.

Persönliche Rivalität ist zu allen Zeiten eine feste Größe in der Politik, auch in der Trutzburg von Bonn und Berlin. Die Rivalen befinden sich häufiger in derselben Partei als in verschiedenen. Aber erst von Gerhard Schröders Kanzlerschaft an beschädigt die Rivalität zwischen Protagonisten die politische Arbeit in der Substanz. Oskar Lafontaine und die weiteren Minister sind Verluste für das Kabinett, schon weil sie für schlechte Schlagzeilen sorgen und sich neue Leute erst einarbeiten müssen.

So glanzvoll Gerhard Schröders Kabinett mit seinen Persönlichkeiten ist, zu keiner Zeit läuft die Arbeit dieses Kabinetts rund. Zu keiner Zeit läuft es für den Bundeskanzler rund. Gerhard Schröder beeindruckt durch seine stupende Intelligenz, seine klare Sprache und seine Intuition für symbolstarke Auftritte. Aber nie vermag er, um sich herum Ruhe zu schaffen. Er entfacht Leidenschaft, aber er fackelt politische Mitstreiter auch ab.

Erschwerend für die Regierungsarbeit kommt das Bashing hinzu, das Protagonisten der Generationen Helmut Schmidt und

Helmut Kohl gegen Gerhard Schröder und Co. betreiben. Altkanzler Helmut Schmidt kritisierte nicht nur Helmut Kohl, sondern jetzt auch Gerhard Schröder, er nennt ihn einen »Karrieristen« (im Gespräch mit mir) und befindet über dessen Generation: »Normale politische Zeiten bringen normale Politiker hervor.«

Helmut Schmidt und die Seinen holen jetzt zum Gegenschlag aus, nachdem Oskar Lafontaine ihre Tugenden mit den Maximen eines KZ-Wächters assoziiert und Gerhard Schröder provokativ den Kaschmirmantel umgehängt hat. Publizisten und Journalisten aus den Generationen Helmut Schmidt und Helmut Kohl springen ihnen bei. »Es gibt keine großen Politiker derzeit«, behauptet der Herausgeber der »Frankfurter Allgemeinen Zeitung«, Joachim C. Fest, Jahrgang 1926, ein Jahr nach Gerhard Schröders Amtsantritt. Der prononcierte Konservative hält die Laudatio auf den Sozialdemokraten Willy Brandt, als dieser 1992 den Dolf-Sternberger-Preis erhält. »Diese ganze Generation ist eine Fehlbesetzung«, urteilt der Politikwissenschaftler Wilhelm Hennis, Jahrgang 1923, und der Historiker Hans-Peter Schwarz, Jahrgang 1934, der Biograf von Konrad Adenauer und Helmut Kohl, bedauert, in den Seelen von Gerhard Schröder und Co. erahne man keine Abgründe, »nur Flachland«.

Mit den Abgängen im Kabinett Schröder und der schlechten Presse der Protagonisten, die zurückbleiben, kommt ein Stein zum anderen. Am Ende der Legislaturperiode kann nur ein Wunder die Kanzlerschaft Gerhard Schröders retten. Das Wunder kommt in Gestalt eines Hochwassers entlang der Oder, das nach einem Deichgrafen ruft, eine Rolle, die der Bundeskanzler, jetzt in Gummistiefeln, dann auch brillant ausfüllt. Bis zur Flut durfte der Oberpädagoge Edmund Stoiber, Kanzlerkandidat der Union und Jahrgang 1941, auf einen Wahlsieg hoffen, aber dass sich ein Edmund Stoiber im Schlamm eines überfluteten Dorfes schmutzig macht, kommt keiner Menschenseele in den Sinn.

Mit der Flut von 2002 geht die sichere Kanzlerschaft von Edmund Stoiber buchstäblich unter. Vermutlich auch gegen sein eigenes Erwarten schafft es Gerhard Schröder bei der Bundestagswahl am 22. September 2002 noch einmal. Die SPD kommt auf 38,5 Prozent (1998: 40,9), die Grünen auf 8,6 (1998: 6,7), das reicht für eine Parlamentsmehrheit knapp über den Durst. Die Union kann 38,5 Prozent (1998: 35,1) der Stimmen auf sich vereinigen, die FDP 7,4 (6,2) Prozent. Die PDS verfehlt die nunmehr gesamtdeutsche Fünfprozenthürde und zieht unter Verlust des Fraktionsstatus mit nur zwei Direktmandaten ins Parlament. Für Gerhard Schröder wird das Regieren strukturell schwieriger.

Schwieriger? Es kommt in der zweiten Legislaturperiode faustdick für den Mann, zuerst persönlich und dann auch politisch. Der Bundeskanzler muss im Februar 2004 den SPD-Parteivorsitz abgeben, den er nach dem Rücktritt, besser Abtritt von Oskar Lafontaine übernommen hat. Er kann sich keiner Parteitagsmehrheit für seine Politik mehr sicher sein. Was für eine Schmach, gerade in einer Partei, die den bei Wahlen glücklosen Erich Ollenhauer und den glücklosen Willy Brandt als Vorsitzende behalten hat!

In der zweiten Legislaturperiode von Gerhard Schröder kommt wenigstens Ruhe in die Kabinettsarbeit, es gibt keine Rücktritte mehr. Allerdings dauert die zweite Legislaturperiode auch nicht lang, denn Gerhard Schröder muss die Reformen auf den Weg bringen, die sein Amtsvorgänger Helmut Kohl unterliess und die er selbst in seiner ersten Legislaturperiode nicht anpacken wollte: Er muss soziale Leistungen beschneiden, muss Arbeitslosigkeit unattraktiv machen. Gerhard Schröder muss »Einschnitte« vollziehen, wie die Politik gern verharmlosend sagt, muss staatliche Leistungen kürzen. Die betroffenen Menschen haben plötzlich spürbar weniger Geld zum Leben.

Gerhard Schröder lässt eine »Agenda 2010« erarbeiten, die den Sozialstaat auf die Möglichkeiten der Zeit bringt. Als er diese Agenda im Deutschen Bundestag verkündet, wirkt er steif, ja starr. Er ahnt, dass ihm das Verkündete von seinen Genossen nicht verziehen wird. Dabei ist das Zurückrudern des Staates in einer solchen Ausnahmesituation legitim. Sein Problem ist vielmehr, dass er und die Angehörigen seiner Generation für eine andere Prägung und andere Ansprüche stehen. Sie profitierten vom Wirtschaftswunderehrgeiz ihrer Eltern und streichen jetzt Menschen mit einer weniger glücklichen Biografie die Bezüge.

Hier kommt die Macht selbst des kommunikativen, kämpferischen homo politicus Gerhard Schröder an seine Grenzen. »Wer zu spät kommt, den bestraft das Leben.« Weil Gerhard Schröder mit seiner Agenda 2010 zu spät kommt, halb wegen der Versäumnisse der Vorgängerregierung, halb aus eigenem Versäumnis, wird er jetzt von den eigenen Leuten bestraft. Nicht die Opposition, sondern der SPD-Vorsitzende Franz Müntefering organisiert seine politische Bestattung.

Bei den Landtagswahlen im bevölkerungsreichsten Bundesland Nordrhein-Westfalen verliert die SPD nach Jahrzehnten die Regierungsmacht. Jürgen Rüttgers, früherer Minister im Kabinett Kohl und charismafreie Gestalt, profitiert von der Wut auf die rotgrüne Bundesregierung. Das Märchen vom Bundeskanzler, dessen Mutter putzen ging, und seinem Stellvertreter, der nicht studiert hat und als Sponti begann, ist zu Ende. Auch das Märchen von der Generation, die es von der Straße bis in höchste politische Ämter geschafft hat, ist zu Ende. Gerhard Schröder und die Seinen haben einen weiten, strapaziösen Weg zurückgelegt und viele persönliche und politische Häutungen durchlaufen.

Zur Spannweite dieser Leben gehört auch, dass die politische Generation Gerhard Schröder eine Generation der Gierigen ist. Keine Protagonisten einer politischen Generation der Bundesrepublik sind so gierig wie sie, wenigstens bis jetzt nicht. Seit jeher verdienen Bewohner der Trutzburgen Bonn und Berlin kräftig hinzu, und würden sie allen Nebentätigkeiten in der Weise nachgehen, wie es die Sache verlangt, bräuchte ihr Tag mehr als 24 Stunden. Einzelne Politiker waren zweifellos schon immer gierig, so Franz Josef Strauß, der ein vielfaches Millionenvermögen hinterließ, das nicht einmal ein bayerischer Ministerpräsident, so monarchisch er sich gab, erwirtschaften konnte. Aber die Gier von vielen ist erst eine Sache der Generation Gerhard Schröder

Gerhard Schröder zählt sich zu den Freunden Wladimir Putins und tritt nach seiner politischen Laufbahn in die Dienste der russischen Gazprom und anderer großer Unternehmen. Joschka Fischer macht Werbung unter anderem für Rewe. Im Juni 2015 berichtet der »Spiegel« über eine sechsstellige Euro-Summe, die Otto Schily vom Diktator der ehemaligen Sowjetrepublik Kasachstan erhalten haben soll. Es ging um politische Lobbyarbeit. Auch Gerhard Schröder wird in dem Artikel genannt. Altbundespräsident Horst Köhler soll ebenfalls zunächst Interesse gehabt, dieses Interesse aber wieder zurückgezogen haben.

Reichtum gehört zu den Insignien der Macht. Aber Gerhard Schröder war kein absoluter Herrscher, auch kein Monarch, sondern ein auf Zeit gewählter Politiker in einem demokratischen System. Er bleibt Repräsentant dieses Systems über sein Ausscheiden hinaus. Je reicher er wird, desto mehr bestiehlt er das politische System, das ihm nach Wahlen Macht verliehen hat, um seine Essenz, um die Glaubwürdigkeit. Es ist eben keine Privatangelegenheit, was er in seinem nächsten Lebensabschnitt macht, auch deshalb nicht, weil er sich weiter politisch zu Wort meldet. Wer sein Netzwerk aus der politischen Zeit massiv zu Geld macht, handelt zu seinem eigenen Wohl, aber er schadet zugleich dem Gemeinwohl.

Es reicht nicht, dass viele Deutsche das Engagement von Gerhard Schröder politisch unappetitlich finden, es braucht Regeln, damit sich ein solch unappetitliches Verhalten nicht wiederholt. Ein Manager, der ein Unternehmen verlässt, muss sich verpflichten, eine gewisse Zeit der Branche fernzubleiben, damit sein exklusives Wissen nicht der Konkurrenz zugute kommt. Vergleichbares muss für einen früheren Bundeskanzler gelten, der mit einem russischen Oligarchen politische Belange der Bundesrepublik Deutschland erörterte.

Helmut Schmidt hat einmal, in seinem Buch »Außer Dienst«, einen Ehrenkodex für Politiker gefordert. Politikwissenschaftler und Moralphilosophen sollten sich »bemühen, eine Ethik des Berufspolitikers zu fixieren«. Die Bewohner der Trutzburg werden von sich aus keine Regeln einführen, die ihre Selbstbeschränkung fordern. Es bedarf der Regeln von außen, formuliert von einer Ethikkommission aus Vertretern wichtiger gesellschaftlicher Gruppen oder vom Bundesverfassungsgericht. Mit diesen Regeln im Gepäck dürfen Politiker viel freimütiger, weil mit gutem Gewissen, über die zu hohen Gehälter von Managern in der Wirtschaft schimpfen.

»Verspätete Kanzlerin«

René Pfister

Betriebsunfall

Angela Merkel und Wolfgang Schäuble

Die Bundestagswahl am 18. September 2005 kennt keine Sieger. Gerhard Schröder verliert die Kanzlerschaft, aber nur mit hauchdünnem Rückstand. Er hat in den Monaten vor der Wahl eine enorme Aufholjagd hingelegt. Angela Merkel wird Bundeskanzlerin, aber sie hätte es mit einem Pannen-Wahlkampf fast versiebt. In kollektiver Erinnerung bleibt nur Gerhard Schröders Fernsehauftritt am Wahlabend, als er unter Nichtachtung der vier Grundrechenarten Angela Merkel zuraunt: »Sie glauben doch wohl nicht, dass Sie Kanzlerin werden!«

Auf eine Weise, eine unfreiwillige, ist das Ergebnis dieser Wahl gleichwohl historisch, denn zum ersten Mal bilden die beiden ehemaligen Volksparteien aus arithmetischen Gründen eine Koalition. Die Union kommt auf 35,2 (2002: 38,5), die SPD auf 34,2 (38,5), die Grünen auf 8,1 (8,6), die FDP auf 9,8 (7,4) und die PDS auf 8,7 (4,0). Es reicht also für keine kleine Koalition.

Die erste Große Koalition von 1966 war ein gewolltes Projekt auf Zeit, weil sich Union und FDP in langer Ehe einander entfremdet hatten, und weil die SPD erstmals ihre Regierungsfähigkeit unter Beweis stellen wollte. Rechnerisch hätte es auch für eine kleine Koalition von Union und FDP oder von SPD und FDP gereicht.

Mit der Bundestagswahl 2005 beginnt der Zerfall der parlamentarischen Kräfte, die für die alte Bundesrepublik und ihre politische Stabilität so charakteristisch waren. Noch steht dieser Zerfall nicht am Horizont, Angela Merkel wird vier Jahre später auch wieder eine kleine Koalition mit der FDP bilden. Aber von diesem Wahltag an erodiert der Status der SPD als Volkspartei.

Bundeskanzler Helmut Schmidt stand an der Wiege der Grünen, Gerhard Schröder sorgt dafür, dass Die Linke als Ostalgie-Partei nicht erlischt wie die Flamme einer abgebrannten Kerze.

Das frische Potenzial der Linken kommt unter anderem von abtrünnigen Sozialdemokraten, die sich mit einer Agenda 2010 nicht abfinden wollen. Neue Parteien entstehen, wenn in den alten Spaltmasse frei wird. So wird es auch Jahre später mit der nächsten Partei, der AfD, sein.

Die SPD der Agenda 2010 verliert den jahrzehntelangen Anspruch darauf, die Linke zu sein. Links zu stehen, wirkt für viele weiterhin attraktiv, aber sie verorten sich jetzt in der Partei von Gregor Gysi und Oskar Lafontaine. Letzterer verkörpert ein Stück Sozialdemokratie in dieser Partei. In einer späten Phase seines politischen Wirkens, als ihm Krankheit und Alter kein aktives Amt mehr erlauben, lebt er kompromisslos das größte seiner Talente, er stichelt und schimpft auf Inhaber politischer Ämter, kritisiert pauschal und ungerecht. Auch er weiß den Lauf der Welt zu erklären wie einst sein Intimfeind Helmut Schmidt, nur ziemlich anders. Oskar Lafontaine war wie gehört immer mehr Zuspitzer, Polarisierer denn Menschenfischer und Führungsfigur. Sein persönliches Charisma hat ihn in Ämter getragen, die ihn nicht bändigten, zum Zusammenführer machten, sondern im Gegenteil den Sprengmeister in ihm mobilisierten.

Die Linken schmälern das politische Tortenstück der Volksparteien, doch eine Bundeskanzlerin Angela Merkel können sie nicht verhindern. Die bestimmenden Köpfe im ersten Kabinett Merkel sind – wen wundert's? – nicht mehr jung. Die Bundeskanzlerin ist Jahrgang 1954. Franz Müntefering, Jahrgang 1940, und Frank-Walter Steinmeier, Jahrgang 1956, gehörten schon der Regierung Schröder an. Wolfgang Schäuble, Jahrgang 1942, und Horst Seehofer, Jahrgang 1949, saßen einst am Kabinettstisch von Helmut Kohl. Peer Steinbrück, Jahrgang 1947, kommt neu in ein Schlüsselressort, die Finanzen. Zu den Jüngeren zählen Olaf Scholz, Jahrgang 1958, Sigmar Gabriel, Jahrgang 1959, und Ursula von der Leyen, Jahrgang 1958. Für einen echten Generationswechsel stehen – von 2008 an – Ilse Aigner, Jahrgang 1964, und – von 2009 an – Karl-Theodor zu Guttenberg, Jahrgang 1971.

Als Angela Merkel zum ersten Mal als Bundeskanzlerin vereidigt wird, rüsten sich die deutschen Babyboomer zur Besetzung der Schlüsselpositionen in Wirtschaft und Gesellschaft. »Babyboomer« wurde zum geläufigen Begriff für die geburtenstarken Jahrgänge eines Landes. Wann die Geburtenrate in einem Land eine historische Höhe erreicht, hängt von zwei Faktoren ab: Das Land lebt im wirtschaftlichen Wohlstand und die Antibabypille steht den Frauen noch nicht allgemein zur Verfügung. In den Ländern, die vom Zweiten Weltkrieg verschont blieben, etwa in den USA und der Schweiz, beginnt der Babyboom gleich nach 1945. In Ost- und Westdeutschland, wo es kriegsbedingt zunächst an Essen, Kohlen und Wohnraum mangelt, ziehen die Geburtenzahlen erst Mitte der sechziger Jahre an. Die meisten Kinder kommen in den Jahrgängen 1959 bis 1964 zur Welt, mit den 64ern als Spitze. Von 1965 an setzt langsam, aber stetig der »Pillenknick« ein, Anfang der siebziger Jahre fallen die Zahlen dramatisch.

Angela Merkel ist immerhin zwölf Jahre jünger als ihr Schattenkanzler Wolfgang Schäuble, wichtigster Repräsentant der vor sieben Jahren zu Ende gegangenen Ära Kohl. Wolfgang Schäuble steht auch wie kein anderer für die Kultur der alten Bundesrepublik, in der ein Wirtschaftsminister, Otto Graf Lambsdorff, wegen illegaler Parteispenden rechtskräftig verurteilt wird, in der ein Innenminister, Manfred Kanther, von Parteikonten nichtexistenter Juden im Ausland weiß und ein Bundeskanzler sein Ehrenwort, das er Parteispendern gab, über das Gesetz stellt. Dass Wolfgang Schäuble politisch ausgerechnet über einen Geldkoffer (gefüllt mit einer Parteispende) stolpert und darüber Partei- und Fraktionsvorsitz verliert, ist ein Drehbuch, das nur das Leben selbst schreiben kann.

Angela Merkel ist anders. Es braucht ein historisches Ereignis (die Vereinigung) und einen Betriebsunfall (die Sache mit Schäubles Geldkoffer), damit sie Bundeskanzlerin werden kann. Wie anders hätte je eine Pastorentochter aus der ostdeutschen Provinz, also Frau und evangelisch, kinderlos und sogar geschieden, Vorsitzende einer »christlich-demokratischen« Partei und Kanzlerkandidatin werden können? Die Religionszugehörigkeit galt einmal etwas in diesem Land, Konrad Adenauer sah sich im Gespräch mit einem evangelischen Bischoff mit der Forderung konfrontiert, Vizekanzler müsse ein Protestant werden. Dass der Satz des Sozialdemokraten Willy Brandt: »Ich bin kein Säulenheiliger« schon immer auch für Unionspolitiker galt, steht auf einem anderen Blatt.

Mit Angela Merkel also ein politischer Generationswechsel? Ein Bruch mit der politischen Kultur der alten Bundesrepublik, deren Bürger seit den Zeiten von Helmut Kohl unter notorischer Politikverdrossenheit leiden? Leider nein. In puncto Machttechnik und Freiheit von Grundsätzen, an die erinnert werden könnte, gerät die Ostdeutsche Angela Merkel zur westlichsten Amtsinhaberin, westlicher noch als Konrad Adenauer.

Als ihr der SPD-Vorsitzende Sigmar Gabriel 2010 einen gemeinsamen Bundespräsidentschaftskandidaten, Joachim Gauck, vorschlägt, lehnt sie ab. Sie entscheidet sich für einen Politiker der alten Bundesrepublik, für Christian Wulff, mit dem sie nicht nur einen Anwärter auf ihr Amt entsorgt, sondern eine übergangene politische Generation mit einer prominenten, aber nur repräsentativen Aufgabe betraut. Erst nach dem Rücktritt von Christian Wulff und weil die FDP in der Koalition mal Stärke zeigen will, stimmt die Bundeskanzlerin Joachim Gauck zu. Gegen Ende seiner Amtszeit versucht Angela Merkel, die gewiefte Machttechnikerin, ihn sogar zum Bleiben zu bewegen. Sie will sich an kein anderes Gesicht gewöhnen müssen.

Denn als habe sie die Erfolgs- und Misserfolgsfaktoren ihrer Vorgänger systematisch studiert, entwickelt Angela Merkel eine Machttechnik, zu der ihr Helmut Kohl gratulieren könnte. Es ist auch eine Technik zum Ausbremsen möglicher Rivalen. Alle potenziellen Nachfolger werden in die Flucht geschlagen oder weggelobt. Zu ihnen zählen Peter Müller, Jahrgang 1955, Friedrich Merz, Jahrgang 1955, Roland Koch, Jahrgang 1958, und Norbert

Röttgen, Jahrgang 1965. Gleichzeitig fördert sie die Tochter des ehemaligen CDU-Ministerpräsidenten Ernst Albrecht, Ursula von der Leyen, die eine respektable Lebensleistung aufweisen kann (Ärztin, sieben Kinder), aber im Denken und Habitus ein Kind der alten Bundesrepublik ist. Sie fiel bisher weder durch originelle Ideen noch eine überraschende Performance auf, so wenig wie ihre Förderin. Das ist vor ihrer möglichen Berufung während der nächsten Legislaturperiode nicht mehr zu erwarten. Es reicht, dass sie ausharrt, so wie Ludwig Erhard, Kurt Georg Kiesinger und Helmut Kohl geduldig ausgeharrt haben.

Bis zu ihrer Kritik an Angela Merkels Flüchtlingspolitik im Landtagswahlkampf 2016 galt auch Julia Klöckner, Jahrgang 1972, als eine von der Bundeskanzlerin geschätzte und geförderte Parteifreundin. Die Freundschaft zwischen den beiden wird von Julia Klöckners Beratern, Heiner Geißler und Friedrich Merz, mutmaßlich nicht gefördert. Aber eine Angela Merkel ist kühl genug, in einer bestimmten Koalition auch eine Julia Klöckner nach vorn zu schieben, wenn es die Situation erlaubt oder verlangt. Freundschaften in der Politik sind fast immer funktional, sie können über Nacht zu Ende sein oder über Nacht wundersam entstehen.

Angela Merkel selbst ist die spätberufene Politikerin, nicht nur mit ihrer Machttechnik, sondern auch in ihrem politischen Profil Eklektikerin. Einmal gleicht sie von fern dem früheren Krisenmanager Helmut Schmidt, ein anderes Mal gibt sie die »Mutter«, so wie Helmut Kohl den Ostdeutschen ein Kanzler zum Anlehnen war. Mit ihrer kühlen Rhetorik erinnert sie wiederum an Konrad Adenauer. Alle Vorgänger übertrifft sie allerdings in einer Fertigkeit, die in der Medienwelt von heute offenbar besonders zuträglich für das politische Überleben ist: Sie sagt etwas und sagt zugleich nichts. Diese Fertigkeit hat sie – darauf wies der Publizist Frank A. Meyer hin – in einem Staat erlangt, in dem es wichtig war zu reden, ohne sich persönlich zu bekennen.

Angela Merkel wird politisch daran scheitern, dass sie keinen Einblick in ihre Entscheidungsprozesse gibt, dass sie nicht erklärt, »weshalb ich unter bestimmten Umständen von einer Position abrücke«, wie Karl-Theodor zu Guttenberg im Gespräch mit Giovanni di Lorenzo für sich in Anspruch nimmt. Angela Merkel ist immer auf der Hut vor ihren politischen Gegnern, die bei der ersten falschen, weil menschliche Schwäche zeigenden Äußerung aus der Deckung kommen. Das macht ihre Reden, die eigentlich nur Statements sind, so schablonenhaft und kalt.

Wie schon die erste Große Koalition erweist sich auch die zweite als ein Superbündnis zur richtigen Zeit. Die Herren rund um die Bundeskanzlerin sind politisch krisenerprobt. Neue Politikkonzepte, die jüngere und junge Menschen einbeziehen, eine Politik, die auch die kommenden Generationen im Auge hat, kann man von ihnen nicht erwarten. Der inhaltsfreie Titel des Koalitionsvertrags »Gemeinsam für Deutschland. Mit Mut und Menschlichkeit« wird denn auch Programm. Und doch leisten die Mitglieder dieser Bundesregierung Großes, indem sie Schlimmeres verhindern. Peer Steinbrück macht in der weltweiten Finanzkrise von 2007/08 nur wenige Fehler. Angela Merkel wird Vertrauen entgegengebracht, als sie die deutschen Sparbücher für sicher erklärt. Man vertraut ihr, so wie man Konrad Adenauer oder Helmut Schmidt vertraut hat.

Bei den Bundestagswahlen vor vier Jahren lagen nur rund 430 000 Zweitstimmen zwischen Union und SPD. 2005 hat dieser kleine Unterschied, der die SPD zum Juniorpartner in der Großen Koalition macht, große Folgen, denn der Erfolg einer Bundesregierung aus zwei gleich starken Partnern geht in der Regel mit der Partei der Regierungschefin bzw. des Regierungschefs heim. Angela Merkel steht medial in der ersten Reihe. Im Wahlkampf müssen die Protagonisten der anderen Partei ostentativ auf Distanz gehen, was ihnen vom Wähler mal als unglaubwürdig und mal als Nörgelei ausgelegt wird.

Am Wahltag des 27. September 2009 kommt die Union auf 33,8 Prozent (2005: 35,2), die SPD nur noch auf 23,0 (34,2) der Stimmen. Die FDP legt mit 14,6 Prozent sensationell zu (9,8), die Grünen holen 10,7 Prozent (8,1) und die Linken 11,9 Prozent (8,7). Der Status der SPD als Volkspartei ist dahin.

Wie wenig das politische System und das Bewusstsein seines Personals politische Generationswechsel zulässt, zumal Wechsel zur rechten Zeit, zeigt der Umgang führender Sozialdemokraten mit dem Debakel. Frank-Walter Steinmeier, der SPD-Kanzlerkandidat mit dem schlechtesten Ergebnis seit 1949, erklärt noch am Wahlabend seinen Anspruch auf den Vorsitz der Bundestagsfraktion. Zugleich erklärt der Parteivorsitzende Franz Müntefering nicht seinen Rücktritt, wie es politische Beobachter und Journalisten mit gutem Grund erwarten. Vielmehr will Franz Müntefering die Partei, nachdem auch er sie in das Tal der Tränen geführt hat, wieder herausführen. Als er am nächsten Tag – vielleicht auf Druck hin? – doch zurücktritt, treffen sich der gescheiterte Kanzlerkandidat Frank-Walter Steinmeier, ein Minister aus der gerade beerdigten Großen Koalition, Sigmar Gabriel, und die frühere Juso-Vorsitzende Andrea Nahles zum Krisengespräch. Die drei vereinbaren, dass Steinmeier Fraktions- und Sigmar Gabriel Parteichef wird. Andrea Nahles wird Generalsekretärin. So hält es die Spitze einer Partei, die auf innerparteiliche Demokratie, auch auf Abstimmungen ihrer Mitglieder, etwas hält! Im Umgang mit einer Niederlage entscheidet sich, ob es bei dieser Niederlage bleibt.

Am Beispiel von Andrea Nahles, Sigmar Gabriel und Frank-Walter Steinmeier lässt sich gut zeigen, dass deutsche Politiker, einmal oben angekommen, trotz politischer Nackenschläge oben bleiben. Andrea Nahles hat vor diesem Krisengespräch noch nie eine bedeutende Wahl gewonnen, Sigmar Gabriel als Ministerpräsidenten-Kandidat die Wahlen verloren. Frank-Walter Steinmeier hat als Kanzlerkandidat ebenfalls wie gehört krachend verloren.

In dem Jahr, da diese Zeilen geschrieben werden, ist Andrea Nahles Ministerin, Sigmar Gabriel, der gerade seine Kanzlerkandidatur zurückgezogen und sie dem Europapolitiker Martin

Schulz überlassen hat, Parteivorsitzender auf Abruf und Frank-Walter Steinmeier designierter Bundespräsident.

Angela Merkel und Guido Westerwelle müssen keine Krisengespräche führen (allerdings bald), sie dürfen entspannt einen Koalitionsvertrag aushandeln. Angela Merkel ist inzwischen 55, Guido Westerwelle 48. Der FDP-Vorsitzende bezieht das triumphale Wahlergebnis seiner Partei leider auf sich persönlich – ein Missverständnis, wie sich herausstellen wird. Die FDP wurde immer auch gewählt, um keine der beiden Volksparteien zu stark werden zu lassen. Die Klientel, der sich die Partei traditionell verpflichtet fühlt – Unternehmer, Ärzte, Anwälte, Hoteliers – hätte für die Wahlerfolge nicht ausgereicht.

Auch Guido Westerwelle und die Seinen kommen zu spät in die Regierung, um fünf bis zehn Jahre mindestens, eher mehr. Die Liberalen fordern Steuerungsmaßnahmen hin zu mehr Marktwirtschaft, sie fordern eine arbeitgeberfreundliche Wirtschafts- und Sozialpolitik. Das Wort »Deregulierung« darf in keiner ihrer Reden fehlen. Doch ein solches Konzept passt nicht in eine Zeit, da schwere Verwerfungen die Finanzmärkte erschüttern und die Staaten massiv in den Wirtschaftskreislauf eingreifen müssen. Die Stürme der Globalisierung toben, Weltkonzerne winden sich aus der Kontrolle durch nationale Regierungen, aber die deutsche FDP hält wacker die Flagge der freien Marktwirtschaft mit freien Unternehmern hoch.

Für den Niedergang von Angela Merkels Koalitionspartner in dieser Legislaturperiode gibt es viele Gründe – das falsche Programm zur falschen Zeit, die Okkupation von liberalen Positionen durch andere Parteien und nicht zuletzt die Zusammensetzung und die Fehler seines Personals. Die Führungsleute sind – mit einer Ausnahme – Führungsleute seit Jahrzehnten. Rainer Brüderle zählt 64 Lebensjahre, Sabine Leutheusser-Schnarrenberger war schon zu Helmut Kohls Zeiten Justizministerin, Guido Westerwelle ist der Prototyp des jung gestarteten, jetzt nicht mehr jungen Berufspolitikers. Als Guido Westerwelle den Parteivorsitz niederlegen muss, gibt es ein kurzes Gerangel zwischen Alt und Jung, zwischen Rainer Brüderle und Philipp Rösler (36). Wer gewinnt? Der Alte natürlich! Rainer Brüderle verkörpert das letzte Aufgebot einer politisch überflüssig gewordenen Partei.

Wie sehr diese Herren aus der Zeit gefallen sind (und demnächst auch aus dem Parlament), macht der faux pas Rainer Brüderles gegenüber einer Journalistin deutlich. Im Gespräch mit der jungen »Stern«-Reporterin spielt er auf die Größe ihres Busens an. In der hitzigen Debatte über sein Verhalten duckt er sich weg.

Auf der Unionsseite gibt es in Angela Merkels Kabinett an einer Position eine Verjüngung, die schon erwähnte Kristina Schröder, Jahrgang 1977, wird Ministerin für Familie, Senioren, Frauen und Jugend. Sie ist die erste Ministerin, die Babyurlaub nimmt, eine mutige Entscheidung, die in Deutschland mal wieder viel später kommt als in anderen Demokratien der Welt. Bald darauf gibt Kristina Schröder ihrem Privatleben den Vorrang vor der fremdbestimmenden Politik. Jetzt ist der Jahre ältere Franz Josef Jung, der geschasste Verteidigungsminister, wieder die starke Figur der hessischen CDU.

Auf anderen Positionen wird das ohnehin nicht junge Kabinett noch einmal älter. Ilse Aigner, 44, geht zurück nach Bayern, weil sie sich Hoffnungen auf die Ministerpräsidentschaft macht. Sie wird vom sieben Jahre älteren Hans-Peter Friedrich abgelöst. Auf Umweltminister Norbert Röttgen, 44, folgt der ebenfalls um sieben Jahre ältere Peter Altmaier. Die nicht mehr junge Anette Schavan, Jahrgang 1955, wird durch die noch weniger junge Johanna Wanka, Jahrgang 1951, ersetzt.

Bei den Bundestagswahlen am 22. September 2013 erlebt Angela Merkel ihren persönlichen Triumph wie Konrad Adenauer 1957, Willy Brandt 1972 und Helmut Kohl 1990. Die Union legt mit 41,5 Prozent (2009: 33,8) der Stimmen deutlich zu, die SPD verbessert sich nur wenig auf 25,7 (23,0), die Grünen bleiben mit 8,4 (10,7) deutlich unter den eigenen Erwartungen, die Linke sackt auf 8,6 (11,9) ab und die FDP fliegt vier Jahre nach ihrem historischen Ergebnis mit 4,8 (14,6) aus dem Bundestag.

Das dritte Kabinett, das Angela Merkel bildet, ist auf wichtigen Positionen das erste. Ihm gehören Sigmar Gabriel, inzwischen 54, an, ebenso Frank-Walter Steinmeier, 57, und Wolfgang Schäuble, 71. Von später Berufenen machen Ursula von der Leyen, 55, Johanna Wanka, 62, Thomas de Mazière, 59, und Peter Altmaier, 55, weiter. Jünger bis jung sind nur Heiko Maas, 47, Alexander Dobrindt, 43, Andreas Nahles, ebenfalls 43, und Manuela Schwesig, 39.

Die Deutschen bekommen eine neue Bundesregierung. Neu mag ein Teil des Personals sein, programmatisch bleibt alles beim Alten. Aber dafür wurde Angela Merkel auch nicht so eindrucksvoll wiedergewählt. Es gibt Zeiten, in denen politischer Stillstand – so Roger Willemsen – »einfach zu gut beleumundet« ist. In der Parlamentsarbeit möge »Stillstand« qualvoll wirken, für die Wählerschaft habe er in krisenhaften Zeiten keinen Schrecken.

Angela Merkels Wahlerfolg erweist sich wie schon bei den Amtsvorgängern als Danaergeschenk: Sie kann persönlich gestärkt und mit einer komfortablen Parlamentsmehrheit ausgestattet weitermachen, doch vom neunten Regierungsjahr an beginnen die Verschleißerscheinungen – zunächst im System, dann bei den Akteuren selbst. Die Bundeskanzlerin steht gemeinsam mit ihrem Team zunehmend vor Herausforderungen, auf die sie dank ihrer Prägung nicht vorbereitet ist und auf die sie auch nicht mit der Kraft einer Jungen oder mit dem Elan einer ersten Regierungsbildung reagieren kann. Von der dritten Legislaturperiode an dreht sich die Welt um das politische Berlin herum besonders schnell weiter, während in der Hauptstadt das überwiegend selbe Personal Führungsämter bekleidet.

Es folgt das immer gleiche Drama, das Angela Merkel schon bei Konrad Adenauer und Helmut Kohl hatte studieren können: Auf die Leistungen der ersten Jahre – das gute Handling in der Finanzkrise, der entschlossene Atomausstieg, die Subventionierung Griechenlands im Sinne der europäischen Idee – fällt der Schatten späterer Fehler. Am Wahltag 2013 strahlt die Sonne für Angela Merkel heller und kräftiger denn je, doch schon vom folgenden Tag an beginnt sie unterzugehen.

Eine Kanzlerdämmerung beginnt meist unbemerkt, sie hat eine Inkubationszeit wie eine Krankheit, die im Körper schlummert, bevor irgendein Anlass sie ausbrechen lässt. Die Kanzlerdämmerung von Angela Merkel bricht am 4. September 2015 an, als ein Flüchtlingsstrom von historischen Dimensionen die Bundesrepublik erreicht. Bis Jahresende kommen zunächst geschätzte 1,1 Millionen Menschen (später wird die Zahl auf 890 000 korrigiert) aus den Kriegs- und Krisengebieten der Welt hierher. Kein Thema beschäftigt die deutsche Politik und die Deutschen seither stärker.

Die Entscheidungen von Angela Merkel in der Flüchtlingskrise haben nichts damit zu tun, dass sie eine Kanzlerin in ihrem Herbst ist. Allerdings hat ihr Kommunikationsverhalten in diesem schwierigen Jahr mit ihrer politischen Prägung, die lange Jahre zurückliegt, und mit zur Routine gewordenen Abläufen nach so langer Regierungszeit zu tun. Sie müsste sich jetzt im Amt neu erfinden, so wie es Willy Brandt 1973, Helmut Schmidt 1979 und Helmut Kohl 1990 hätten tun müssen, um mit und nicht gegen den Geist der Zeit zu regieren. Liegt es an Fehlern im Regierungsapparat? Am Druck von Koalitionspartnern? An den falschen, ideenlos gewordenen Beratern? An einer persönlichen Erschöpfung, nachdem so viele Jahre lang nur Zeit für ein Auftanken, aber nicht für eine Regeneration der eigenen Kräfte war?

Wie ihre Vorgänger vermag sich auch Angela Merkel jetzt nicht neu zu erfinden, sie vermag jetzt nicht die »Blut, Schweiß und Tränen«-Rede zu halten, die Winston Churchill im Weltkrieg, am 13. Mai 1940, seinen Landsleuten gehalten hat. Willy Brandt hält sie 1973 nicht, als die Wirtschaft abstürzt, Helmut Schmidt bleibt sie den Debatten um Atomkraft und Atomwaffen schuldig, weil er die Anliegen der Protestierer nicht versteht, Helmut Kohl räumt mit der falschen Vision »blühender Landschaften« nicht auf. Es gibt zwei »Blut, Schweiß und Tränen«-Reden in der Geschichte der Bundesrepublik. Die eine – Helmut Schmidts erste Regierungserklärung als Bundeskanzler – galt nicht dem Volk, sondern war an die Abgeordneten der eigenen Partei gerichtet. Die andere – Gerhard Schröders Regierungserklärung zur Agenda 2010 – kommt eine Legislaturperiode zu spät, sodass sie den Redner in den politischen Abgrund reißt.

In alten, reifen Demokratien gibt es Foren für »Blut, Schweiß und Tränen«-Reden, in Großbritannien trägt die Königin die Regierungserklärung der Premierministerin oder des Premierministers vor, in den USA hält der Präsident »Reden an die Nation«. Angela Merkel könnte eine solche Rede halten, als die »Willkommenskultur« in Deutschland zu kippen beginnt. Anlass gäben die Silvesterübergriffe von Nordafrikanern an Frauen, doch die Ursache liegt tiefer – nach einem ersten Helferreflex besinnen sich die Deutschen darauf, dass sie ihren Wohlstand doch nicht teilen wollen. Eine Rede – und nicht nur eine »Regierungserklärung« der Bundeskanzlerin – könnte die Flüchtlingsbewegungen der Gegenwart historisch einordnen und die deutsche Geschichte seit 1945 als eine Geschichte der Zuwanderung erzählen. Sie könnte daran erinnern, dass die Deutschen nach 1945 Millionen von Heimatvertriebenen im Land integriert haben, und dass dies ein zwei Generationen übergreifender Prozess ist. Sie könnte an Beispielen zeigen, dass ins Land gekommene Flüchtlinge dieses Land kulturell reicher machen. Sie könnte deutlich sagen, dass Frieden und Wohlstand in Mitteleuropa viel mit Unfrieden und Armut in Afrika, im Nahen und Mittleren Osten zu tun haben. Sie könnte klarstellen, dass die Solidarität mit Flüchtlingen und die Aufbauprogramme in den Ländern, aus denen sie kommen, keine Akte christlicher Nächstenliebe sind, wie der Verdacht der Merkel-Kritiker lautet, sondern Akte der politischen Vernunft. Wenn die Erde um Europa herum brennt, helfen Europa keine noch so hohen Zäune mehr!

Sie könnte auch sagen, dass die Deutschen es weit gebracht haben seit 1949, dass Menschen auf der ganzen Welt beim zweifachen Kriegsverlierer leben und arbeiten wollen. Die Bundesrepublik verkörpert eine universale Humanität, die auch Bewährungsproben besteht.

Dieses Buch hat nicht die Flüchtlingspolitik von Angela Merkels drittem Kabinett zum Thema, aber daran lässt sich zeigen, wie eine in ihrer Dimension neue Herausforderung auf eine alt gewordene politische Kultur trifft. Tatsächlich räumen die Spitzenpolitiker in dieser Krise nur Fehler ein, die Jahre zurückliegen. Hätten wir uns bloß um diese Länder mehr gekümmert! Als die etablierten Parteien mehrere Wahlen verlieren, fällt ein Protagonist nach dem anderen um, aus der Willkommenskultur wird eine »Geht bald bloß wieder!«-Kultur.

Im Dezember 2016 erklärt Angela Merkel, bei den Bundestagswahlen im Herbst 2017 für eine weitere Kandidatur zur Verfügung zu stehen. Dass sie sich dazu ausdrücklich erklären muss, ist Ausdruck ihres politischen Falls seit ihrer triumphalen Wiederwahl vor drei Jahren. Bei allen früheren Bundeskanzlern stand nie in Zweifel, dass sie bei einer nächsten Bundestagswahl kandidieren würden. Die amtierende Bundeskanzlerin muss dem Umstand Rechnung tragen, dass sie als Kandidatin für weitere vier Jahre umstritten ist, und sucht den Zweiflern mit Entschlossenheit zu begegnen.

Auf dem CDU-Bundesparteitag kurz darauf wird Angela Merkel mit einem respektablen Ergebnis als Parteivorsitzende wiedergewählt. Nach ihrer Abreise beschließen die Delegierten ein Nein zur doppelten Staatsbürgerschaft, was der Politik der eben wiedergewählten Parteivorsitzenden, Bundeskanzlerin und Kandidatin für eine vierte Amtszeit diametral entgegensteht. Das gängige Drehbuch für überlange Regierungschefinnen und Regierungschefs von Konrad Adenauer bis heute nimmt seinen Lauf: Angela Merkel darf weitermachen, doch von jetzt an ist sie politisch angezählt. Sie wird so wenig wie die Bundeskanzler Konrad Adenauer,

Ludwig Erhard, Willy Brandt, Helmut Schmidt und Gerhard Schröder über die Stärke der Opposition stürzen, sondern über Kabale in der eigenen Partei.

Wozu es führt, dass die immer gleichen Köpfe über Jahre Führungspositionen bekleiden, erlebt die SPD bei der »K-Frage« für die Bundestagswahl 2017. Der Parteivorsitzende Sigmar Gabriel ist nicht beliebt und weiß es auch. Außenminister Frank-Walter Steinmeier hat als Kanzlerkandidat bei den Bundestagswahlen 2009 krachend verloren. Angehörige der nächsten, besser der übernächsten Generation, Andrea Nahles und Heiko Maas, wurden nicht in Stellung gebracht. Und die Zeiten, da ein Vorsitzender der SPD-Bundestagsfraktion, Helmut Schmidt, als kanzlerfähig galt, sind lange vorbei.

Die ehemalige Volkspartei SPD schafft es noch, wichtige Ministerien in einer Bundesregierung zu besetzen, aber sie schafft es nicht mehr, rechtzeitig eine personelle Alternative zur Unionskandidatin aufzubauen. Zur politischen Stabilität der Bundesrepublik trug über viele Jahre bei, dass Kandidaten der beiden Volksparteien bei Bundestagswahlen wirklich miteinander konkurriert haben. Der Wahlkampf von Helmut Kohl und Gerhard Schröder 1998 verdient noch diesen Namen. Der nächste Kanzlerkandidat Peer Steinbrück muss auf Geheiß von Altkanzler Helmut Schmidt berufen werden, weil eine geordnete, strategisch angelegte Suche nicht mehr funktioniert. Im Wahlkampf verhungert Peer Steinbrück am langen Arm der gar nicht solidarischen Genossen, Nils Minkmars Buch »Der Zirkus« legt eindrucksvoll Zeugnis davon ab.

Es ist ein Armutszeugnis für eine Partei, die Regierungsverantwortung beansprucht –, dass sie vor einer Bundestagswahl über die »K-Frage« in Verlegenheit kommt. In den künftigen Bundestagen sitzen voraussichtlich fünf oder sechs Parteien, aber offenbar ist nur noch eine fähig zur pünktlichen Rekrutierung einer Kandidatin oder eines Kandidaten. Auch dies ist ein Hinweis auf die Verkrustungen eines alt gewordenen Systems.

Wie problematisch die Qualifizierung und Rekrutierung von politischem Führungspersonal geworden ist, zeigt in jüngster Zeit der Rückzug Sigmar Gabriels als Parteivorsitzender und avisierter SPD-Kanzlerkandidat. Als Parteivorsitzender, Vizekanzler und Wirtschaftsminister hatte er über Jahre Zeit, in das Format eines Staatsmanns vom Schlage Helmut Schmidts oder Gerhard Schröders hineinzuwachsen. Es gelang ihm nicht. Er schlug Angela Merkel einen Bundespräsidenten Joachim Gauck per SMS vor und machte es hinterher auch noch öffentlich. Nach einem Gespräch mit Wladimir Putin ließ er sich für eine Bekannte ein Autogramm geben. Die Kritik der Juso-Vorsitzenden auf dem Parteitag 2015 brachte ihn so sehr aus der Fassung, dass er eine Wutrede hielt und mit nur 74,3 Prozent als Parteivorsitzender wiedergewählt wurde.

Auf Sigmar Gabriel, Jahrgang 1959, folgt Martin Schulz, Jahrgang 1955, welch ein Akt der Verjüngung! Seine politische Prägung erfuhr Martin Schulz in der Trutzburg Brüssel, im Europäischen Parlament, das an den Deutschen Bundestag der achtziger Jahre erinnert, weil in Brüssel das milliardenschwer subventionierte politische Leben noch immer behaglicher ist als in den europäischen Hauptstädten. Der Jungspund Martin Schulz hat die deutsche Politik, in der er nun das wichtigste Amt anstrebt, über Jahrzehnte von außen gesehen, aber nicht als Freigeist, sondern als Repräsentant einer anderen Politikbürokratie.

So wie der gescheiterte Kanzlerkandidat Frank-Walter Steinmeier am Abend des SPD-Wahldebakels sogleich das Amt des SPD-Fraktionsvorsitzenden im Deutschen Bundestag für sich reklamiert, erhebt Sigmar Gabriel mit dem Verzicht auf Parteivorsitz und Kanzlerkandidatur Anspruch auf das Amt des Außenministers. Will sagen: Wenn Angela Merkel mit einer Großen Koalition weitermacht oder die SPD in einer Vielparteienkoalition an die Regierung kommt, will ich das prominenteste Ministeramt bekleiden!

Deutsche Führungspolitiker vergießen mental Tränen, wenn sie abtreten, und lassen sich auf Parteitagen kollektiv beweinen, aber ihren Anspruch, bestmöglich abgefunden zu werden, haben sie dann schon durchgesetzt. Es bleibt dabei: Sigmar Gabriel hat nie eine Landtags- oder eine Bundestagswahl gewonnen, die SPD stand während acht Jahren mit ihm als Parteivorsitzendem nicht wieder auf. In der Rückschau betrachtet, war Sigmar Gabriel der Falsche und er war zu lange dran!

Frank-Walter Steinmeier und Sigmar Gabriel sind Beispiele dafür, wie die Berliner Trutzburg ihre Loser auf prominente Plätze entsorgt. Es ehrt die Person, aber es beschädigt das Amt, wenn ein Politiker mit dem Nimbus des Verlierers in deutschem Namen um die Welt reist. Sigmar Gabriel wird das Amt zweifellos mit Fleiß und Redlichkeit ausüben, aber er wird es als ein politisch Geschlagener tun wie Guido Westerwelle und Frank-Walter Steinmeier. Ein Außenminister Willy Brandt oder Walter Scheel oder Hans-Dietrich Genscher, ein Klaus Kinkel oder ein Joschka Fischer standen im Zenit ihres politischen Wirkens, von Guido Westerwelle an ist das Auswärtige Amt das Austragsstüberl für gescheiterte Kanzlerkandidaten und Parteivorsitzende, die sich ein Leben außerhalb der Trutzburg nicht vorstellen können.

»Ich erkläre hiermit meinen Rücktritt vom Amt des Bundespräsidenten – mit sofortiger Wirkung.«

Horst Köhler

Alt im Kopf

Von dementen und monarchischen Bundespräsidenten

Das Amt des Bundespräsidenten gilt in Deutschland als würdig, bis es Horst Köhler hinschmeißt im Stil von Oskar Lafontaine.

Am 31. Mai 2010 tritt Horst Köhler zurück, fast genau ein Jahr nach seiner Wiederwahl. Die Bundeskanzlerin, die anderen Bewohner der Trutzburg und die Journalisten sind entsetzt, die Deutschen überrascht. Dass ein Bundespräsident, sei er auch dement wie Heinrich Lübke, seine Amtszeit zu Ende bringt, war bisher so klar wie das Ableben eines Papstes im Amt. Aber das ist nach dem Rücktritt eines anderen Deutschen auch nicht mehr sicher. Den »Fels in der Brandung« gibt es nur noch in der Werbung eines Versicherungskonzerns.

Horst Köhler ist, als er zurücktritt, 67 Jahre alt. Damit ist er so jung wie die meisten Mitglieder der politischen Parteien in Deutschland. Die Mütter und Väter des Grundgesetzes wollten, dass der Bundespräsident nicht jung ist, sie schrieben ein Mindestalter von 40 Jahren hinein. Sie durften darauf hoffen, dass allein die Verfügung eines Mindestalters und, noch mehr, der Geist der Zeit ältere bis alte Bundespräsidenten wahrscheinlich macht. So kam es dann auch. Theodor Heuss war 65 und 75 als er ging, Heinrich Lübke übte das Amt ebenfalls zwischen 65 und 75 aus, Gustav Heinemann zwischen 70 und 75, Walter Scheel zwischen 55 und 60, Karl Carstens zwischen 65 und 70, Richard von Weizsäcker zwischen 64 und 74, Roman Herzog zwischen 60 und 65, Johannes Rau zwischen 68 und 73, Horst Köhler zwischen 61 und 67, Christian Wulff zwischen 51 und 53, Joachim Gauck zwischen 72 und 77, Frank-Walter Steinmeier bei zwei Amtszeiten zwischen 61 und 71.

Theodor Heuss muss als erster Bundespräsident ebenso wenig jung sein wie Konrad Adenauer als Bundeskanzler. Die fünfziger

Jahre in Bonn gehören zu Recht den Alten. Theodor Heuss nimmt ein schwieriges Amt in einer schwierigen Anfangszeit mit Würde wahr. Er ist ein Intellektueller, der seinen Scharfsinn in den Mantel schwäbischer Gemütlichkeit hüllt. Er bietet Konrad Adenauer auf kluge Weise Paroli, wozu nicht viele Bewohner der Bonner Trutzburg in der Lage sind.

Der erste Bundespräsident kommt von der FDP, weil die FDP der Bundesregierung angehört. Das Grundgesetz wünscht nicht die parteiliche Besetzung des höchsten repräsentativen Amtes, schließt diese Möglichkeit aber nicht aus. Die Personalie wird von Anfang an zum Gegenstand eines von Mal zu Mal unwürdigeren Parteiengeschachers.

Der zweite Bundespräsident Heinrich Lübke geht als Fehlbesetzung in die deutsche Geschichte ein. Seine katastrophale zweite Amtszeit überschattet die mäßige erste. Die zweite hätte es nicht gegeben, wäre das Amt auf fünf Jahre begrenzt. Ein älterer Mann, der in das Amt kommt, darf bei seinem Abtritt nicht sehr alt sein!

Der gescheite Herbert Wehner weiß, dass Heinrich Lübke nicht gescheit ist, aber Heinrich Lübke plädiert für eine Große Koalition aus Union und SPD so wie Herbert Wehner selbst. Er bringt die SPD dazu, für eine zweite Amtszeit von Heinrich Lübke zu stimmen. Eine Chance, die politische Klasse der sechziger Jahre an den Geist der Zeit heranzuführen, wird jäh vertan. Mit Heinrich Lübkes Hilfe kommt 1966 tatsächlich eine Große Koalition zustande.

Auch Heinrich Lübkes Nachfolger Gustav Heinemann ist machttaktisch gesetzt, denn er verkörpert ebenfalls eine bislang nicht gewählte Koalitionsoption, die von SPD und FDP. Gustav Heinemann wird gern mit seiner im Ton aufgeschlossenen Fernsehansprache während der Studentenunruhen 1968 zitiert, doch in seinen Reden und in seinem Habitus ist der Mann nicht weniger paternalistisch als seine Bonner Kollegen. Sein protestantischer Ernst macht ihn – wieder ein Wort aus einer anderen Zeit –

nicht sexy für die jungen Leute, die erst mit Willy Brandt einen Gesprächspartner und sogar eine Vaterfigur finden.

Walter Scheel spielt seine Version des Volksliedes »Hoch auf dem gelben Wagen« 1973 ein, als er schon zum Bundespräsidenten gewählt, aber noch nicht in die Villa Hammerschmidt eingezogen ist. Dass die politisch bewegte Jugend, die das Land auch politisch bewegt, Walter Scheels Platte hört, muss der Sänger von präsidialen Gnaden nicht fürchten. David Bowie, Pink Floyd und T. Rex kommen besser rüber!

Die Presse charakterisiert Walter Scheel gern als »rheinische Frohnatur«, tatsächlich ist er ein Monarch in diesem Amt. Die Villa Hammerschmidt lässt er zum Einzug für eine sechsstellige Summe umbauen.

Seit den sechziger Jahren täte es dem Land gut, wenn ein Bundespräsident, so alt er auch sei, Brücken zwischen den Generationen baut. Es täte dem Land gut, wenn ein Bundespräsident, so alt er auch sei, leistete, was Konrad Adenauer, Ludwig Erhard und Kurt Georg Kiesinger versäumen. Als Walter Scheels Nachfolger Karl Carstens in das Amt kommt, veröffentlicht der »Spiegel« eine Umfrage, die er unter jungen Leuten über den neuen Bundespräsidenten durchgeführt hat. Der seiner norddeutschen Herkunft entsprechend furztrockene Jurist kommt bei den Jungen ziemlich schlecht weg. An die Jungen im Land hat Helmut Kohl nicht gedacht, als er den Parlamentspräsidenten für das Amt vorschlug. Die erste Botschaft des neuen Bundespräsidenten lautet, er wolle Präsident aller Deutschen sein, aber das ist eine Sprechblase seiner Redenschreiber, denn er ist nur der Präsident aller Deutschen, die ihr Wohnzimmer mit einer Schrankwand in Eiche rustikal ausstaffiert haben. Auch Karl Carstens entdeckt ein Volkslied für sich, »Das Wandern ist des Müllers Lust«, spielt es aber leider nicht auf Platte ein. Als passionierter Wanderer durchquert er die Bundesrepublik und trifft nur die Bürgerinnen und Bürger, die denken wie er.

Noch aristokratischer als Walter Scheel regiert Richard von Weizsäcker, der ohne den rheinischen Frohsinn seines Vor-Vorgängers noch monarchischer wirkt, wie ein Herrscher, der aus der Zeit gefallen ist. So klug und brillant Richard von Weizsäcker reden und repräsentieren kann, und so mutig er die Machtversessenheit eines Helmut Kohl kritisiert – sein Umgang mit Mitarbeitern und mit Journalisten verrät eine weitere, weithin tabuisierte Facette. Als ihn einmal Journalisten von ARD und ZDF nicht für ein Statement interviewen wollen, weil es ihnen als Nachricht nicht wichtig erscheint, lässt Richard von Weizsäcker Mikrofone und Kameras aufstellen und gibt ein Statement direkt in zwei Kameras ab, ohne ein Fragen stellendes Gegenüber. ARD und ZDF senden das Statement, so brav sie sind, dann doch.

Roman Herzog erinnert in seiner Performance an zwei andere Juristen im Bundespräsidentenamt, Karl Carstens und Gustav Heinemann. Richard von Weizsäcker war der stärkere Redner, dafür steht Roman Herzog für mehr Bodenhaftung. Roman Herzog schwimmt sich im Amt geistig frei, aber zu keiner Zeit wird er eine interessante Persönlichkeit für die Jungen.

Johannes Rau darf auf Roman Herzog folgen, als er seine politisch beste Zeit hinter sich hat. Er war vieljähriger Ministerpräsident im bevölkerungsreichsten Bundesland Nordrhein-Westfalen und Kanzlerkandidat. Anders als Roman Herzog schwimmt er sich im Amt nicht frei. Er ist auch nicht mehr gesund. Er wirkt vom ersten Tag an alt im Amt.

Horst Köhler ist eine Chance für das Land, weil ihn kein Daueraufenthalt in der Trutzburg glatt geschliffen hat. Während der ersten Legislaturperiode geht alles gut. Aber wie der ehemalige Kandidat Steffen Heitmann, der es nicht einmal bis zu einem Wahlgang gebracht hat, muss auch Horst Köhler erleben, dass Seiteneinstiger in der Trutzburg gemobbt werden. Er ist nicht durch ein Stahlbad gegangen wie eine Claudia Roth oder Angela Merkel oder ein Horst Seehofer oder Jürgen Trittin. Das rächt sich jetzt. Je länger Horst Köhler in der Berliner Trutzburg lebt, desto unglücklicher wird er. Er sendet Signale der Verdrossenheit, als er nach seiner Wiederwahl nicht da ist. Die Gratulanten von heute und Mobber von morgen müssen auf ihn warten, als habe der Gewählte im Angesicht der Bundesversammlung eine letzte Zweifelattacke gehabt.

Würde ein Bundespräsident nur für eine Amtszeit von fünf Jahren gewählt, hätte es den Rücktritt von Horst Köhler nicht gegeben und die beginnende Demenz von Heinrich Lübke auch nicht. Die einmalige Amtszeit muss auch nicht auf sieben Jahre verlängert werden, wie diskutiert wird. In fünf Jahren kann eine Frau oder ein Mann viel in diesem Amt bewegen. Die zweite Amtszeit ist fast immer schlechter als die erste, weshalb also eine zweite? Die Bewohner der Trutzburg tun der Kandidatin oder dem Kandidaten keinen Gefallen und den Deutschen noch weniger. Nur sich selbst tun sie einen Gefallen, weil ein genehm gewordener Bundespräsident die Erschütterung, die eine Kandidatensuche auslöst, verschiebt.

Von Horst Köhlers Nachfolger Christian Wulff war schon die Rede. Auch er ist eine Chance für das Land. Nicht Christian Wulff selbst, aber seine Gattin Bettina gibt ein Beispiel dafür, wie ein deutscher Bundespräsident zeitgemäß alle politischen Generationen im Land erreichen kann – und sei es mit einer Debatte über die eigene Person. Christian Wulff verliert das Amt wegen persönlicher Fehler.

Joachim Gauck wird gegen den Willen der Bundeskanzlerin Christian Wulffs Nachfolger. Die Liberalen mit ihrem Vorsitzenden Philipp Rösler wollen wieder einmal zeigen, dass sie in der Regierungskoalition tatsächlich etwas zu sagen haben, und statuieren bei der Bundespräsidenten-Frage ein Exempel. Angela Merkel setzt sich gegen eine Koalition aus FDP und SPD nicht durch.

Der Bundespräsident ist bei seinem Abgang 77 Jahre alt, sein Schwächeanfall im Amt wird verheimlicht. Der Bundespräsident für die kommenden Jahre, Frank-Walter Steinmeier, ist 61 Jahre alt und ein Mann der ersten, untergegangenen Berliner Republik. Er gehörte zu den wichtigsten Vertrauten von Bundeskanzler Gerhard Schröder. Im dritten Kabinett von Angela Merkel ist er der beste Außenminister seit Hans-Dietrich Genscher, weil er Klartext redet und Gefühle zeigt. Zu seiner medialen Popularität trägt bei, dass er seiner Frau eine Niere spendet.

Frank-Walter Steinmeier wird Bundespräsident, weil seine Partei der aktuellen Bundesregierung als Juniorpartner angehört, und weil es die Bundeskanzlerin nicht schafft, den Grünen-Politiker Winfried Kretschmann durchzusetzen, der zu den Bundestagswahlen 2017 eine schwarz-grüne Koalition anbahnen soll. Medien berichten, nicht nur die SPD mit ihrem Vorsitzenden Sigmar Gabriel sei – natürlich – gegen einen Kandidaten Winfried Kretschmann, 69, sondern auch die Schwesterpartei CSU mit ihrem Vorsitzenden Horst Seehofer. Wenn dies zutrifft, ging es Horst Seehofer nicht nur um eine Verhinderung von Schwarz-Grün, sondern um einen weiteren Nackenschlag für Angela Merkel.

Weshalb eigentlich muss noch immer ein Bundespräsident, wenn er sein Amt abgibt, im Rentenalter sein? Die Assoziation von Alter und Amt ist ein fortgeschlepptes Ritual aus den Gründerjahren der Bundesrepublik, als das Senioritätsprinzip in hohen Ehren stand. Frank-Walter Steinmeier wird wie Joachim Gauck steife und staatstragende Reden halten, die er nicht selbst geschrieben hat, aber er wird nicht als spannende, weil charismatische Persönlichkeit Zustimmung für dieses Land gewinnen. Wie soll ein Bundespräsident strahlen, den die Wähler als Bundeskanzler nicht wollten, und das sehr eindeutig? Weshalb sollten Frauen und Männer unter vierzig diesen »altgedienten« Mann »cool« finden? Seine politische Biografie steht nicht dafür.

Die Medien haben die abermalige Nominierung eines Mannes für das Bundespräsidentenamt nicht moniert, sie haben den designierten Bundespräsidenten Frank-Walter Steinmeier begrüßt. Offenbar reicht es schon, dass ein Kandidat charakterlich untadelig ist, um die Rückständigkeit seiner biografischen Prägung und damit seiner Kandidatur zu verdrängen.

Der Kandidat Frank-Walter Steinmeier ist auch das Ergebnis einer institutionell geschwächten Bundeskanzlerin, die in einer sich fragmentierenden Parteiendemokratie auf eine Zwanzig-Prozent-Partei angewiesen ist. Bis vor ein paar Jahren reichte der CDU ein Auskommen mit der CSU und einer kleinen FDP, jetzt braucht es schon die – noch – zweitgrößte Partei im Bundestag, die SPD. Die SPD hat selbst nicht mehr die Kraft, Bündnisse zu schmieden, etwa zusammen mit den Grünen und der Linken, sie kann nur noch gemeinsam mit einem Juniorpartner, der CSU, einen Kandidaten der CDU verhindern.

Frank-Walter Steinmeier wird voraussichtlich zwei Amtszeiten lang Bundespräsident sein, weil die SPD dank ihrer Schrumpfung zur Zwanzig-Prozent-Partei – sozusagen als größeres Zünglein an der Waage als einst die FDP – gute Chancen hat, nach der Bundestagswahl 2017 wieder einer Bundesregierung anzugehören, in welcher Rolle auch immer. Mit seinem Ausscheiden aus dem Amt wird Frank-Walter Steinmeier 66 oder 71 Jahre alt sein, immerhin sechs Jahre jünger als sein Vorgänger Joachim Gauck, aber immer noch vier Jahre älter als das gesetzliche Rentenalter, das Frank-Walter Steinmeier und Co. für die Frauen und Männer außerhalb der Trutzburg beschlossen haben, und das de facto selten erreicht wird. Es ging Franz Müntefering und den Seinen nur um einen weiteren Hebel, kommende Rentenansprüche zu drücken.

Weshalb soll in der Bundesrepublik nicht eine vierzigjährige Frau Bundespräsidentin werden? Was würde diese im eigenen Land bewirken? Sie würde in der Sprache der Generation reden, auf der eine historisch ungeheure Last liegt: das Alt- und Krankwerden der geburtenstärksten Generation in der deutschen Geschichte, der Babyboomer. Mit dieser Bundespräsidentin würden nicht nur Babyboomer die wichtige Debatte bestreiten und dominieren, auch die Jungen bekämen eine relevante Stimme.

Auf Frank-Walter Steinmeier wird in zehn Jahren eine Frau folgen, immerhin. Dann ist die Bundesrepublik erst 78 Jahre alt.

»Sie wurden mit 38 Herr über Leben und Tod.«

Giovanni di Lorenzo zu Karl-Theodor zu Guttenberg

Charisma

Das Parfüm des Karl-Theodor zu Guttenberg

Er kam aus dem Nichts. Charismatiker kommen immer aus dem Nichts. Der Boden, auf dem sie gedeihen, ist politisch ausgelaugt, arm an Nährstoffen, arm an Wachstumskräften. Er ist alt.

Welch ein Glück für die Alten in Berlin, dass Karl-Theodor zu Guttenberg in seiner Doktorarbeit abgeschrieben hat! Er wäre heute, mit 46, Bundeskanzler oder zumindest Primus inter Pares in Angela Merkels Kabinett so wie Helmut Schmidt nach dem Rücktritt von Karl Schiller 1972 im Kabinett Brandt. Ein Bundeskanzler zu Guttenberg würde viele der Alten, die seit Jahrzehnten Führungsämter bekleiden, auf ihre ursprüngliche Rolle zurücksetzen, die Rolle des »einfachen Abgeordneten«. Ein Bundeskanzler zu Guttenberg würde mutmaßlich einen Fraktionsvorsitzenden berufen, der diesen Kolleginnen und Kollegen einen baldigen Abschied aus der Politik nahelegt. Junge Politiker arbeiten gern mit jungen Politikern zusammen, so wie alte Politiker die Zusammenarbeit mit Alten suchen. Karl-Theodor zu Guttenberg stünde für einen Generationswechsel, der diese Bezeichnung verdient.

Karl-Theodor zu Guttenberg. Einer, der eleganter daherkommt als Horst Seehofer und Markus Söder, und der – wenigstens nach außen – immer die Ruhe behält. Er wirkt nie angestrengt. Er sieht im Anzug wie in der Bundeswehruniform adrett aus. Zu vielen Terminen nimmt er seine aparte Frau mit. Das hat noch kein Bundespolitiker gemacht. Christian Wulff ist und wirkt älter als seine Frau Bettina, sie stiehlt ihm überall die Schau, während Karl-Theodor zu Guttenberg, obwohl fünf Jahre älter, mit der Präsenz seiner Gattin mithalten kann.

In den verschiedenen Ämtern, die ihm anvertraut werden, macht er seine Sache überwiegend gut. Wäre es anders, gelänge ihm nicht der kometenhafte Aufstieg. Er ist keine Verlegenheitslösung, weil dem Proporz geschuldet. Es gibt Kritik an einzelnen seiner Entscheidungen, etwa an der prompten Entlassung leitender Mitarbeiter oder dem Aus der allgemeinen Wehrpflicht, doch solche Entscheidungen trifft ein Verteidigungsminister nie allein, sondern im Kreis von Beratern. Er ist in der Sache nicht unsicher oder wankelmütig, konzentriert seine Energie nicht auf das Abwälzen von Verantwortung, in der Opel-Krise zum Beispiel zeigt er als Wirtschaftsminister klare Kante. Im Ganzen sind bei Karl-Theodor zu Guttenberg ein Konzept und ein Stil in seiner Amtsführung erkennbar. Bei manch anderem Minister ist überhaupt nichts erkennbar.

Dieser Stil bricht Tabus. Er bindet Journalisten ein wie kein Minister vorher, eine Art »embedded journalism« im Frieden, den die USA im Irak-Krieg vorgemacht haben. Das irritiert die Berliner Trutzburg, deren Chefin eine gegenteilige Entwicklung betreibt und Journalisten mit Sprechblasen geradezu demütigt. Karl-Theodor zu Guttenberg inszeniert Motive für Fotografen, etwa auf einer USA-Reise. Er liebt die USA mit ihrer Weltläufigkeit. Er nimmt seine Frau zu den deutschen Soldaten nach Afghanistan mit. Er wirkt in »Spiegel« und »Stern« als Politiker genauso präsent wie in »Gala« und »Bunte«, als schöner Mann mit einer schönen Frau an seiner Seite. Der »Spiegel« macht halb beeindruckt, halb resigniert eine Titelgeschichte über die »wunderbaren Guttenbergs«. Solche Paarfotos waren bislang Angelegenheit der Yellow Press.

Die Bevorzugung von Journalisten, wie sie erstmals Karl-Theodor zu Guttenberg in der Bundesrepublik offen betreibt, entkleidet die tatsächliche Nähe von Politik und Leitmedien ihrer Scheinheiligkeit. In den siebziger und achtziger Jahren waren Journalisten links, bis zum Aufkommen der AfD waren sie betroffen. Das gutmenschliche Mitregieren einer Marietta Slomka machte das »heute-journal«-Studio zu einer verlängerten Werkbank der Berliner Trutzburg. Marietta Slomka erklärt Millionen

Deutschen, was sie zu denken und was sie nicht zu denken haben. Allabendlich transportiert sie eine Igittigitt-Haltung gegenüber jedweder Bewegung außerhalb des politischen Establishments. Nebenbundeskanzlerin Marietta Slomka!

Karl-Friedrich zu Guttenberg durchbricht diese Diktatur des Besserwissens auf smarte Art, die alten Männer der AfD weniger galant, indem sie die Journalisten vor die Tür setzen. Das widerspricht dem Geist der Demokratie, aber die parteiische Berichterstattung der Medien zuvor tat es auch.

Karl-Theodor zu Guttenbergs Vorgänger aus derselben Partei, Michael Glos, Jahrgang 1944 und damit 27 Jahre älter, hatte einen wunderbar trockenen Humor, doch traf ihn der Vorwurf, zu wenig Akten zu lesen. Auch bei Karl-Theodor zu Guttenberg ist die Frage erlaubt, wie er neben seinem täglichen Terminprogramm und seiner Ich-Kampagne zum Lesen kommt. Aber Karl-Theodor zu Guttenberg lieben zuerst die Götter und dann die Deutschen – wozu eine solch profane Frage?

Karl-Theodor zu Guttenberg sorgt noch viel konsequenter als Gerhard Schröder dafür, dass nicht nur ein Politiker, sondern auch seine Politik inszeniert wird. Nie vorher und nie mehr danach stehen die Themen eines Wirtschaftsministers und später eines Verteidigungsministers so stark im Fokus der Öffentlichkeit. Fokus bedeutet Interesse, Anteilnahme und im besten Fall Zustimmung. Die Deutschen begleiten den Wirtschaftsminister durch die Opel-Krise und sie begleiten ihn zu den Soldaten, die in Afghanistan Krieg führen. Mehr denn je folgt ein Politiker samt seinem Politikfeld den Gesetzen, aber auch den Möglichkeiten der schönen bunten Medienwelt. Der Jungspund nutzt die Möglichkeiten, die er vorfindet, und nimmt die Polarisierung in Kauf.

Wie konnte Karl-Theodor zu Guttenberg die steilste Karriere in der Geschichte der Bundesrepublik machen, und weshalb darf er nach Jahren der Verbannung und des Exils, gleich einem Cicero in Tarent oder einem Machiavelli in Percussina, nicht in die Politik zurück? Auch er, einmal vom Virus politischer Macht infiziert, möchte abermals in die Trutzburg, so wie ein Oskar Lafontaine nach seinem Rücktritt von allen Ämtern zurück wollte. Solche Alphatiere können nach ihrem Aufstieg in Höhen, die nur wenige erreichen, nicht mehr nur Familienväter sein. Sie brauchen die einmal erlebte, genossene und schließlich verwehrte Verehrung von Menschen, die sie beklatschen und wählen. Sie brauchen den Stoff.

Karl-Theodor zu Guttenberg verfügt als erster Politiker der Bundesrepublik über einen Duft, der Menschen einnimmt und politisch euphorisiert wie Jean-Baptiste Grenouilles finales Parfum im Roman »Das Parfum« von Patrick Süskind. Karl-Theodor zu Guttenberg verfügt über die rational nicht fassbare Kraft, über die politische Führer wie John F. Kennedy oder Martin Luther King verfügten, über Charisma. Ihre Ausstrahlung nimmt religiöse Dimensionen an. Die Wirkung ihres Duftes entzieht sich rationalen Gesetzen und Erklärungen. Wow, was für ein Politiker, was für ein Mann!

Alle lieben ihn, solange sein Plagiat noch nicht bekannt ist. Sogar Altbundeskanzler Helmut Schmidt, einer der kritischsten Geister der Republik, hält ihn für ein Talent, so wie Konrad Adenauer ihn selbst für ein Talent gehalten hat. Bei Karl-Theodor zu Guttenberg kommt beides zusammen, das Vertrauen in seine politischen Fähigkeiten und seine Ausstrahlung als Spross einer fränkischen Adelsfamilie. Der bürgerliche Helmut Kohl gerierte sich wie ein Monarch, der adelige Karl-Theodor zu Guttenberg verkörperte ihn.

Der Soziologe Max Weber hat den Aufstieg und Fall von Charismatikern schonungslos beschrieben: Solange sie Erfolg haben, werden sie gefeiert; erfährt das strahlende Bild eine Trübung, fallen die Anhänger ab wie trockene Blätter vom Ast. Wer einen Charismatiker gerade eben noch verehrt hat, lässt nicht einfach davon ab, sondern wendet seine Verehrung in Hass. Richtig wäre es, dass er sich selbst für seine Verführbarkeit geißelt, aber für die Seele ist es behaglicher, wenn die Schuld beim Verehrten liegt.

Der Verehrte war von Anfang an ein Täuscher und Blender, den es ganz und gar zu verachten gilt!

Der Abwehrreflex der Bewohner in der Trutzburg und der Schamreflex der Deutschen gegenüber Karl-Theodor zu Guttenberg sind völlig normal. Die charismafreien Protagonisten in der Trutzburg werden immer versuchen, einen Charismatiker loszuwerden, weil er die Kollegen ihres mittelmäßigen Profils überführt. Ihr Anspruch auf die Plätze erwächst nicht aus politischen Ideen oder einer Popularität beim Wähler, sondern aus der steigenden Zahl an Dienstjahren und dem Anspruch daraus.

Auf der anderen Seite gibt es auch in der Demokratie eine verständliche Sehnsucht nach charismatischen Führern. Die Deutschen sind damit nicht, wie ihren noch die Generation Helmut Schmidt suggerieren wollte, unverbesserliche Träumer, die nicht einmal aus »1945« lernen wollen, sie artikulieren ein Bedürfnis, das sie mit Völkern reifer Demokratien teilen. In den USA hat gerade ein charismatischer Präsident, Donald Trump, einen charismatischen Präsidenten abgelöst. Beide fischen – mit unterschiedlichen Zielgruppen – Menschen. Beide sind keine drögen Epigonen aus Familiendynastien wie George W. Bush oder Hillary Clinton. Das Feuer des Charismas lodert weltweit, als habe es einen Adolf Hitler nie gegeben.

Charismatische Politiker wirken als Projektionsfläche für unstillbare Sehnsüchte. Die Geschichte von Barack Obamas Präsidentschaft ist die Geschichte seiner fortlaufenden Entzauberung. An diesem Punkt war Karl-Theodor zu Guttenberg noch nicht, er befand sich im Aufstieg. Er steht für eine Zeit, in der deutscher Adel die politische Elite bildete. Seine vielen Vornamen und Titel werden heute keinesfalls belächelt, sondern machen Eindruck. Überdies ist an dem Adel, den er verkörpert, nichts dekadent, der Mann ist nicht dick und sichtbar süchtig (nach Zigaretten, nach Arbeit), er kommt mit weniger Insignien der Macht aus als Gerhard Schröder, der Mann aus einfachen Verhältnissen, mit seinem Kostüm (Brioni-Anzüge) und seinem Rauchmittel (Zigarren).

Ein Politiker wie Karl-Theodor zu Guttenberg nimmt die politische Trutzburg Berlin im Sturm. Er liefert den Beweis dafür, dass der Versuch aller vorherigen politischen Generationen, die Deutschen sehnsuchtsfrei zu machen, gescheitert ist. Ein Helmut Schmidt hätte es gern gesehen, wenn die Deutschen ihren Fußballern huldigten, aber im Bundeskanzler den »leitenden Angestellten der Bundesrepublik Deutschland« sähen. Liebt eure Frau, liebt eure Kinder, liebt Lothar Matthäus oder Thomas Müller, aber wählt Politiker wie Rudolf Scharping!

Nein, diesen Gefallen wollten ihm die Deutschen nicht tun.

Politiker ohne charismatische Persönlichkeit können in einem politischen Amt Charisma entwickeln. Konrad Adenauer, Richard von Weizsäcker, Otto Schily oder Wolfgang Schäuble kamen zu Charisma auf diesem zweiten Bildungsweg. Seltener sind die charismatischen Persönlichkeiten, die ihr Charisma schon mitbringen, Willy Brandt, Gerhard Schröder oder Karl-Theodor zu Guttenberg.

Charismatiker pflegen nicht so lange zu regieren wie ihre blässlichen Widersacher, die Geschichte der Bundesrepublik führt dies eindrücklich vor. Helmut Kohls Kanzlerschaft währte sechzehn Jahre, die von Gerhard Schröder sieben. Charismatische Politiker leuchten heller, aber ihr Feuer erlischt früher. Gleichwohl sind es nur charismatische Persönlichkeiten, die immer wieder ein Land moderner machen. Willy Brandt und Gerhard Schröder haben viel kürzer regiert als Helmut Kohl und Angela Merkel, aber sie haben das Land nicht weniger verändert. Charismatische Politiker verkleinern immer wieder den Abstand zwischen der gesellschaftlichen Leitgeneration und dem Langzeitpersonal in Berlin. Auch Willy Brandt und Gerhard Schröder kamen zu spät an die Macht, aber sie haben etwas Boden gutgemacht.

Für Charismatiker gelten besondere Gesetze. Elisabeth Noelle-Neumann entwickelte nach der knappen Wahlniederlage von Helmut Kohl 1976 die Theorie der Schweigespirale, wonach Frauen und Männer, die sich mit ihrer Meinung in der Minderheit glauben, verstummen, aus Angst, als Minderheit stigmatisiert zu werden. Die Schweigespirale funktioniert auch umgekehrt: Die Mehrheit der Wähler gibt nicht preis, für wen sie stimmen wird, damit die Minderheit sich weiter in der Mehrheit wähnt. Viele Wähler (wenn auch nicht die Mehrheit) wählen 2016 Donald Trump, ohne es im Vorfeld zu bekennen. Kaum jemand – zumal in Europa und der Bundesrepublik – hat mit dem Wahlsieg von Donald Trump gerechnet.

Ein deutscher Jörg Haider könnte vergleichbar unvorhergesehen an die Macht kommen. Einige Wähler schämen sich vielleicht ein bisschen für ihren Kandidaten, aber das Kreuzchen machen sie trotzdem bei ihm.

Wie hat es Karl-Theodor zu Guttenberg im Gespräch mit Giovanni di Lorenzo formuliert? »Ich sehe die politische Enttäuschung wachsen, und politische Enttäuschung kann natürlich immer in Extremismus umschlagen, wenn tatsächlich mal irgendwo ein begabter Demagoge auftauchen sollte, den ich aber derzeit nicht sehe.«

Karl-Theodor zu Guttenberg wird ein Comeback erleben, in der CSU oder in der AfD – dann kommt auch er zu spät, doch auf dem Weg an die Spitze wird er keine Zeit verlieren. Die Wasser werden sich vor ihm teilen wie für Moses und das israelische Volk.

»Denn in Wahrheit ist der Seiteneinsteiger überschätzt. Sowohl im Wahlkampf als auch nach der Wahl haben sich nur wenige Seiteneinsteiger zu erfolgreichen Politikern entwickelt – viele stellten sich als Risiko heraus. Dass es im Wahlkampf 2013 keine aufsehenerregende Personalie mehr gibt, ist auch Folge dieser Erfahrung.«

Moritz Küpper

Bonner und Berliner Mobbing

Vom Scheitern der Seiteneinsteiger

Leute von außen können das Personal in der Trutzburg aufmischen, können neue Ideen platzieren und eine neue Sprache sprechen. Aber dafür müssen sie erst einmal in die Burg hinein! In der Geschichte der politischen Seiteneinsteiger seit 1949 gibt es einige, die schon auf dem Weg dorthin stecken blieben.

Seiteneinsteiger nehmen ein doppeltes Joch auf sich: Sie kommen mit neuen Konzepten, die den Altvorderen nicht passen, und sie verdrängen Altvordere von ihren Plätzen. Das gelingt nur, wenn von oben eine klare Ansage kommt.

Mit Seiteneinsteigern ist es so eine Sache – manchmal sind sie ein Glück, manchmal ein Desaster. Aber wenn sie ein Glück sind, können sie in einem starr gewordenen System viel bewirken. Die Geschichte der politischen Seiteneinsteiger ist allerdings überwiegend eine tragische – tragisch für die Betroffenen und tragisch für das System. Seiteneinsteiger sind bis heute überwiegend chancenlos. Wer es trotzdem versucht, steht vor der Alternative, das tägliche Mobbing auszuhalten oder sich anzupassen um den Preis des eigenen Verbiegens. Es ist eine Wahl zwischen blind und taub.

Zu den frühen Seiteneinsteigern in die Bonner Trutzburg gehört Konrad Adenauers Bildungsminister Paul Lücke. Er macht seine Arbeit gut, aber man braucht einen Sündenbock für das Scheitern des Mehrheitswahlrechts, das er gemeinsam mit Rainer Barzel, Herbert Wehner und Helmut Schmidt einführen wollte. Der begabte Paul Lücke nimmt, als das Projekt scheitert, seinen Hut.

Ein kluger, unabhängiger Wiedereinsteiger ist auch Willy Brandts erster Finanzminister Alex Möller, der die inneren Reformen dieser Bundesregierung bezahlen soll. Im Streit mit etatgierigen Ministern wie Helmut Schmidt, der Jahre später das eigene Kabinett zum Sparen zwingt, schmeißt er 1971 hin.

Helmut Kohl schlägt nach der deutschen Vereinigung den Ostdeutschen Steffen Heitmann als nächsten Bundespräsidenten vor. Das Mobbing gegen den Unerfahrenen, der in die Fallstricke der Altvorderen tappt, beginnt auf dem Fuß. Steffen Heitmann zieht seine Kandidatur nach ein paar Wochen zurück. Bundespräsident wird ein Jurist der alten Bundesrepublik, Roman Herzog, frei von Charisma, Absolvent einer westdeutschen Ministerkarriere. Unter anderem war er Kultus- und Innenminister in Baden-Württemberg und Richter am Bundesverfassungsgericht, später sogar sein Präsident. Die Chance, die ein ostdeutscher Bundespräsident für die politische Kultur der Vereinigung bedeutet hätte, ist vertan.

Andere Seiteneinsteiger der Ära Kohl erreichen tatsächlich die Trutzburg und machen während ihrer ersten Jahre eine gute Figur, so die schon erwähnte Gesundheitsministerin Rita Süssmuth und Umweltminister Klaus Töpfer. Die Berufung von Rupert Scholz zum Verteidigungsminister erweist sich als nur mäßiger Gewinn. Alle drei passen über die Jahre ihre Sprache und ihren Habitus vollständig an den ihrer Kolleginnen und Kollegen an.

Einen Seiteneinsteiger guckt sich auch Kanzlerkandidat Gerhard Schröder 1998 aus, der Unternehmer Jost Stollmann soll nach einem Wahlsieg Wirtschafts- und Technologieminister werden. Der Mann findet mit einem Artikel Eingang in Wikipedia, aber in Gerhard Schröders Kabinett kommt er nicht an, er sagt ab, noch bevor er berufen werden kann. Statt Jost Stollmann kommt ein gewisser Werner Müller, der keiner Partei angehört, in das Kabinett. Nach dem Rücktritt von Oskar Lafontaine ist er sogar kommissarisch Finanzminister. Sein Gastspiel in der zuerst Bonner, dann Berliner Trutzburg dauert vier Jahre. Dann ist auch dieser Seiteneinsteiger wieder weg.

Dass grüne Politiker nicht weniger mobben als die Protagonisten der anderen Parteien, muss Andrea Fischer, Gesundheitsministerin im Kabinett Schröder, erleben. Die Professorin hat das Amt zwischen 1998 und 2001 inne. Sie ist authentisch und emotional und damit anders als ihre Kolleginnen und Kollegen im Kabinett. Anders als bei diesen Kolleginnen und Kollegen im Kabinett ist auch ihre Zukunft zu Ende, ehe sie begonnen hat. Ihr Rücktritt muss, wie die Fernsehdokumentation »Schlachtfeld Politik« zeigt, den Außenminister Joschka Fischer politisch entlasten. Andrea Fischer offenbart, dass sie die Mobbingerfahrung in eine Depression gestürzt hat. Die Dunkelziffer unter den aktuellen und ehemaligen Bewohnern der Trutzburg dürfte hoch sein.

Angela Merkel beruft als Kanzlerkandidatin ebenfalls einen Seiteneinsteiger, den brillanten Juristen und früheren Bundesverfassungsrichter Paul Kirchhof. Er erfindet die von Friedrich Merz geforderte Steuererklärung, die auf einen Bierdeckel passt. Das Monstrum von Vorschriften, der Albtraum aller Deutschen, die sich keinen teuren Steuerberater leisten können, soll der Vergangenheit angehören. Doch schon vorher gehört Paul Kirchhofs Ausflug in die Politik der Vergangenheit an. Kaum ist er in das Haifischbecken der Berliner Politik gesprungen, wird er auch schon gefressen. Seine politische Filetierung wird Angela Merkel fast die Kanzlerschaft kosten.

»Wer ist Horst Köhler?«, raunt es im März 2004 durch den Blätterwald, als die Union den Kandidaten für die Bundespräsidentenwahl beruft. Horst Köhler ist Finanzfachmann, bevor er ein Angebot erhält, das er trotz mäßiger Eignung nicht ablehnen kann. Inmitten der Berliner Trutzburg bleibt er ein Fremdling. Als ihn im Frühjahr 2010 der ausgebuffte Politikprofi Jürgen Trittin kritisiert – auch grüne Führungspolitiker haben ihren »Machiavelli« längst verinnerlicht –, platzt ihm der Kragen, er tritt zurück. Sein Nachfolger ist Christian Wulff, ein Mann aus dem System, der in seinem Berufsleben überwiegend Politik gemacht hat.

Einer von Angela Merkels Herausforderern als Kanzlerkandidat, Peer Steinbrück, ist zwar kein Seiteneinsteiger, er war Ministerpräsident in Nordrhein-Westfalen und Finanzminister in einer

Großen Koalition, aber zu der Zeit, da ihn Altkanzler Helmut Schmidt beruft, bekleidet er kein bedeutendes Amt. Er fristet sein Dasein mit Vorträgen, die er sich ziemlich teuer bezahlen lässt. Seine Kanzlerkandidatur zwischendurch bringt ihn um ein hübsches Sümmchen. Der Kanzlerkandidat Peer Steinbrück lebt beispielhaft vor, wie schwer es eine Bewerberin, ein Bewerber ohne über Jahre gewachsene Seilschaften hat. Das sprichwörtliche »frische Blut« trifft auf unfrisches und wird von ihm neutralisiert.

Es gibt Demokratien, die Politiker mit bunter Vergangenheit ganz nach oben tragen. US-Präsident Jimmy Carter war einmal Erdnussfarmer, Ronald Reagan Filmschauspieler, Donald Trump Immobilien-Mogul. Ein Gouverneur von Florida, Arnold Schwarzenegger, war einmal Bodybuilder und als Schauspieler der »Terminator«. Die Durchlässigkeit des politischen Systems für Laien gehört in den USA zum gelebten Verständnis von Demokratie. Die USA übertrugen das »Vom Tellerwäscher zum Millionär«-Prinzip aus der Wirtschaft auf die Politik. Die Deutschen belächeln gern diese Durchlässigkeit, wenn ein Ronald Reagan oder ein Donald Trump in das mächtigste Amt der Welt kommt. Ronald Reagan gehört heute zu den großen Präsidenten der US-amerikanischen Geschichte.

Eine vergleichbare Durchlässigkeit des deutschen politischen Systems würde bedeuten, dass ein Dietmar Hopp, Milliardär und Pate des Fußball-Bundesligisten TSV 1860 Hoffenheim, Bundeskanzler werden kann. Warum eigentlich nicht? Brillante Köpfe wie Dietmar Hopp könnten dem Gemeinwesen noch mehr dienen als mit dem Bau eines Fußballstadions und dem Mäzenatentum für eine Fußballmannschaft. Der Mann ist zwar alt, aber nicht alt im Kopf. Eine Gesellschaft verfügt über nur wenige kluge Macher wie ihn.

Es ist keinesfalls ausgemacht, dass eine Bundesregierung aus Seiteneinsteigern, aus parteilosen Experten wie Werner Müller zu Zeiten von Gerhard Schröder, kreativer arbeitet als eine Mannschaft aus langjährigen Bewohnern der Trutzburg Berlin. In anderen Demokratien wie Italien geht die Mitwirkung von Seiteneinsteigern mal gut, mal schlecht aus. Aber der Verzicht auf Seiteneinstiger erweist sich als Unglück, weil die Kreativität und frische Rhetorik der »bunten Vögel« fehlt. Weshalb sollen Seiteneinsteiger nicht ein Mandat auf Zeit erhalten, auf eine Legislaturperiode mit der Option auf eine weitere, um danach wieder in die Wirtschaft oder sonst wohin zurückzukehren? Das Gerede von der langjährigen Erfahrung, die es in der Politik braucht, ist ein sprachlicher Popanz, denn gute Leute arbeiten sich rasch an jedem Schreibtisch ein, an dem sie Platz nehmen. Umgekehrt wird ein Schuh draus: Wer sagt, er gehöre zwanzig Jahre einem Verein an, verdient ein Ehrenzeichen, aber wer sagt, er gehöre zwanzig Jahre dem Bundestag an, verdient ein berufliches Aus- und Umstiegsprogramm.

Politische Seiteneinsteiger können sich ziemlich naiv anstellen. Oder sie können sich, so brillant sie auf ihrem Gebiet sind, schlichtweg auf das politische Parkett verlaufen. Gerd Bucerius, der legendäre »Zeit«-Macher, Rudolf Augstein, der legendäre »Spiegel«-Chef, oder Ralf Dahrendorf, einer der großen Soziologen seiner Zeit, verirrten sich in den Bundestag wie ein Hells-Angels-Mitglied zur Heilsarmee. Gleichwohl braucht es in der Trutzburg regelmäßig unverbrauchte Figuren. Am besten eigenwilligere, eigenständigere Geister als einen Horst Köhler, die mehr als nur das Bild eines Weicheis hinterlassen.

Es gibt viele Beispiele für das Scheitern von Seiteneinsteigern in der Politik. Aber ein Verzicht auf sie macht die Politik nicht besser. Denn heute, wo Seiteneinsteiger in der Politik kaum vorkommen, bleibt diese den Hoffnungen und Erwartungen der Wähler vieles schuldig. Es braucht Stars in einem Kabinett, die Aufmerksamkeit binden und so Aufmerksamkeit für Politik wecken. Ein Kabinett ist nicht nur ein Kollegium aus politischen Arbeitern, es repräsentiert auch die Politik – als lebhaft oder öde.

»Populismus ist das Viagra einer erschlafften Demokratie.«
Claus Strunz

Vom Tod der Volksparteien

Die Berliner Republik war eine Zwischenrepublik

Am 4. Dezember 2011 hält Helmut Schmidt eine Rede auf dem SPD-Bundesparteitag in Berlin. Er ist 92 Jahre alt. Er macht einen Streifzug durch die deutsche Geschichte, nimmt Stellung zu politischen Fragen der Gegenwart und wirbt für eine Rettung der griechischen Wirtschaft durch deutsche Milliarden. Er beschwört die Europa-Treue der Deutschen, die der Union ein Leben im Wohlstand und die nationale Einheit verdanken. Er warnt vor einem Rückfall in wilhelminisches Großmachtdenken, vor einem Missbrauch der Freiheit, die seine Generation und die Generation davor für das geschlagene Land erkämpft haben.

Heute liest sich diese Rede wie ein Abgesang auf die alte Bundesrepublik, an deren Entwicklung Helmut Schmidt maßgeblich beteiligt war, auf die Berliner Republik der ersten 25 Jahre, auf das Europa der Nachkriegszeit, das in der Flüchtlingskrise von 2015 untergeht, auf das Ende der Nachkriegswelt überhaupt. Die Wahl von Donald Trump zum US-Präsidenten 2016 markiert das Ende dieser Welt.

Die Rede spiegelt Helmut Schmidts Sorge wider, dass deutsche und europäische Populisten den Grundkonsens opfern, zu dem der Kontinent nach zwei verheerenden Kriegen gefunden hat. Noch der Greis Helmut Schmidt bleibt, was sein Vertrauen in die Lernfähigkeit von Menschen angeht, ein Pessimist: Menschen sind in jeder neuen Generation politisch verführbar, es muss nur ein charismatischer Demagoge kommen, der sie euphorisiert. Der Altkanzler hält die Deutschen unter den Völkern für besonders politisch verführbar, weil sie – wie schon Heinrich Heine geschrieben hat – lieber im Reich der Träume leben als mit den Gesetzen der Gegenwart.

Die einstündige Rede klingt wie die Philippika eines Greises auf die Motive und Fähigkeiten der folgenden Generationen.

Jede Politikergeneration idealisiert sich selbst und tut sich schwer damit, andere nachkommen und regieren zu sehen. Das gilt besonders für die Generation Helmut Schmidt, die im Aufbau der Bundesrepublik ihren Lebenssinn gefunden hat. Doch die nationalen und internationalen Entwicklungen seit diesem Parteitagsmorgen im Dezember 2011 werfen ein Licht darauf, dass die Sorgen und Warnungen des alten Mannes Substanz hatten. Helmut Schmidt wäre über das Programm und den Erfolg der AfD, das Auseinanderfallen Europas in der Flüchtlingskrise und die Wahl von Donald Trump zum US-Präsidenten hellauf entsetzt.

Was Helmut Schmidt wahrscheinlich nicht so sehen würde, was aber der Blick auf die Geschichte der Bundesrepublik nahelegt: Die Gründung der AfD und die enorme Resonanz, die sie erfährt, ist Teil einer historischen Ereigniskette, an der Helmut Schmidt als Bundeskanzler mitgewirkt hat. Diese Ereigniskette betrifft die Frage, wie die etablierten Parteien in Bonn und später in Berlin mit einer Opposition der Straße umgehen, einer neuen politischen Bewegung, die immer auch eine Bewegung der Jüngeren und Jungen ist.

Dank der Biografie und dem moralischen Mut des »anderen Deutschen« Willy Brandt strömt die erste Protestbewegung in diesem Land, die Studentenbewegung, zu großen Teilen in die SPD. Ihre Mitglieder sahen keine andere Möglichkeit als einen »Marsch durch die Institutionen«, wenn sie politisch etwas erreichen wollten. Dabei genügte es nicht, dass ihnen die Tore einer Partei offenstanden, es musste sie auch jemand hereinwinken. Eine solche Entwicklung hätte es mit alternativen Kanzlerkandidaten dieser Zeit – Helmut Schmidt, Kurt Georg Kiesinger, Rainer Barzel – nicht gegeben. Den Beleg dafür liefert die Generation von Helmut Schmidt und Rainer Barzel, als sie selbst regiert: Für die nächste große Protestbewegung, die neuen sozialen Bewegungen, bleiben die Tore zu. Die Bewohner und Deklamatoren der Trutzburg Bonn reagieren mit völligem Unverständnis. Vor der Bundestagswahl 1980 warnt sogar der kluge, SPD-nahe

Publizist Sebastian Haffner öffentlich davor, »grün« zu wählen. Die Grünen sind ein bunter Haufen und keine Partei! Wer grün wählt, setzt die Axt an die parlamentarische Demokratie! Dank des etablierten Bonner Bewusstseins mit einer machtbewussten Leitgeneration wird eine Protestbewegung erstmals nicht mehr vom parlamentarischen Getriebe aufgesogen. Im Ergebnis entsteht eine »Protestpartei«, die es sogar in den Bundestag schafft – Fleisch vom Fleische der SPD.

Die Gründung der Grünen fügt der SPD einen weiteren, einen generationalen Schaden zu. Frauen und Männer, die Anfang der achtziger Jahre politisch links denken und sich politisch links engagieren wollen, gehen nicht mehr in diese, sondern in die neue Partei. Die Grünen reißen in der SPD eine Generationenlücke auf. Mit solchen Lücken überaltert das Personal der SPD und mit diesem Personal das Programm.

Die Grünen schießen mit Feuerpfeilen auf die Trutzburg Bonn. In einem politischen System, das kein neues Denken mehr hereinlassen will, sind sie die ersten und letzten Kämpfer für substanzielle Veränderungen. Der Preis ihrer Macht ist eine kurze Halbwertszeit ihrer Identität: Nachdem sich das Umweltbewusstsein in den etablierten Parteien breitgemacht hat, wird eine »Umweltpartei« nicht mehr gebraucht. Bei der Bundestagswahl 1990, vier Jahre nach »Tschernobyl«, fliegen die Grünen aus dem Bundestag, nur die deutsche Vereinigung und ein Zusammenschluss mit dem Bündnis 90 – in der damaligen DDR mehr Freiheits- als Umweltbewegung – kann sie retten.

Die Grünen nehmen den Weg, den auch die folgenden Protestparteien nehmen: Solange die Generation ihrer Gründer das Sagen hat – Petra Kelly, Gert Bastian, Otto Schily, Jutta Ditfurth –, bleiben sie die unbeugsamen Gallier im Kampf gegen die römische Besatzungsmacht. Aber jede Parteigründung führt nach wenigen Jahren zu einem »Apparat«, führt zu Frauen und Männern, die jetzt Politik als Beruf machen. Sie führt auch, vor allem wenn sich Wahlerfolge einstellen, zu einer vom Staat gefüllten

Parteikasse. Mit diesem Geld meißelt sich eine Partei in Stein und wird zu einer festen Größe wie die anderen. Für neue Protestbewegungen nachfolgender Generationen ist sie nicht offen. Die anderen danken ihr die politische Zahnlosigkeit damit, dass sie die einstigen »Umweltidioten« (Helmut Schmidt) für koalitionsfähig erklären.

Dass 1990 auch eine »Partei des Demokratischen Sozialismus« aus Akteuren und Sympathisanten der früheren DDR in den Bundestag kommt, ist bei der Tragweite der vorangegangenen Ereignisse – immerhin hat ein Staat aufgehört zu existieren – nicht überraschend. Das bliebe Episode, so wie die Heimatvertriebenen nach 1949 eine politische Episode blieben, weil sich keine Folgegeneration ihrer Anliegen annahm. Die PDS wird von einer nächsten Protestbewegung gerettet, der die etablierten Parteien kein Angebot mehr machen, die wirtschaftlichen Verlierer der Vereinigung, die Verlierer im schrumpfenden Sozialstaat der Ära Kohl, die Verlierer im hart beschnittenen Sozialstaat der Ära Schröder. Doch auch Die Linke, wie sie heute heißt, verparteilicht (ein schreckliches Wort für einen schrecklichen Vorgang) und wird wie die anderen. Anfangs gibt es noch Scharmützel zwischen ihr und der »alten Tante« SPD, sodass eine Wahlsiegerin in Hessen, Andrea Ypsilanti, nicht Ministerpräsidentin werden kann, aber das Tabu fällt, je erfolgreicher die Partei und damit je unentbehrlicher sie für eine Regierung mit sozialdemokratischer Beteiligung wird. Heute ist Die Linke – ihr Name verrät es schon – ein fremdgegangenes Tortenstück der ehemaligen Volkspartei SPD, die, wie schon in der Weimarer Republik mit einer SPD und einer USPD (Unabhängige Sozialdemokratische Partei Deutschlands), eine schmerzhafte Spaltung verkraften muss.

Was die biografische Rückständigkeit ihres Spitzenpersonals angeht, stehen die ehemaligen Protestparteien den etablierten Parteien in nichts nach. Es bedurfte schon einer herben Wahlniederlage, ehe die Altgrünen Claudia Roth und Jürgen Trittin von ihren Ämtern ließen, gefolgt von einer Katrin Göring-Eckart,

Jahrgang 1966, die in der Wendezeit vor 25 Jahren politisch geformt wurde. Der Westgrüne Cem Özdemir, Jahrgang 1965, verkörpert das politische Establishment in Profil und Rhetorik so mustergültig, dass er genauso politischer Spitzenkandidat der Union, der SPD, der Linken und der FDP sein könnte.

Cem Özdemir wird die Grünen mit der Union auf Bundesebene verheiraten. Natürlich ist er spät dran, denn schon lange ist keine Partei, was die Stellung ihrer Mitglieder in der Gesellschaft angeht, bürgerlicher als die Grünen. »Ihre Anhänger verdienen in Deutschland das meiste Geld; ihre Wähler verfügen über die höchsten Bildungsabschlüsse; ihre Sympathisanten urlauben häufiger und reisen weiter als alle anderen.« (Franz Walter)

Weder Katrin Göring-Eckart noch Cem Özdemir gehören (welche Überraschung) der gesellschaftlichen Leitgeneration an. Die Babyboomer mussten ihre Spitzenpositionen längst an Jüngere übergeben.

Es ist den Medien immerhin eine Nachricht wert, als ein gewisser Robert Zion 2016 sein grünes Parteibuch zurückgibt. Er gehört zu den letzten bunten Vögeln in der Partei, die lange Jahre deren Kreativität und Diskussionskultur befruchtet haben. 2007 machte sich Robert Zion bundesweit einen Namen, weil er auf einem Parteitag seine Afghanistanpolitik durchsetzte und damit die ganze Parteiführung düpierte. Doch das grüne Establishment nahm den Parteifreund, der über Facebook seinen Austritt erklärte, schon lange nicht mehr ernst. Für einen Robert Zion ist bei den Grünen von heute kein Platz.

Solche Leute gründen gelegentlich Parteien, die sogar in den Bundestag kommen.

Bei den Linken bestimmte ihr Vorsitzender Gregor Gysi seit der Gründung 1989 bis 2015 die Geschicke der Partei. Er wie Angela Merkel sind halbpolitische Gewächse der früheren DDR, die das System achteten, um darin Karriere zu machen, und die ihre intellektuelle Brillanz nach 1989 in die Politik exportierten. Gregor Gysi wusste – anders als Angela Merkel – seine biografische Rückständigkeit bis zum letzten Tag mit rhetorischer Finesse vergessen zu machen. Seit er weg ist, hat mit Sahra Wagenknecht, Jahrgang 1969, formal eine Jüngere das Sagen, doch teilt sie ihr Leben mit einem politischen Methusalem, dem früheren SPD-Vorsitzenden und späteren Linken-Politiker Oskar Lafontaine.

Die Grünen waren einmal eine Partei der Jungen, die Linke zu keiner Zeit. Das generationale Element ihrer Entstehung ist nicht der Konflikt zwischen Alt und Jung, sondern die politische Wasserscheide der neunziger Jahre, das Schisma zwischen wirtschaftlichen Gewinnern und wirtschaftlichen Verlieren. Aus ihm speist sich auch eine kleine, wegen charismafreier Protagonisten wieder verschwundene Rechtsaußen-Bewegung, speisen sich die »Republikaner« eines Franz Schönhuber oder die »Partei Rechtsstaatlicher Offensive« eines Ronald Schill. Vor Schönhuber und Schill haben ein Franz Josef Strauß und ein Alfred Dregger die latenten fünf bis zehn Prozent Rechtsaußen-Wähler gebunden, die es in jeder demokratischen Gesellschaft gibt. Franz Josef Strauß ist 1988 gestorben. Wäre ein politisches Talent vom Schlage Jörg Haiders oder Karl-Theodor zu Guttenbergs zur Stelle gewesen, gäbe es eine Rechtsaußen-Partei seit Mitte der neunziger Jahre.

Die nächste Protestbewegung hat schon wieder viel mit dem Thema dieses Buches zu tun, mit der Artikulation politischer Folgegenerationen und ihrem Abprallen an der Trutzburg Berlin. Die »Piratenpartei« setzt Themen des digitalen Zeitalters auf die politische Agenda. Die Alten in Berlin ließen sich gern kluge Sätze über schnelles Internet (»Datenautobahn«) in ihre Reden schreiben, wenn sie aus der Union kamen, oder über Datenschutz, wenn es eine Grüne oder ein Grüner war. Die Frage, wie Google und Facebook eine Gesellschaft verändern, blieb Thema für wissenschaftliche Expertisen. Mit den »Piraten« fand eine Generation politischen Ausdruck, die wusste, von was sie spricht, weil sie mehr Lebenszeit im Netz verbringt als alle Generationen vor ihr.

Die Piratenpartei kommt früher zu politischen Erfolgen als seinerzeit die Grünen, ihre Vertreter ziehen auf kommunaler und sogar auf Landesebene in Parlamente ein. Wie die jungen Grünen ist es eine Einthemenpartei, wie bei den Grünen reihen sich dort kluge, ambitionierte Köpfe ein. Aber sie verlassen die Partei bald wieder, genervt und erschöpft von den Debatten, traurig und frustriert über eine vertane Chance.

Aufstieg und Fall der Piraten werfen ein Licht darauf, dass die Themen der Zukunft nicht mehr medial inszeniert werden können, weil sie der digitalen, sprich: einer unsichtbaren Welt entstammen. Heinrich Böll und Erhard Eppler konnten sich noch foto- und fernsehgerecht auf den Boden der Mutlanger Höhe setzen, einem geplanten Stationierungsort für neue US-Mittelstreckenwaffen in Europa. Der havarierte Reaktorblock von Tschernobyl und die Explosion eines Atomkraftwerks in Fukushima versorgten die Gegner der Kernenergie für alle Zeiten mit kompromittierenden Bildern. Das digitale Netz entzieht sich Bildmotiven mit politisch durchschlagendem Erfolg. Die Zerstörung der Privatsphäre oder Falschmeldungskampagnen vor einer US-Wahl eignen sich nicht mehr leicht für eine politische Kampagne – zumal in Zeiten, in denen die Netzbewohner freiwillig Persönlichstes öffentlich mitteilen und die erkennbare Differenz von Falschmeldungen und Fakten in den sozialen Netzwerken unkenntlich zu werden droht. Die Piratenpartei mit ihren unsichtbaren, abstrakten Themen konnte am politischen Establishment besonders leicht scheitern.

Das Scheitern der jungen Piraten wird dazu führen, dass Junge für sehr lange Zeit keine Protestbewegung mehr bilden. Wozu auch? Die Alten sind ihnen zahlenmäßig und mit ihrer intimen Kenntnis des Systems weit überlegen. Die Alten sitzen die Jungen einfach aus. Die Jungen machen erst wieder mobil, wenn die Agilität der Alten aus biologischen Gründen zurückgeht. Die Jungen werden in einigen Jahren auf die Straße gehen, um gegen die wirtschaftliche Last der alten Babyboomer zu demonstrieren.

Im Bundestagswahljahr 2017 gehören vier Parteien dem Bundestag an und zwei wollen hinein, die eine wieder, die andere zum ersten Mal. Im Jahr dieser Wahl ist die Partei, die hinein will, die lauteste, prägendste und meistgefürchtete politische Kraft in Deutschland. Nur noch von ihr gehen Tabubrüche, gehen Debatten aus. Ist die Bundesrepublik der letzten dreißig Jahre ein Werk der Grünen, so wird die Bundesrepublik der nächsten dreißig Jahre ein Werk der AfD sein.

Die Bundesrepublik Deutschland ist ein Vierteljahrhundert nach ihrer Vereinigung endgültig und für alle Zeiten eine Vielparteiendemokratie. Das war sie schon während ihrer ersten, turbulenten Jahre, bis sie von den großen Mäulern der Union und der SPD verschlungen wurde. Allein die FDP wurde weiter als »Zünglein an der Waage« gebraucht. Die drei Parteien sorgten jahrzehntelang in wechselnden Koalitionen für eine stabile Regierung. Diese Übersichtlichkeit geht im Zenit der alten Bundesrepublik verloren. 1983 ziehen die Grünen in den Bundestag ein, 1990 PDS/Die Linke. Auf die FDP kommt mit der Bundestagswahl eine Zitterpartie zu. Die AfD dagegen kann aus dem Stand heraus auf ein zweistelliges Ergebnis hoffen.

Union, SPD, Grüne, Linke und FDP reagieren auf das Phänomen AfD mit großer Empörung. Sie empören sich über das Gebaren einiger Protagonisten dieser Partei und über politische Positionen ganz weit rechts. Wer sich die Geschichte der späten Parteigründungen in der Bundesrepublik vergegenwärtigt, kann darüber nicht wirklich empört sein. Vor Frauke Petry gab es eine Petra Kelly und einen Gregor Gysi. Frauke Petry ist die Petra Kelly der Berliner Politik. Sie steht für andere Inhalte, vertritt aber wie einst Petra Kelly radikale Positionen, mit denen sie zu ihrem Glück nicht regieren muss. Es ist leicht, gegen alles und jedes zu sein, Petra Kelly und Gregor Gysi haben Fundamentalopposition betrieben, solange sie konnten.

Eine weitere Parallele zwischen Petra Kelly und Frauke Petry fällt auf, die Vermischung von persönlicher Partnerschaft und politischer Arbeit. Petra Kelly war die Partnerin des früheren Bundeswehrgenerals und Grünen-Bundestagsabgeordneten Gert Bastian, der sie später, während sie schlief, erschoss, bevor er die Pistole gegen sich selbst richtete. Das AfD-Vorstandsmitglied Frauke Petry, zugleich Vorsitzende des AfD-Landesverbandes Sachsen, hat 2016 Marcus Pretzell geheiratet, den Landesvorsitzenden der Partei im bevölkerungsreichsten und damit wichtigsten Bundesland Nordrhein-Westfalen.

Auch die dritte Partei, die dem Drei-Parteien-Parlament von Union, SPD und FDP ein Ende machte, Die Linke, wird von einer Frau und einem Mann geführt, die privat ein Paar sind, von Sahra Wagenknecht und Oskar Lafontaine. Offenbar festigen Köpfe in neuen Parteien, die noch keine »Ochsentour« kennen, keine Routine des Aufstiegs und der Sicherung in einem Spitzenamt, ihre Macht über die totale Vermischung ihres Berufs- mit dem Privatleben.

Im Oktober 2016 erscheint in der »Frankfurter Allgemeinen Sonntagszeitung« ein aufsehenerregendes Gespräch zwischen der Fraktionsvorsitzenden der Linken Sahra Wagenknecht und dem Mitglied im AfD-Bundesvorstand Frauke Petry. Der zeitnahe Ritterschlag der AfD zur potenziellen Koalitionspartnerin in Bund und Ländern wird durch die Linke erfolgen, über ihre starke Macht in Ostdeutschland. Programmatische Schnittmengen spielen dabei keine Rolle, sondern das gemeinsame Politikverständnis, Macht über vormoderne Strukturen zu etablieren und zu erhalten. Selbst wenn sich Frauke Petry und Marcus Pretzell beim Frühstück nur über das Wetter unterhalten – ihre gemeinsame Performance bildet ein mittelalterlich anmutendes Bollwerk gegen innerparteiliche Gegner und damit andere Meinungen. Die Schwaben sagen zu solchen Paarungen, sie hätten ein »Gschmäckle«, aber tatsächlich stinken sie wie ein welk gewordener Fisch zum Himmel.

Gregor Gysi lässt sich Nepotismus in der ersten und zweiten Republik nicht vorwerfen. Doch auch Gregor Gysi und die Seinen werden nach 1990 stigmatisiert und denunziert. Wer in die Trutzburg hinein will, muss das Mobbing ihrer Bewohner überstehen. Igittigitt, bloß nichts mit denen anfangen! Die Sozialdemokratin Andrea Ypsilanti versucht in Hessen den Bann zu brechen, aber sie kommt zu früh, so dass der Bann auf sie selbst fällt.

Die Linke gilt heute als voll gesellschaftsfähig. Die SPD hat akzeptiert, dass ein Kernbegriff ihrer Identität – »links und frei« zu sein hat Willy Brandt für sie reklamiert – an eine andere Partei verloren ging. Der greise Helmut Schmidt zweifelt 2008 im Gespräch mit Giovanni di Lorenzo daran, dass es die Linkspartei »noch ein paar Jahrzehnte geben« werde. »Davon bin ich gar nicht überzeugt.« Die Abspaltung der SPD in der Weimarer Republik, die USPD, nahm der SPD zwischen 1916/17 und 1920 Wähler weg, bis ein Teil der Protagonisten und Wähler in den früheren Schoß zurückkehrte.

Die Linke wird sich, solange Oskar Lafontaine politisch etwas zu sagen hat, nicht wieder mit der SPD verschmelzen, aber kurz danach. Eine führende Linke oder ein führender Linker wird dann Fraktionsvorsitzende oder Fraktionsvorsitzender im Bundestag, weil die Selbstpreisgabe mit einem hohen Amt entschädigt werden muss.

Der Gedanke, dass die AfD einmal Koalitionspartner in den kommunalen Parlamenten, in den Landtagen oder im Bundestag wird, löst heute helles Entsetzen aus, aber das ist zu einem guten Teil Heuchelei. Diese Partei besetzt schon so viele Parlamentssitze, dass sie auf eine »Verparteiung« und damit auf eine dauerhafte Existenz hoffen kann. So spitz ihre Zähne derzeit sind – sie werden sich im politischen Betrieb so zuverlässig abschleifen wie die der Grünen und der Linken. Bald wird die AfD eine Klientelpartei sein, wie es die FDP einmal war.

Die AfD exerziert es vor – dem Deutschen Bundestag der zweiten Berliner Republik werden tendenziell mehr Parteien angehören als der ersten, und viel mehr als dem Parlament der Bonner Republik. Auf die etablierte AfD wird ein neues Sammelbecken für diffuse Proteststimmungen folgen. Auf eine Weise zeugt dies für die Lebenskraft einer Demokratie, in der sich Menschen, die sich »abgehängt« fühlen, artikulieren und organisieren. Sie folgen einem sehr menschlichen Reflex. Andererseits wird das Parlament als Korpus politischer Willensbildung immer stärker fragmentiert. Immer kleinere und immer heterogenere Parteien müssen miteinander können, um eine Regierung zu bilden. Deutsche Politiker beschwören gern den »Geist von Weimar«, um zu zeigen, wohin eine solche Entwicklung führt, dabei müssen sie gar nicht tief in die Geschichte gehen, Demokratien wie Italien oder Israel führen es vor. In Israel werden immer wieder radikale Parteien für eine Regierungsmehrheit gebraucht. Im Vergleich mit deren Radikalität ist die AfD ein Papiertiger.

Das politische System der zweiten Berliner Republik, die mit dem Einzug der AfD in die Parlamente begonnen hat, unterscheidet sich vom System der ersten und noch mehr von dem der alten Bundesrepublik in einem wichtigen Punkt: Das alte »Modell Deutschland« mit seinen sozialpartnerschaftlichen Strukturen, mit der stillen Verabredung aller Interessengruppen, immer wieder zu einem Ausgleich zu kommen, ist dahin. Dieses Modell wurde nicht zerstört, es ist einfach ausgelaufen, weil es neue politische Generationen nicht mehr kennen und sich nicht daran gebunden fühlen. Hinzu kommt, dass es für dieses Modell in den neuen Ländern keine Tradition gibt. Der quälend lange, nervige Streik der Lokführer 2014/15 wurde von einem Gewerkschafter aus Ostdeutschland organisiert.

Die Protagonisten der Berliner Republik haben die neuen Länder mit ihrer Erfahrung vom »Modell Deutschland« gestaltet. Zu ihrer Überraschung nahmen die Ostdeutschen nicht das gesamte Paket, sie scherten sich zum Beispiel nicht um das Konzept der Volkspartei. Zuerst beteiligten sie Politiker der Linken an Landesregierungen, heute haben sie einen Ministerpräsidenten aus dieser Partei. Die Erosion des alten Parteiensystems nahm vom Osten her seinen Lauf. Die westdeutschen Politiker hofften, die Ostdeutschen würden in einer oder zwei Generationen so politisch vernünftig – zugleich eingefahren – wie die Westdeutschen, aber bis dahin hat ihr Veränderungswerk schon zu viele Ableger im Westen bekommen. Der aktuelle Ministerpräsident des Autolandes Baden-Württemberg ist grün.

Das Ende des alten Parteiensystems stellt die Bundesrepublik vor ein massives Problem. Das Problem liegt nicht in der Rechtslastigkeit einer neuen Partei, die wie alle Parteien nur ein Resonanzboden für politische Stimmungen ist. Das Problem liegt in der Schwierigkeit, in der Zukunft handlungsfähige und politisch profilierte Regierungen auf Landes- und Bundesebene zu bilden.

Die Ministerpräsidentin von Rheinland-Pfalz, Malu Dreyer, steht seit 2016 einer »Ampelkoalition« aus SPD, Grünen und FDP vor. Bereits im ersten Jahr des Bestehens kündigt sie an, diese Koalition über die Legislaturperiode hinaus fortsetzen zu wollen. Malu Dreyer trägt mit der »Ampel« den Gesetzen der Arithmetik Rechnung, wonach eine Regierung Gesetze beschließen kann, wenn sie über eine parlamentarische Mehrheit verfügt. Sie trägt – noch wichtiger – dem Wunsch der Wähler Rechnung, die bei den letzten Landtagswahlen mehrere Parteien mit unterschiedlichen Stimmanteilen in das Parlament entsandten. Aber was leistet eine Landesregierung aus drei von fünf Parteien mehr als das Befolgen arithmetischer Gesetze? Wie kann eine Regierung aus Rot, Gelb und Grün profilierte, richtungsweisende Politik machen? Sie kann es nicht. Programmatisch ist sie ein Flohzirkus.

In einer Zwei-Parteien-Koalition bedeutet das Versprechen einer Regierung noch das Versprechen eines Programms. Beide Seiten mussten Kompromisse schließen, aber das Profil beider Seiten blieb im Koalitionsvertrag sichtbar. In einer Drei-Parteien-Koalition muss das Versprechen einer Regierung verkommen zum Minimalversprechen, dass vier oder fünf Jahre lang stabil regiert wird. Das Programm dieser Regierung beruht darauf, dass sie die Regierungsmacht wahrnimmt, wobei jede Regierungspartei ein paar Wunschprojekte in den gemeinsamen Topf werfen darf. Das Profil dieser Regierungsparteien geht darüber verloren.

Die Öffentlichkeitsarbeit einer solchen Regierung drückt keine gemeinsame Linie aus, sondern stiftet Kakophonie mehrerer unabhängiger, eigenwilliger Koalitionspartner, die ihre Bedeutung für diese Koalition bei jeder Gelegenheit herausstellen wollen. Das ist aus Sicht der Parteien verständlich, aber für die Ambitionen einer gemeinsamen Regierung verheerend. Solche Regierungen verständigen sich auf Projekte mit einem kleinsten gemeinsamen Nenner, mit den denkbar schwächsten Kompromissen – und leisten damit nicht, was in der Situation politisch geboten wäre.

Was auf den ersten Blick wie eine wunderbar geglückte Demokratie aussieht – Landesparlamente und ein Bundestag voller unterschiedlicher Parteien, die sich für die Bildung einer Regierung zusammenraufen müssen –, erweist sich bei genauem Hinsehen als Dualismus zwischen dem Willen der Wähler und dem Eigenbetrieb der politischen Klasse. Während die ehemaligen Volksparteien mit immer weniger Stimmenanteilen regieren, macht sich der Wunsch von Wählern nach Veränderungen in neuen Bewegungen wie Pegida oder gar in neuen Parteien breit.

Das politische System der Bundesrepublik nimmt eine Entwicklung, die von seinen Protagonisten zweifelsfrei analysiert, aber nicht mehr gestoppt werden kann. Es wird schwerer, Regierungen zu bilden, und es wird unmöglich, mit politischen Grundsätzen zu regieren. Die Regierung nimmt ihre Arbeit auf, der Ministerialbetrieb funktioniert, aber für was und wohin? Eine Ministerpräsidentin in einer Drei-Parteien-Koalition kann schon froh sein, wenn sie den Flohzirkus bis zur nächsten regulären Wahl zusammenhält. Bis dahin werden viele noch weniger wissen, weshalb sie SPD oder Grüne oder FDP wählen sollen – »ist ja alles eins«, so der Eindruck nach stabilen, aber politisch kompromissvollen Jahren.

Die Drei-Parteien-Koalition von Angela Merkel und ihren Amtsvorgängern aus der Union hat funktioniert, weil die CSU zwar eine eigene Partei ist, aber an der Nabelschnur der CDU hängt. Die Kraft ihres Widerstands bezieht sie aus einer komfortablen Arbeitsteilung, die ihr die CDU möglich macht: Sie darf für das ganze Land Politik machen, muss aber nur in Bayern gewinnen. De facto waren die Bundesregierungen von Konrad Adenauer, Ludwig Erhard, Helmut Kohl und Angela Merkel aus Union und FDP Zwei-Parteien-Koalitionen. Franz Josef Strauß gab und Horst Seehofer gibt den »bad guy«, Helmut Kohl und Angela Merkel glichen oder gleichen bayerische Wünsche mit den nationalen Möglichkeiten ab.

Mit der zweiten Berliner Republik hat sich der Charakter von Regierungen tiefgreifend verändert. Die politische Landschaft in Bund und Ländern ist derart zergliedert, dass eine Drei-Parteien-Koalition in den Landesparlamenten und demnächst im Bundestag Voraussetzung für eine Regierungsbildung wird. Das Bilden einer stabilen Regierung wird aus arithmetischen Gründen zum höchsten Gebot, von dem, was bei der gemeinsamen politischen Schnittmenge programmatisch übrigbleibt, ist nicht mehr die Rede. Auch die Parteien der Weimarer Republik bildeten Koalitionen in erster Linie um der Stabilität einer Regierung willen und weniger aus Gründen einer gemeinsamen Weltanschauung. Die politischen Akteure wurden zu Opfern einer zu idealistischen demokratischen Verfassung. In diesem Sinn nähert sich »Berlin« heute tatsächlich »Weimar«.

Parteien, die um der politischen Stabilität willen zusammenfinden, ringen nicht mehr mit den programmatischen Fragen ihrer Zeit. Zu den großen politischen Herausforderungen am Ende des zweiten Jahrzehnts im 21. Jahrhundert gibt es in den Parteien, die dem Bundestag angehören, keine intellektuell belastbaren Debatten. In den Siebzigern gab es noch eine »Grundwerte-Debatte« zwischen Union und SPD über die Frage, welche Werte – Gerechtigkeit? Gleichheit? – die Politik einer Bundesregierung dominieren sollen, es gab die erwähnte Debatte um die Regierbarkeit des demokratischen Staates, von der noch die Rede sein wird. Heute bilden Union und SPD schon die dritte Große Koalition in der Geschichte der Bundesrepublik, da fallen solch notwendigen Debatten wegen ihrer institutionellen Verbrüderung aus.

Franz Walter hat 2009 in seinem Artikel für »Spiegel Geschichte«, der den Anstoß zu diesem Buch gab, Konstellationen à la Ampel, Jamaika oder gar Rot-Rot-Grün als »hochfragil« bezeichnet und als »Horror für die stabilitätsbedürftigen Bundesbürger«. Dieses Stabilitätsbedürfnis ist in Zeiten erschütterter innerer Sicherheit noch größer geworden.

Wo es hochfragile Konstellationen noch nicht gibt, gehen CDU und SPD eine Große Koalition ein – wohl wissend, dass eine Große Koalition im Augenblick politisch handlungsfähiger ist (auf mittlere Sicht allerdings die Fragmentierung des deutschen Parteiensystems beschleunigt). Die Große Koalition ist längst keine Verlegenheitslösung mehr wie zu Zeiten von Kurt Georg Kiesinger und Willy Brandt, sie erlaubt es zwei Parteien, zu regieren, sei es – siehe die SPD – um den Preis ihres Status als Volkspartei.

Was eine Große Koalition mit zwei ehemals starken Volksparteien macht, könnten die Bewohner der Berliner Trutzburg bei ihren Kolleginnen und Kollegen in Wien erfragen. Dort zerbröselt das politische System gerade, auch und wegen des Todes ihrer Volksparteien.

Die »verspätete Kanzlerin« Angela Merkel ist nicht nur Krisenmanagerin weltpolitischer Konflikte, sondern auch Managerin der neuen, der zweiten Berliner Republik mit ihren mentalen Verkrustungen einerseits und ihrer parlamentarischen Zergliederung andererseits. Das muss sie wie jede Nachfolgerin oder jeden Nachfolger im Amt überfordern. Sie kann nicht leisten, was eine Reform des politischen Systems leisten müsste.

»Ich habe sprichwörtlich unendlich viel darüber nachgedacht.«

Angela Merkel

»Wer soll es denn sonst machen?«

Wie die deutschen Bundeskanzler unentbehrlich werden

Wer will eigentlich noch Renate Künast in einer Talkshow sehen? Das böse Wort von der Talkshow-Demokratie verkennt, dass eine Fernsehkamera nur abbildet, wer in Zeiten des Fernsehens für diese Demokratie steht. Renate Künast, Jahrgang 1955, ist seit ihrer Berufung als Bundesministerin für Ernährung, Landwirtschaft und Verbraucherschutz im Jahr 2001 eine engagierte Vorder- und nicht nur Hinterbänklerin im Bundestag, doch auch ihre Generation ereilt jetzt das Schicksal des medialen Verschleißes. Bis zum Start des privaten Fernsehens in den achtziger Jahren kamen Politiker in zwei Fernsehprogrammen, im Radio und in den Zeitungen vor. Heute gibt es zusätzlich private Fernsehsender und das Medium Internet mit seinen sozialen Netzwerken. Es kommt heute an einem Tag zu weitaus mehr »Kontakten« zwischen den Deutschen und ihren Politikern als vor zehn oder zwanzig Jahren. Politiker sind heute medial allgegenwärtig und die Deutschen nicht mehr vor ihnen sicher.

Die politischen Talkshows im Fernsehen sind voll mit alten Politikern. »Warum ist das Kommentieren und Einmischen von und in Politik und Gesellschaft so reizvoll«, fragt die »Zeit«-Kolumnistin Mely Kiyak, »dass man es ausübt, noch weit über das Mandat hinaus?« Sie gibt selbst die Antwort, »dass es sich weniger um Pflichtbewusstsein handelt als vielmehr um die Angst vor dem eigenen Bedeutungsverlust«.

Die Vielzahl oder besser: die Massenhaftigkeit von »Kontakten« der Deutschen mit ihren Politikern hat Folgen, die das politische System schnelllebiger machen und seinen Personalaustausch beschleunigen. So klug und engagiert Renate Künast in Berlin Politik macht – man möchte sie irgendwann nicht mehr sehen, weil sie schon eine gefühlte Ewigkeit »auf dem Sender« ist.

Das digitale Zeitalter von Radio, Fernsehen und Internet hat die Zeitfenster, in denen eine Politikerin, ein Politiker gern gesehen ist, verkürzt. Ein Herbert Wehner hätte in der Medienlandschaft der Gegenwart nicht so lange Vorsitzender der SPD Bundestagsfraktion bleiben können.

Das bedeutet eine Tragik für die politischen Verantwortlichen, die sich Tag und Nacht an ihrem Arbeitsplatz aufreiben, aber sie können den Ansprüchen des digitalen Zeitalters, das Statements von der »Tagesschau« bis hin zu Twitter verlangt, nicht entkommen. Während sie alle diese Ansprüche bedienen, nutzen sie sich nicht nur mit ihrem Gesicht, sondern auch mit ihren politischen Positionen ab. Angela Merkel wird im Herbst 2017 noch einmal zur Bundeskanzlerin gewählt, aber eigentlich möchte man auch sie und einen Horst Seehofer nicht mehr jeden Abend im »heute-journal« oder in der »Tagesschau« sehen.

Wegen dieses medialen Abnutzungseffektes, der zum persönlichen Verschleiß in einem physisch und psychisch immer anstrengenderen Amt hinzukommt, wird keine Bundeskanzlerin und kein Bundeskanzler künftig länger als drei Legislaturperioden im Amt bleiben – wenn überhaupt so lang.

Sätze wie »Wen haben wir denn sonst?« oder »Wer soll es denn sonst machen?« sind meistgesagte Sätze in Zeiten, da Kandidaten für die nächste Bundestagswahl diskutiert werden. Als die achte Bundeskanzlerin im November 2016 erklärt, für eine vierte Legislaturperiode zur Verfügung zu stehen, löst das keine Begeisterung, nicht einmal Freude, allenfalls Erleichterung aus. Niemand ist überrascht. Ein paar Deutsche schütteln resigniert den Kopf.

»Wen haben wir denn sonst?« oder »Wer soll es denn sonst machen?«, fragen die Deutschen einander an diesem Tag in der Familie oder am nächsten auf der Arbeit. Einmal mehr zuckt in ihnen der Wunsch, dass es jemand ganz anderes macht, mal jemand Junges, auf jeden Fall jemand, die oder der nicht der Berliner Trutzburg angehört. Man will nicht jedes Gesicht zwanzig

Jahre lang oder länger in der Politik sehen. Viele der deutschen Spitzenpolitiker wirken verbraucht, sei es im realen Leben, sei es in der Wahrnehmung der Frauen und Männer, die von ihnen regiert werden. Auch die Bundeskanzlerin gehört dazu.

Resignative Gedanken wie nach der Erklärung von Angela Merkel, aus der das Motto-Zitat des Kapitels oben stammt, werden rasch beiseitegewischt, es gibt ja zu der erfahrenen, noch immer kämpferischen Frau keine Alternative. Die Kandidaten, die zunächst in der SPD diskutiert werden, setzen ein paar Schwerpunkte in der Politik anders, aber sie machen die Welt nicht besser. Vom Bürokratie-Intimus Martin Schulz ist kein originelles Politikverständnis zu erwarten.

Wie sehr der Anspruch an eine Kanzlerkandidatin oder einen Kanzlerkandidaten in der Bundesrepublik abgesunken ist, zeigt die Art und Weise von Angela Merkels Erklärung. Noch nie vor ihr konnten die Medien eine Erwartungshaltung im Hinblick auf die Frage inszenieren, ob eine Frau oder ein Mann in diesem Amt in die Verlängerung geht. Noch nie ging eine Bundeskanzlerin, ein Bundeskanzler zuerst in eine Pressekonferenz und dann in eine Talkshow, um feierlich zu erklären, dass sich nichts ändern wird. Dass ein amtierender Bundeskanzler in die nächste Wahl geht, auch wenn er schon wie Konrad Adenauer 85 ist, stand bisher außer Frage. Ein Wahlsieger von vor vier Jahren war trotz einer umstrittenen Politik – bei Angela Merkel die Flüchtlingspolitik – gesetzt. Im Fall von Angela Merkel war es sogar ein Wahltriumph.

Ist es eine Konzession der Politiker an die Journalisten, die Selbstverständliches in Frage stellen, um noch mehr Säue als früher durchs Dorf zu treiben? Ist es der vorauseilende Gehorsam von Politikern, die glauben, sie hätten den Deutschen Selbstverständliches zu erklären? Oder ist es politische Schläue, sich ausgiebig Medienzeit für persönliche Erklärungen zu holen? Wenn es um die Erklärungen eigener Motive und eigener Karrieremotive geht, können Politiker endlos lange reden und sich auch

Fragen von Journalisten stellen, bei politischen Fragen geben sie sich – gerade die Bundeskanzlerin – gern kurz und knapp.

Natürlich, zu Konrad Adenauer gab es zu keiner Zeit eine Alternative, nicht Kurt Schumacher, nicht Erich Ollenhauer. Zu Ludwig Erhard gab es mindestens in der Union, die den Bundeskanzler stellte, keine. Kurt Georg Kiesinger war der beste Mann für eine Übergangskoalition. Willy Brandt bedeutete als mutiger Ostpolitiker gegenüber Rainer Barzel, Helmut Schmidt als ökonomischer Krisenmanager und Held von »Mogadischu« gegenüber Helmut Kohl ein Glück. Helmut Kohl wiederum bedeutete mit seiner Beherrschtheit ein Glück gegenüber Franz Josef Strauß und Helmut Kohl als Kanzler der Einheit gegenüber Oskar Lafontaine. Gerhard Schröder bedeutete als fröhlicher Narziss ein Glück gegenüber Oskar Lafontaine und als Kanzler der Agenda 2010 eines gegenüber Edmund Stoiber. Angela Merkel bedeutete als erste Frau im Amt und in ihrer zeitweiligen Mutterrolle ein Glück gegenüber Wolfgang Schäuble.

So sehr die deutschen Bundeskanzler schon immer zu spät in ihr Amt kommen und zu spät davon lassen, sind sie doch gemessen an der Frage, wer es außer ihnen könnte, jeweils die beste Wahl. Wenigstens in diesem Sinn hatte die Bundesrepublik bis jetzt Glück mit ihren Regierungschefs.

Das Problem ist nicht, ob Angela Merkel das Land in einer weiteren Legislaturperiode gut führt, das Problem ist, dass niemand außer ihr in Frage kommt. Das ist kein Problem von Angela Merkel oder Martin Schulz, sondern ein Problem des politischen Systems seit den Tagen von Konrad Adenauer.

Konrad Adenauer hat die neue politische Ordnung von Bonn als Kanzlerdemokratie geformt, mit ihm wuchs dem Amt des Bundeskanzlers im System mehr Macht zu, als im Grundgesetz vorgesehen ist. Die Kanzlerdemokratie hat viele Vorteile, weil sie einerseits Autorität bündelt, ohne die ein komplexes System nicht gut zu führen ist, andererseits diese Autorität durch das System kontrolliert. Ein deutscher Bundeskanzler kann nicht zum Oligarchen werden. Ein deutscher Bundeskanzler ist aber leider auch stark genug, sich im System unersetzlich zu machen. Es gibt keinen institutionellen Mechanismus zur Findung einer Nachfolgerin oder eines Nachfolgers, geschweige denn zu einer Auswahl möglicher Nachfolger. Alles hängt am Amtsinhaber selbst. Er muss sich in seiner Partei oben halten und er muss sich mal eben vor der Fernsehkamera erklären. Bei der Opposition ist es nicht anders. Dem SPD-Parteivorsitzenden ist die Kandidatur nicht zu nehmen, wenn er nicht selbst darauf verzichtet, unabhängig von seiner Eignung und seinen Wahlchancen.

Keine Bundeskanzlerin und kein Bundeskanzler haben bis jetzt aus freien Stücken Jüngere oder gar Junge benannt, die ihnen einmal nachfolgen sollen. Das tun sie aus berechtigter Angst, dass ihnen der Junge außer Kontrolle gerät wie Victor Frankenstein das von ihm erschaffene Monster. Aber das System zwingt sie auch nicht dazu. Es macht keine Angebote, die sie schwer bis gar nicht ablehnen können.

Wo eine »Blutauffrischung« schon nicht im Parlament funktioniert, kann sie auch nicht auf der höheren Ebene von Regierung und Opposition funktionieren. Wo es das System erlaubt, passieren Skandale wie die Wiederberufung des Berliner Regierenden Bürgermeisters Klaus Wowereit zum Aufsichtsratsvorsitzenden des BER. Der Bau des Flughafens Berlin Brandenburg war schon einmal unter Klaus Wowereits Aufsichtsratsvorsitz ein wenig in Verzug geraten.

Es war ein sehr alter Mann, Helmut Schmidt, der eine sehr neue und zugleich sehr alte Art der Kandidatenfindung etabliert hat, an Sigmar Gabriel vorbei schickte er par ordre du mufti Peer Steinbrück ins Rennen. Peer Steinbrück war ein geeigneter Kandidat, aber wie gehört ein Mobbingopfer des SPD-Establishments.

Bei der Findung eines Bundespräsidentschaftskandidaten hatte Angela Merkel selbst auf die »Methode Schmidt« gesetzt und Horst Köhler gewonnen. Auch er war ein geeigneter Kandidat, der zum Berliner Mobbingopfer wurde. Das Mobbing (»Die Angriffe auf mich waren ungeheuerlich«) wurde von einer Allparteienkoalition betrieben, der Grünen-Politiker Jürgen Trittin gab nur den Anstoß, dass der empfindliche Horst Köhler vollends die Nerven verlor.

Horst Köhler und Peer Steinbrück könnten diesem Land einen großen Dienst tun, wenn sie über ihrer Erfahrungen als Bundespräsident oder als Kanzlerkandidat ohne Parteibasis schrieben. Aber dazu fehlt einem Horst Köhler oder einem Peer Steinbrück der Mut. Sie bleiben dem politischen System, das sie weiter mit Aufgaben betraut (Horst Köhler) und das ihren Marktwert als Redner hochhält (Peer Steinbrück) stärker verpflichtet als den Menschen, für die sie einmal in Ämter gewählt wurden. Natürlich, solche Bücher bedeuten Nestbeschmutzungen wie einst der Schlüsselroman »Monrepos« von Manfred Zach über die baden-württembergische Landespolitik der Filbinger- und Späth-Zeit. Aber was den Bewohnern der Trutzburg die Zornesröte ins Gesicht treibt, kann für die politische Kultur in der Trutzburg heilsam sein.

Horst Köhler und Peer Steinbrück gäben im wahrsten Sinne des Wortes lesenswerte Beispiele in der sonst so öden Memoirenliteratur aus Bonn und Berlin. Die meisten dicken Schinken früherer Protagonisten könnten über Personen und Parteien hinweg ein und denselben Titel tragen, etwa »Ich und die Welt« oder »Ich hatte immer recht!«. Schade. Politiker erhalten besonders tiefe Einblicke in das Räderwerk des Weltenlaufs, doch sie sind so auskunftsfreudig wie Jogi Löw über seine Taktik vor dem nächsten Spiel.

Die Bundesrepublik braucht eine Art Areopag, eine Art Versammlung der Weisen wie im antiken Griechenland, wie in der ersten Demokratie. Dieser Areopag soll politische Talente fischen und fördern. Er kann zu Vorschlägen von Parteien Stellung nehmen und selbst Vorschläge machen. Zu einem Drittel dürfen dem Areopag Bewohner der Berliner Trutzburg angehören, die weiteren Mitglieder sind Externe. Auch ein solcher Sachverständigenrat zur Rekrutierung von politischem Spitzenpersonal ist nicht unpolitisch, da werden die Parteien schon auf der Hut sein. Aber die Mitglieder sind kraft ihrer Institution unabhängiger, freier und hoffentlich freigeistiger als eine Angela Merkel oder ein Martin Schulz in den Zwängen des Systems und der Sorge um die eigene Macht.

Die Bundesversammlung zur Wahl eines Bundespräsidenten war eine Idee der »Mütter und Väter« des Grundgesetzes, um geeignete Kandidaten vor einem dummen Volk zu schützen. Demokratietheoretisch mutet es schräg an, wenn bei einer Wahl die Wahl der Wähler frei ist, aber die Wähler keine Wahl haben. Jedes Mitglied der Bundesversammlung darf den Betriebsausflug nach Berlin als Ehre betrachten, aber bloß nicht die Falsche oder den Falschen wählen! In einer alt gewordenen Bundesrepublik, deren junge Generation von ihren schwierigen Anfängen nichts mehr weiß, kommt die Institution der Bundesversammlung so wenig zeitgemäß daher wie die Haube auf dem Kopf einer Krankenschwester. Die Deutschen sollen die Frau oder den Mann für das Amt selbst wählen dürfen. Natürlich, dann stehen österreichische Verhältnisse ins Haus, dann darf sich ein Rechtsaußenkandidat Hoffnungen auf das formal höchste Amt im Staat machen. Mit einer Direktwahl müssten sich die etablierten Parteien wieder anstrengen. Frank-Walter Steinmeier hätte es schwer gegen eine alerte Gegenkandidatin, einen alerten Gegenkandidaten wie Karl-Theodor zu Guttenberg. Und, um jetzt nicht über, sondern mit Klaus Wowereit zu reden: Das wäre auch gut so. Es reicht nicht, dass eine Frau oder ein Mann dem politischen System genehm ist. Sie oder er muss den Trägern dieses Systems genehm sein, will das System nicht die Loyalität seiner Träger verlieren.

In der zweiten Berliner Republik ist nichts mehr politisch heilig. Sie ist, da keine Besatzer und kein vereintes Europa mehr auf sie aufpassen, vor nichts mehr sicher. Sie ist aber auch frei für neue Entwicklungen, um die Probleme ihres politischen Systems zu lösen – eine Voraussetzung dafür, dass die etablierten Parteien nicht weiter an Bindekraft verlieren.

Jugendquote, Junior-Abgeordnete

Wie die Deutschen moderne Politiker bekommen

Neue Bundesregierungen, lautet die These dieses Buches, haben mit ein, zwei Ausnahmen nie gesellschaftliche oder kulturelle Maßstäbe gesetzt, weil ihr Personal seit Konrad Adenauers Zeiten in der Generationenschlange steht und die Generation, die jeweils an der Reihe ist, zu spät kommt. Die politischen Persönlichkeiten mit ihren Biografien und ihren Prägungen braucht es, wenn sie in das Kanzleramt einziehen, schon gar nicht mehr, es bräuchte andere, jüngere mit mehr Verständnis für die Zeit und für die jeweils junge Generation in dieser Zeit.

Der Jahrgang einer Politikerin oder eines Politikers ist signifikanter, als gemeinhin angenommen wird, weil er Auskunft gibt über seine biografischen und politischen Prägungen. Was Journalisten gern »Flügelkämpfe« in Parteien nennen, sind nicht selten Generationenkonflikte.

»Gesellschaftlicher Wandel vollzieht sich durch Paradigmenwechsel, indem diejenigen, die eine bestimmte Geisteshaltung vertreten, von anders denkenden oder handelnden Gruppen abgelöst werden«, so Horst-Alfred Heinrich. Das politische System der Bundesrepublik sieht nicht genug Verfahren und Regeln vor für eine Ablösung zur rechten Zeit.

Natürlich, eine politische Klasse kann nicht die geistige Speerspitze der Gesellschaft sein. Ein Trend, ein Bewusstsein, ein Paradigmenwechsel finden in der Politik erst Resonanz, wenn es eine Angelegenheit der vielen wird, wenn Politiker nicht mehr umhin kommen, sich mit neuen Themen und einem neuen Bewusstsein auseinanderzusetzen. Das ist ihnen nicht vorzuwerfen, das gehört zu ihrer Rolle, die wiederum vom politischen System bestimmt wird.

Politiker versuchen immerzu die Quadratur des Kreises, sie müssen neue Wähler gewinnen, ohne ihre Stammwähler zu vergraulen. Deshalb sind die meisten Politiker tendenziell vorsichtige Politiker, sie preschen nicht mit Ideen nach vorn, sie lassen allenfalls Versuchsballone steigen. Politiker, die Politik aus Überzeugung machen und dafür Tabus brechen, die Stammwähler verprellen, die öffentliche Meinung spalten wie ein Willy Brandt mit seiner Ostpolitik, sind selten und ihre Karriere kurz. Als Willy Brandt die neue Ostpolitik unter Dach und Fach hat, kommt er mit streikenden Fluglotsen und streikenden Müllmännern nicht mehr klar. Als Gerhard Schröder in seiner zweiten Legislaturperiode ein historisches Reformpaket schnürt, kann er die weiteren Tage seiner Kanzlerschaft zählen.

Helmut Schmidt und Gerhard Schröder haben wie alle deutschen Bundeskanzler das Problem, dass sie zu spät in das Amt kommen. Dieses Problem schleppen sie vom Tag ihrer Vereidigung an mit. Keine vergleichbar große Friedensbewegung hätte sich Mitte der siebziger Jahre über neue US-Mittelstreckenwaffen in Mutlangen oder anderswo entsetzt. Das Konzept eines »Gleichgewicht des Schreckens« stand nicht in Rede. Gerhard Schröder hätte Anfang der neunziger Jahre, als die deutsche Vereinigung auf den Staatshaushalt drückte, weniger Widerstand gegen seine Agenda 2010 erfahren. Als Helmut Schmidt für den NATO-Doppelbeschluss ficht, dämmert seine Kanzlerschaft schon. Als Gerhard Schröder die Agenda 2010 verkündet, dämmert seine Kanzlerschaft ebenfalls.

Es ist nicht nur von höchster politischer Relevanz, was sich ein Politiker für ein politisches Spitzenamt vornimmt, sondern auch, in welcher Phase seines Lebens er in dieses Amt kommt. Es ist eine entscheidende Bedingung für seinen persönlichen Machterhalt und Machtverlust und den seiner Regierung.

Auf den Zeitpunkt hat er wenig bis keinen Einfluss, den gibt ihm die politische Generationenfolge vor, und die wiederum funktioniert nur so gut, wie das politische System für eine notwendige Dynamik sorgt. Helmut Schmidt kommt unverhofft zu seiner Kanzlerschaft, er konnte nicht mehr damit rechnen. Gerhard Schröder muss Oskar Lafontaine 1990 und Rudolf Scharping 1994 den Vortritt lassen, bevor er selbst – zu spät – seine Chance erhält.

Die Politik schenkt ihren Akteuren reichlich Anerkennung und reichlich Geld, aber sie ist auch skrupellos zu ihnen, wenn sie zu spät in ihr Amt kommen. So sehr sich Helmut Kohl mit seinem Talent und seinem Fleiß um die deutsche Politik verdient gemacht hat – als er 1982 Bundeskanzler wird, ist er ein geistiges Auslaufmodell. Seiner Kollegin und seinen Kollegen davor und danach ergeht es nicht besser.

Man kann solche Betrachtungen als naiv, ja träumerisch oder einfach als feuilletonistische Kopfgeburt abtun, als fruchtloses Räsonieren darüber, wie was zu einem anderen Zeitpunkt erfolgreicher verlaufen wäre. Aber so trivial, wie die Kategorie des richtigen Zeitpunkts auf den ersten Blick scheinen mag (und so trivial sie Thema von lebensberatenden Büchern wurde), ist sie nicht. Es fällt zum Beispiel auf, dass eine Bundesregierung 1982 an einem wirtschaftspolitischen Programm, dem »Lambsdorff-Papier«, zerbricht, während eine Bundesregierung sechzehn Jahre später mit einem vergleichbaren Konzept an den Start geht. Offenbar war das »Lambsdorff-Papier« von einer zeitlosen Substanz. Kam es zu früh? Eher kamen die wirtschaftspolitischen Eckpunkte des rot-grünen Koalitionsvertrages zu spät. Die schon rückständigen Neuen erben die Versäumnisse eines rückständigen Bundeskanzlers und beschließen ein rückständiges Konzept.

Es gibt ziemlich oft ein zeitliches Delta zwischen dem Tag, an dem eine Bundeskanzlerin oder ein Bundeskanzler eine Entscheidung fällt, und dem Tag, an dem diese Entscheidung im Sinne der Sache und im Sinne der Menschen, die sie betrifft, hätte getroffen werden müssen. Wie lässt sich dieser zeitliche Abstand verkürzen? Was braucht es, damit die politische Trutzburg Berlin durchlässiger wird für die geistigen Strömungen um sie herum?

Es braucht einen Leidensdruck. Institutionen lernen nur dazu, wenn die Einschläge ihre Mauern erreicht und vielleicht schon

Löcher reißen. Wie lange müssen Union und SPD noch Wähler verlieren, wie viele Parteien in Bund und Ländern mitregieren, bis ein paar Leute, mutmaßlich Junge, beherzt die Aussitzer in Rente schicken?

Es braucht mutige Politiker, die wie einst Heiner Geißler über die Entwicklung der Gesellschaft schreiben und, noch wichtiger, ihre Partei auf diese Entwicklung vorbereiten. Heiner Geißler sagte, dass Deutschland eine multikulturelle Gesellschaft und ein Einwanderungsland ist. Gerhard Schröder und Angela Merkel brauchten Jahre, bis sie nicht nur von »Auslandseinsätzen« deutscher Soldaten sprachen, sondern von Krieg.

Es braucht weiter kluge Bewohnerinnen und Bewohner in der Trutzburg, die ihre Kräfte bündeln für gemeinsame, dann schlagkräftige Initiativen. SPD und die Linke müssen sich auf mittlere Sicht wieder vereinigen, so wie sich im vergangenen Jahrtausend SPD und USPD wieder vereinigt haben. Eine halbierte Linke ist eine stumpfe Linke. Man muss die Positionen der Linken nicht teilen, aber man muss ihr eine starke Stellung im Parteiengefüge und in der geistigen Debatte dieses Landes wünschen. Seit sie sich filetiert hat, ist ihre Stellung nicht mehr stark.

Natürlich, eine Sahra Wagenknecht wird diese Partei nicht preisgeben, schon weil sie ihren Vorsitz in dieser Partei nicht preisgeben wird. Aber Linke-Politiker der nächsten Generation werden vor der Frage stehen, wie viel sie als Sieben Prozent-Partei im Bundestag eigentlich erreichen können? Und ob sie im Kern nicht dasselbe sagen und verlangen wie ihre Kolleginnen und Kollegen von der SPD? In den ersten Jahren der Bundesrepublik haben sich Parteien noch zusammengeschlossen. Warum heute nicht wieder?

Die Grünen haben ihren originären Konflikt zwischen »Fundis« und »Realos« nicht aufgelöst, sondern mutlos als Schisma personell und politisch etabliert. Die Doppelspitze steht für das behagliche Nebeneinander von Gesinnungs- und Verantwortungsethikern, die Partei verkommt zu einem Regal im Supermarkt, aus dem Wählerinnen und Wähler zwischen den Frauen und Männern ihres Gustos entscheiden können wie zwischen verschiedenen Sorten Milch. Ausgerechnet die Grünen, die dem politischen System so guttaten, lösen ihr Problem auf Kosten des Systems. Tatsächlich gehören die »Fundis« zurück in die SPD und die »Realos« in die Union? Für einen solchen vernünftigen Schritt müssen die Grünen erst politisch völlig darniederliegen, aus dem Bundestag und den Landtagen fliegen.

Das Parteiensystem hat sich von den achtziger Jahren an fragmentiert. Heute, da FDP, Grüne und Linke ihre Gründungsidentität schon lange verloren haben, muss sie sich wieder defragmentieren wie eine Festplatte, die durch Datenbrüche langsam und schwerfällig geworden ist.

Die AfD dürfte als nächste neue Partei in den Bundestag einziehen. Eine FDP braucht es nicht mehr. Die Grünen und die Linke gehen in SPD und Union auf, ohne geistig vom Erdboden zu verschwinden. Die SPD wird wieder die Partei, die politisch fruchtbar Gesinnungsethiker (allen voran Simone Peter) und Verantwortungsethiker (allen voran Olaf Scholz) miteinander ringen lässt. Die Union wird wieder eine Partei, die nicht nur Machiavellisten (Horst Seehofer), sondern auch eine ehrliche Haut wie Cem Özdemir regieren lässt.

Vielstimmigkeit im Parlament ist demokratisch, aber den Deutschen kommt sie nach den Erfahrungen ihrer Geschichte nicht geheuer vor. Vielstimmigkeit kann leicht missbraucht werden. Die politische Mündigkeit der Deutschen wird mit den nächsten Generationen nicht zunehmen. Eine Partei wie die AfD, die sich nicht an demokratische Spielregeln hält, kann es heute wie morgen geben. Es gibt sie umso wahrscheinlicher, je länger eine Große Koalition in Berlin regiert, denn mit ihr ersetzt die Kungelei den politischen Streit.

Weniger Parteien also! Die guten Leute werden in anderen Parteien unterkommen, und um die weniger guten ist es nicht schade. Ein Christian Lindner – eines von drei bis fünf politischen Talenten, die jede Generation hervorbringt – wird in der Union dringend gebraucht. Überhaupt braucht es viel mehr Politiker, die ihr Parteibett wechseln, das gibt mit bestehendem Personal neue Impulse für die politische Kultur – aber nicht einen Ulrich Maurer, der, nachdem ihn die SPD in Baden-Württemberg politisch ausschleust, mit 56 zur Linken geht, um wieder wer zu sein. Bei der Bundestagswahl 2005 zieht er für die Linke in den Bundestag ein, den er 2013, mit fast 65 Jahren verlässt. 2014 wird er Berater des Parteivorsitzenden Gregor Gysi. Das soll kein Alten-Bashing sein. Die Kritik gilt dem Zeitpunkt und dem Ziel des Wechsels.

Am 14. Januar 2017 kündigt die CDU-Bundestagsabgeordnete Erika Steinbach, 73, ihren Austritt aus der Partei und aus der Unionsfraktion im Bundestag an. Mit dem Ende der Legislaturperiode im Herbst 2017 wird sie dem Parlament 27 Jahre angehören. Austritt mit 73? Nach 27 Jahren? Die CDU bot Erika Steinbach über eine sehr lange Zeit die Basis für ihre politische Arbeit. Sie verschaffte ihr auch ein prominentes Amt, Erika Steinbach war 16 Jahre lang Präsidentin des Bundes der Vertriebenen.

Erika Steinbach verlässt Partei und Bundestagsfraktion zu einer Zeit, da ihr – freiwilliges, unfreiwilliges? – Ausscheiden aus dem Parlament im Herbst 2017 feststeht. Als Grund nennt sie die Flüchtlingspolitik von Angela Merkel, die allerdings schon im Herbst und Winter 2015 hohe Wellen schlug. Ein Rücktritt im März 2016 aus diesem Grund wäre glaubwürdiger gewesen.

Weiter teilt Erika Steinbach jetzt mit, sie hoffe, dass die AfD in den Bundestag komme, damit es dort wieder eine Opposition gebe. Weshalb hat sie nicht vor vier Jahren, als die Große Koalition beschlossen wurde, aus diesem Grund ihr Mandat niedergelegt?

Ein politisches Leben lang von einer Partei profitieren, um ihr unter Absingen schmutziger Lieder einen Tritt zu geben – ein Beispiel dafür, wie alte Politiker, die man aus Bequemlichkeit oder aus Sorge um eine Interessengruppe mitschleppt, nicht loslassen können. Würde ihr die AfD einen aussichtsreichen Listenplatz anbieten, Erika Steinbach ließe sich bestimmt noch einmal »in die Pflicht nehmen«, wie Politiker gern sagen, um über das Loch, in das sie nach der Pensionierung fallen würden, hinwegzuschweigen.

Als der schon genannte Ulrich Maurer die SPD-Landtagsfraktion von Baden-Württemberg verlässt, setzt ihn sein neuer Chef, der Linken-Vorsitzende Gregor Gysi, auf Platz eins der badenwürttembergischen Landesliste. Das tut er nicht, weil Ulrich Maurer etwa besonders populär wäre (er ist es nicht), sondern weil er einen politischen Überläufer verkörpert, der den SPD-Wählern und -Wählerinnen beispielhaft vormacht, was sie ihm nachmachen sollen – bei der nächsten Wahl die Partei wechseln. Weder ein Uli Maurer noch eine Erika Steinbach, wenn sie denn bei der AfD andocken darf, wären politische »Zugpferde«, sondern Abtrünnige, wie sie jede neue Partei für ihre Akzeptanz braucht.

Trude Unruh, 92, gründete 1989 eine Seniorenpartei, Die Grauen, damit alte Menschen in der Politik eine Stimme bekommen. Heute ist eine Seniorenpartei überflüssig, ein Ulrich Maurer und eine Erika Steinbach sind in den ehemaligen Volksparteien Senioren genug. Statt einen Ulrich Maurer oder eine Erika Steinbach bräuchte es wieder einen Günter Verheugen, der nach dem Bruch der sozialliberalen Koalition von der FDP zur SPD geht, oder einen Otto Schily, der zuerst bei den Grünen, später bei der SPD zu den wichtigsten Politikern gehört. Beide wechseln die Partei im Zenit ihrer Kraft und ihres politischen Einflusses.

Vielleicht wollen ja heute schon mehr Politiker die Partei wechseln, dürfen es aber wegen zu vieler »Altgedienten« nicht.

Auch solche Überlegungen ernten rasch den Vorwurf, vom Wunsch und nicht von der Wirklichkeit geleitet zu sein. Wohin steuert die Wirklichkeit, wenn der Wunsch nicht mehr ihre Richtung weist? Wer glaubt im Ernst noch daran, dass die beiden Volksparteien zur alten Stärke zurückfinden? Und selbst wenn man das nicht traurig findet, soll es immer neue Parteien im Bundestag geben? Wenn sich die AfD erst einmal verfischert und verwagenknechtet hat, wird sich eine Rechtsaußen-Fraktion abspalten, wie sich die AfD im baden-württembergischen Landtag schon für kurze Zeit zerstritten und gespalten hat. Wenn Frauke Petry einmal Gedönsministerin ist (das Innenministerium bekommt sie nicht), wird sich eine Gruppe politisch bräunlicher Abgeordneter absprechen und als parlamentarischen Vertretung der »Reichsbürger« antreten, die kein Gesetz, das nach dem Zweiten Weltkrieg beschlossen wurde, anerkennen.

Wäre das ein Problem? In anderen Demokratien wäre es das nicht. In Israel sitzen schon immer politisch Radikale in der Knesset, gelegentlich gehören sie auch der Regierung an, wenn die Likud-Partei ihre Mehrheit nicht anders zustande bringt.

Doch mit der israelischen Demokratie verhält es sich anders. Israel befindet sich seit seiner Ausrufung 1948 in einem politischen und mentalen Ausnahmezustand, weil im Kriegszustand mit mehreren arabischen Nachbarn. Das Diktum, alle Juden ins Meer zu treiben, ist nicht aufgehoben. »In einer feindlichen Umwelt, oft unter Androhung der physischen Vernichtung, muss dieser Staat ständig existentielle Entscheidungen treffen«, schreibt der Publizist Carlo Strenger. In einem »totalmobilisierten Land« (noch einmal Strenger) entsteht keine Demokratie mit wenigen Parteien wie in den USA oder Frankreich.

Die alte Bundesrepublik musste zwar nicht die Vernichtung durch ihre westlichen Nachbarn fürchten (und die der östlichen nur im Kontext eines globalen Ost-West-Konflikts), aber sie war wie Israel »totalmobilisiert«, weil voller Soldaten der Besatzer und der eigenen Armee. Die »Grenzfrage« war genauso offen wie die des Staates Israel – nicht im Sinne einer Bedrohung, aber einer Hoffnung, die Hoffnung auf eine gemeinsame Nation von Ost- und Westdeutschland bestand fort. Diese offene, neurotisch machende Situation führte in Israel wie in der Bundesrepublik zu einem spezifischen, anderswo nicht denkbaren Parteiensystem, in Deutschland zum Konsens von Politik und Wählern über drei Parteien (zwei Volks- und eine Klientelpartei), die im Bundestag über eine Regierung entscheiden. Politik und Bürger schufen eine innerstaatliche Stabilität in einer Situation der nationalen Instabilität. Niemand hoffte und glaubte, dass die Besatzer ein Jahrhundert lang in der Bundesrepublik und in der DDR stehen würden, aber wie eine Lösung aussehen könnte, wusste kein Mensch.

Das israelische Volk ist bis heute durch die Bedrohung seines Staates definiert, es gelten weiter die Kategorien von Leben und Tod. Für die Deutschen ist der Besatzungszustand mit der Vereinigung zu einem Ende gekommen, und damit entfielen auch die Hilfskonstruktionen für eine politische Stabilität und Entwicklung, entfiel der Bedarf an Volksparteien, die mehr politische Dächer für Menschen waren als Festungen der politischen Artikulation. Die Kombination aus zwei Volksparteien und einer Klientelpartei war ein Glücksfall für die alte Bundesrepublik, aber auch ein Ausnahmefall, so wie die alte Bundesrepublik ein Ausnahmefall war. Von 1990 an zieht demokratische Normalität in Berlin und im Rest des Landes ein. Das politische System bekommt Linksaußen- und Rechtsaußen-Parteien, die im politischen Bewusstsein der Deutschen schon immer angelegt sind.

Doch die Deutschen gehen immer noch mit dem kollektiven Bewusstsein eines besetzten Landes in die zweite, politisch in Fluss gekommene Berliner Republik. Ohnehin »Weltmeister der Angst« (Helmut Schmidt), werden sie das Vielparteiensystem, das sie gerade im Begriff sind zu schaffen, mental nicht lange ertragen. Es gibt keine Leidensbereitschaft dafür wie in Israel oder Italien, das gerade einen Vorstoß von Matteo Renzi zu weniger Wahlen und mehr politischer Stabilität abgelehnt hat. In anderen Ländern ist die politische Kakophonie der Normalzustand, in der Bundesrepublik sorgen schon die Medien, gleichfalls geprägt von der Erfahrung eines besetzten Landes, dafür, dass die Bundesrepublik keine israelischen oder italienischen Verhältnisse bekommt.

Als die stellvertretende Bundessprecherin der AfD, Beatrix von Storch, in der vergangenen Legislaturperiode Einlass in die politischen Talkshows findet, löst sie mit ihren Zuspitzungen eine mediale Hysterie aus. Es fehlt den Medien an Souveränität, solche Figuren auf das reale Maß ihrer Bedeutung zu stutzen, so wie es den Rezipienten dieser Medien unmöglich ist, sich der Faszination von Populisten zu entziehen. Die »German Angst« korreliert offenbar mit einer »German Sehnsucht« nach einfachen Antworten. Aber so »German« ist das gar nicht, denn auch die alten, reifen Demokratien erleben derzeit eine Renaissance des Populismus. Der angeblich so ängstliche, politisch gut informierte Deutsche reibt sich die Augen, was für ein Mann in einem Vielmillionenvolk per demokratischer Wahl Präsident werden konnte.

Wäre es schlimm, wenn die parlamentarischen Verhältnisse von 1949, als zehn Parteien in den Bundestag einzogen, allmählich wiederkehrten? CDU, CSU, SPD, FDP, Grüne, Linke und AfD im Bundestag, und vielleicht eine Abspaltung der AfD (im Landtag von Baden-Württemberg kam das schon vor)? Ja, das wäre es. Es wäre traurig für die politische Kultur und gefährlich für das politische System. Parteien und Wähler gingen mit der Situation nicht souverän um. Die Parteienvielfalt der frühen Bundesrepublik war der Zeit geschuldet. Die Deutschen wählen zwar heute die Union, die SPD, die Grünen, die Linke, die AfD und die FDP, also sechs Parteien, aber ein System mit bis zu sechs Parteien und eine Bundesregierung mit drei Parteien – CDU und CSU seien hier als eine Partei verstanden – finden sie nicht gut, weil nicht stabil. Die Deutschen schätzen stabile Verhältnisse. Sie haben sie nur seit einiger Zeit nicht mehr herbeigeführt, weil sie fanden, ihr politischer Wille werde von Union, SPD und FDP nicht mehr ausreichend repräsentiert.

Die Geschichte der deutschen Bundeskanzlerschaften zeigt, dass eine Amtsinhaberin oder ein Amtsinhaber über politisches Kapital für vier bis sechs Amtsjahre verfügt. Nach dieser Zeit ist erledigt (oder auch gescheitert), was sie oder er sich politisch vorgenommen hat. Um wieder das Bild vom Zug zu bemühen: Die Kohlen, mit denen der Heizer die Lok antrieb, sind aufgebraucht. Jede Bundeskanzlerin und jeder Bundeskanzler hat eine bestimmte Biografie und eine bestimmte politische Prägung, die sie oder ihn für ein paar Politikziele leidenschaftlich eintreten lässt. Bei der Schnelllebigkeit der Politik, die mit den sozialen Medien noch schneller geworden ist, haben solche Ziele ein kurzes, immer frühes Verfallsdatum.

Für eine Abfolge effizienter Bundesregierungen würde es reichen, wenn eine Kandidatin oder ein Kandidat auf vier Jahre gewählt wird und wie auch immer eine Option auf zwei weitere erhält. Dann kommen Regierungsphasen der Ödnis nicht mehr vor. Die Deutschen schließen mit ihren Politikern einen Vertrag mit einem zeitlich klaren Horizont.

Weil dieses Verfahren in der Praxis einige Probleme aufwirft und nicht sehr demokratisch ist, wäre eine Begrenzung auf zwei Amtszeiten zu jeweils vier Jahren, sprich: eine Regel wie in den USA, ein Kompromiss. Der »Spiegel« hat einmal einen seiner Autoren eine Amtszeitbegrenzung fordern lassen, um den ewigen Kanzler und »Spiegel«-Intimfeind Helmut Kohl zu ärgern. Weshalb sollte nicht auch für die Bundesrepublik gut sein, was eine reife Demokratie wie die USA seit jeher praktiziert?

Das häufige Argument, eine Amtszeitbegrenzung führe zu »lahmen Enten«, »lame ducks«, weil sie in der zweiten Legislaturperiode für keine neue Perspektive kämpfen können, trifft so wenig zu wie der Glaube, eine Kanzlerin, ein Kanzler sei nach zehn Jahren so selbstbewusst, dass sie oder er endlich große Aufgaben anpackt. Barack Obama lebte beispielhaft vor, dass gerade eine Amtszeitbegrenzung frei macht, er reiste nach Kuba und verzichtete, als der UN-Sicherheitsrat wieder einmal eine Resolution gegen die israelische Siedlungspolitik diskutierte, auf ein Veto. Das hätte er vor einer erhofften Wiederwahl nicht gemacht.

Umgekehrt gehören die späten Amtsjahre langjähriger Bundeskanzler nicht zu den kühnen. Es gibt wiederkehrende Verhaltensmuster von Menschen an der Macht, prospektive Drehbücher ihres »Abhebens« vom Boden, um später umso härter zu fallen. Nach ein paar Jahren hören die meisten Politiker und Manager auf, sich kritische Ratgeber zu holen, sie machen es sich auf der Kommandobrücke bequem, ein menschlich verständlicher, aber politisch fataler Reflex. Ein großes Missverständnis lautet, dass Erfahrung Politiker klüger macht.

Jede Behörde und jedes größere Unternehmen hat sein »Arlington«, wie der Nationalfriedhof in Washington heißt. Das Wort bezeichnet Flure, auf denen langjährige Mitarbeiter ihre Büros haben, ohne dass es für sie noch eine Verwendung gibt. Sie surfen im Internet und bestellen bei Zalando ein Paar Schuhe, das sie mit einer statistischen Wahrscheinlichkeit von fünfzig Prozent wieder zurückschicken werden. Eine Behörde kann sich offenbar solch ein »Arlington« erlauben, genauso wie große Unternehmen, die das Gehalt für dessen Bewohner abschreiben. Aber ein solches Handling von überflüssigen Mitarbeitern kann es ja wohl im Parlament eines der wichtigsten Industrienationen der Welt nicht geben!

Es braucht administrative Regeln zur regelmäßigen »Blutauffrischung« des Parlaments. Ein Abgeordneter darf zum Beispiel drei Legislaturperioden im Amt bleiben, aber darüber hinaus jedwedes politische Amt bekleiden. Wäre es schlimm, wenn Wolfgang Schäuble, der dem Bundestag jetzt schon 45 Jahre angehört, nur noch Minister und nicht mehr Abgeordneter ist? Natürlich, er hätte weniger Geld und weniger Mitarbeiter. Aber für solche Fragen gibt es materielle Lösungen, die den immateriellen Gewinn – ein besseres und früheres Funktionieren politischer Generationswechsel – vollauf rechtfertigen.

Der Personalchef der Deutschen Bahn, Ulrich Weber, verkündet im Januar 2017 ein neues Personalkonzept, »niemand soll länger als sieben Jahre auf ein und demselben Posten sitzen«. Das Rotationsprinzip, das die Grünen in ihrer Anfangszeit zu radikal praktiziert haben, verdient eine Prüfung für den Berliner politischen Betrieb. Bleibt eine solche »Blutauffrischung«, eine solche Rotation aus, dreht sich die Welt weiter, während das Verständnis der politischen Elite von diesem Staat und das Verständnis ihrer eigenen Rolle in diesem Staat auf der Stelle tritt.

Die Arbeitsweise des Bundestages hat sich seit den achtziger Jahren leider zum Schlechten verändert, es gibt nicht mehr die Redeschlachten im Plenum, die Diskussions- und Entscheidungsarbeit findet fast vollständig in den Ausschüssen, also hinter geschlossenen Türen statt. Der Bundestag käme mit der Hälfte seiner Sitzplätze aus, so wenig Damen und Herren pflegen an Sitzungstagen zu erscheinen. Ist es dann doch mal voll, geben die Protagonisten nur Erklärungen ab, sie halten keine Reden mehr.

Eine persona non grata in der Trutzburg Berlin macht im Gespräch mit Giovanni di Lorenzo den Vorschlag, »man muss die Politik attraktiver machen und Leuten, die im Leben etwas geschafft haben, die Option bieten, für einige Jahre ein politisches Mandat oder Amt zu übernehmen, ohne Gefahr zu laufen, danach auf der Straße zu stehen«. Mit der »Möglichkeit« meint er ein gegenüber der bisherigen Tätigkeit gleichwertiges Gehalt. Unabhängige Leute, so Karl-Theodor zu Guttenberg, würden ihre Karrieren eher für die Politik aufgeben oder unterbrechen, wenn sie finanziell einigermaßen abgesichert seien.

Vom politischen Herbst einer Renate Künast war schon die Rede. Sie selbst will die Trutzburg verlassen, kandidierte in Berlin für das Amt der Regierenden Bürgermeisterin. Eine Grünen-Fraktionsführung, die mit einer Grünen-Politikerin Renate Künast, heute 61, nichts mehr im Sinn hat, muss die Möglichkeit haben, sie für einen hohen Prozentsatz ihres letzten Gehalts in Rente zu schicken. Eine Renate Künast wurde, so schrill es klingt, von der eigenen Führung politisch ausgemustert. Was Unternehmen jeden Tag machen, darf auch dem Betrieb »Bundestag« möglich sein.

Für einen Minister, der seinen Wahlkreis zeitlich ohnehin nicht angemessen betreuen kann, würde ein Junior-Abgeordneter eingesetzt, der maximal 35 Jahre alt ist und sich in der Stellvertreterrolle bewähren kann. Er hat keinen Anspruch darauf, nachzurücken, wenn Wolfgang Schäuble als Minister aufhört, aber er kann auf dieses Ziel hinarbeiten und setzt sich hierfür hoffentlich als junger Abgeordneter seiner Generation in Szene.

Natürlich fallen keine Mauern der Trutzburg Berlin, wenn plötzlich dreißig oder vierzig neue und hoffentlich junge Abgeordnete in den Bundestag einziehen. Die Alten verfügen dann immer noch über wirksame Mobbingwerkzeuge. Deshalb muss auch für die Jungen gelten, was bislang nur für die Frauen gilt: Es braucht für alle Gremien, gerade auch in der Regierung, eine U40-Quote (»Unter 40«), sonst wird sich am Zuspätkommen der deutschen Politik und ihrer Bundeskanzler nichts ändern. Diese jungen Neuen gehören in die Fraktionsvorstände und Ausschüsse des Bundestages, in das Kabinett und in die Bundesversammlung, die den Bundespräsidenten wählt.

Diese jungen Neuen werden anfangs als »Quotenkinder« verhöhnt werden, so wie Frauen, die »über die Quote« in ein Amt kamen, als »Quotenfrauen« verhöhnt wurden. Natürlich, in den ersten Jahren schwankt die Qualität des per Quote berufenen Personals. Eine Gruppe, die nie systematisch gefördert wurde, bringt nicht aus dem Stand beliebig viele Talente hervor. Aber eine U40-Quote bricht (im buchstäblichen Sinn) alte Seilschaften auf, lässt die Parteien ihre Nachwuchsarbeit überdenken und spült im besten Fall auch unabhängige Köpfe, die keine Anpassungstour hinter sich haben, in das System hinein.

Es begab sich einmal zu einer Zeit, da Mitglieder politischer Jugendorganisationen noch mehr waren als Rüffelempfänger der jeweiligen Bundeskanzlerin oder des Bundeskanzlers. Als Helmut Schmidt den Jungsozialisten die »Krise in den eigenen Hirnen« vorhielt, war das ein Beleg dafür, dass mit Willy Brandt tatsächlich »mehr Demokratie« in das Land gekommen war. Zu diesen Zeiten gehörte auch, dass der Vorsitzende der Jungsozialisten, ein gewisser Gerhard Schröder, in Gorleben gegen die Atompolitik seines parteigleichen Bundeskanzlers demonstrierte und einen SPD-Abtrünnigen, Karl-Heinz Hansen, als Rechtsanwalt verteidigte.

Gerhard Schröder ist für lange Zeit der letzte Juso-Vorsitzende, der in den Bundestag einzieht. Seine Nachfolger der achtziger und frühen neunziger Jahre (Ulf Skirke, Susi Möbbeck, Ralf

Ludwig und Thomas Westphal) haben mit Parteipolitik nichts mehr am Hut. Erst eine gewisse Andrea Nahles, Jahrgang 1970, bricht den Bann.

Im Dezember 2016 bemüht sich die Vorsitzende der Jungsozialisten, Johanna Uekermann, Jahrgang 1987, um einen aussichtsreichen Platz auf der Landesliste, um bei der Bundestagswahl 2017 in das Parlament einzuziehen. Johanna Uekermann gehört zu den wenigen bundesweit bekannten Gesichtern der bayerischen SPD, weil sie eigenständig denkt und eigenständig redet. Der bayerische Landesverband verbannt sie auf einen aussichtslosen Listenplatz, nachdem sich der Parteivorsitzende Sigmar Gabriel beim letzten SPD-Bundesparteitag über eine Rede von Johanna Uekermann geärgert hat. Mag sein, dass die junge Frau auch taktische Fehler gegenüber den SPD-Provinzfürsten beging. Die unbequeme Junge sind sie los, aber auch die Chance auf neue, junge Mitglieder, die Johanna Uekermann binden könnte.

Sigmar Gabriel war sauer und die bayerischen SPD-Bezirksfürsten entschieden gemäß dem Prinzip »Nach mir die Sintflut«. Kein Wunder, dass die SPD demnächst flächendeckend Wahlergebnisse erntet wie die FDP zu ihren besten Zeiten, im niedrigen zweistelligen Bereich.

Die Jugendorganisationen der anderen Volksparteien fielen für kleine Revolten schon immer aus. In die Junge Union ging, wer Jura studierte und das Bürgerliche Gesetzbuch am Tag nach dem Zweiten Staatsexamen im Schrank verstaute, um fortan nur noch Politik zu machen. Die Politik verdankt solchen Biografien Politiker wie Matthias Wissmann, im hohen Alter noch immer Lobbyist als Präsident des Verbandes der Automobilindustrie, und Günther Oettinger, der gern durch nachpubertäre Reden auffällt, etwa die Chinesen als »Schlitzaugen« bezeichnet.

Eine politisch stumpfe Jugendorganisation bringt politisch stumpfe Politiker hervor. Christian Wulff, Norbert Röttgen, Peter Müller, Roland Koch galten einmal als die »Jungen Wilden« in der Unionsbundestagsfraktion, dabei waren sie so pflegeleicht wie der Löwe Clarence in der Serie »Daktari«. Vor der letzten Wiederwahl von Helmut Kohl hatten sie keinen Mumm, Helmut Kohl zu stürzen, und folglich wurden sie völlig zu Recht bei der politischen Generationenfolge übergangen.

Juristen gingen auch in die Jugendorganisation der FDP, so ein gewisser Guido Westerwelle. Mitstreiter der Jungen Liberalen hatten das Glück, rasch in höhere Ämter zu kommen, weil die Personaldecke einer kleinen Partei traditionell dünn ist. Aber so wichtig die Liberalen in der politischen Geschichte der Bundesrepublik waren, blieben sie doch immer eine kleine Partei mit einem begrenzten Aktionsradius.

Dieses Buch versteht sich nicht, um es noch einmal zu betonen, als Politik-Bashing oder als Politiker-Bashing, es geht nicht um ein Schlechtreden der politischen Klasse um des Schlechtredens willen, schon gar nicht geht es um eine Huldigung der Jungen um ihrer Jugend willen, sondern das Buch will auf Fehlentwicklungen hinweisen, die zu einer falschen, weil rückständigen Politik führen. Viele Bewohner in der Trutzburg Berlin sind »durchgenudelt«, um das Wort von Ole von Beust aufzugreifen, persönlich und in den Medien. Eine Renate Künast kann nichts dafür, dass sie trotz ihrer politischen Leidenschaft eine Figur von gestern ist, aber das System und die Medien und die Globalisierung machen sie dazu. Es war gut für das politische System, dass Fritz Kuhn zum Oberbürgermeister von Stuttgart gewählt wurde, und es war schade, dass Renate Künast als Kandidatin für das Amt der Ersten Bürgermeisterin in Berlin gescheitert ist. Es hätte den würdigen Ausklang ihrer beachtlichen politischen Lebensarbeit in Bonn bzw. Berlin bedeutet – einer Lebensarbeit, die zu ihrem Ende gekommen ist.

Renate Künast, so herzhaft klug und integer sie Politik macht, steht mit dem Erreichen ihres politischen Verfallsdatums beispielhaft für viele Kolleginnen und Kollegen in der Berliner Politik. Irgendwann, aber dann wirklich, ist Schluss. Nein, nicht irgendwann. Nach vier Legislaturperioden, die Renate Künast im Deutschen Bundestag verbracht hat, darunter vier Jahre als Verbraucherschutzministerin. Jetzt darf sie zusammen mit Kolleginnen und Kollegen aufhören. Wenn sie es nicht freiwillig tut, sind Mechanismen im System vonnöten, die eine wie sie in ein neues Leben führten.

Im Augenblick ist das Entsetzen über die Erfolge der AfD einer deutschen Hysterie geschuldet, vor allem einer Hysterie von Politikern und Journalisten, denen diese politische Entwicklung gegen den Strich geht. Sie werden dazulernen müssen, wenn die AfD vom Herbst 2017 an mit fünfzehn oder zwanzig Prozent der Mandate im Bundestag sitzt.

Die Bundesrepublik bekommt mit der Bundestagswahl 2017 ein Vielparteienparlament nach italienischem Muster. Sie bekommt es, weil sich der Wählerwille derart fragmentiert hat, aber auch, weil das Verhältniswahlrecht italienische Verhältnisse zulässt. Ein Wahlrecht im laufenden Demokratiebetrieb zu ändern, ist ziemlich unmöglich. Der Versuch in den sechziger Jahren, ein Mehrheitswahlrecht zu installieren, scheiterte, wie erwähnt. Bevor die Bundesrepublik das Mehrheitswahlrecht bekommt, kehrt die Eiszeit nach Mitteleuropa zurück.

Es ist die Zeit, keinen Gedanken mehr für tabu zu erklären. Schon immer regierte das Karlsruher Bundesverfassungsgericht in Bonn und später in Berlin kräftig mit. Helmut Schmidt hat sich darüber noch öffentlich beschwert, von der Generation Helmut Kohl an reicht die Politik gern schwierige Entscheidungen nach Karlsruhe weiter. Ein Politiker will sich lieber von einem Gericht zu einer bestimmten Politik zwingen lassen, als selbst seine Parteifreunde überzeugen. Oder er hat nicht den Mut zu der Entscheidung und braucht ein bisschen Druck von außen.

Das Bundesverfassungsgericht könnte, gleich einer Kommission, von sich aus Themen auf die Tagesordnung setzen. Das beschneidet die Richtlinienkompetenz der Bundeskanzler und ärgert alle Bewohner in der Trutzburg, aber es wäre eine Chance auf neue gesellschaftliche Debatten. Mit der zweiten Berliner Republik ist die Zeit gekommen, in Tabuzonen hineinzudenken.

In diesem Buch war von einer Zeit die Rede, als die Politik den Deutschen ein Wohlstandsversprechen machte und dieses Versprechen auch hielt. Das gehaltene Versprechen festigte die Macht von Konrad Adenauer und Kurt Georg Kiesinger und die junge Republik gleich mit. Während der Regierungszeit der Bundeskanzler Willy Brandt bis Gerhard Schröder konnte der Staat immer weniger versprechen, aber er tat es noch und hielt es auch. Das Ende eines solchen Versprechens fällt zeitlich in die Ära Merkel. Während ihrer Kanzlerschaft brummt die Wirtschaft, aber für viele Deutsche hat die Arbeit eine andere, tragische Dimension bekommen: Sie bietet kein Wohlstandsversprechen mehr, sie bietet nicht einmal mehr soziale Sicherheit. Es herrscht weiter Vollbeschäftigung, aber viele Beschäftigungen von Arbeitnehmern sind prekär, sprich: der Lohn reicht vorne und hinten nicht. 2012 arbeitet in der Bundesrepublik fast jeder vierte Beschäftigte für einen Lohn unter der Niedriglohngrenze von heute 9,30 Euro pro Stunde.

»Für die meisten derjenigen, die die obere Etage noch nicht erreicht haben, ändert sich nun die Fahrtrichtung«, wählt der Soziologe Oliver Nachtwey ein anschauliches Bild. »Während es lange Zeit nach oben ging, fahren sie nun nach unten.« Oliver Nachtwey spricht von der deutschen Gesellschaft als einer »Abstiegsgesellschaft«, weil »die Aufstiegsgesellschaft der sozialen Moderne in ihrer Normalität gebrochen ist und in der Gesamtschau ein kollektiver ökonomischer und gesellschaftlicher Abstieg der Arbeitnehmer stattfindet.«

Das ist, komprimiert auf wenige Zeilen, die sozioökonomische Erklärung für den Erfolg der AfD. Bisher haben sich die Arbeitnehmer immer darüber geärgert, dass ihr Wohlstand zwar kontinuierlich, aber mäßig steigt, dafür aber der Reichtum der Reichen zügig und kräftig. Mit Angela Merkel, der westlichsten aller Bundeskanzlerinnen, ist eine höhere Besteuerung der Reichen nicht zu machen, auch hier übertrifft sie Konrad Adenauer noch in ihrer Westlichkeit. Wo eine Bundeskanzlerin über Jahre eine gesamtgesellschaftliche Fehlentwicklung nicht korrigiert und eine politische Zeitbombe nicht entschärft, muss eine andere, in der Verfassung gleichrangige Institution einschreiten – nicht mehr nur nachlaufend, um zum Beispiel Familien mit Kindern steuerlich zu entlasten, sondern indem sie Hausaufgaben erteilt, ehe die Versäumnisse das System als Ganzes gefährden.

Ein strukturelles Problem der Bonner und der ersten Berliner Republik, das die zweite übernimmt, ist das Zuspätkommen ihrer Politiker in Spitzenämter. Hier bewirken wenige, aber die richtigen Maßnahmen schon viel. Darüber hinaus braucht die zweite Berliner Republik, dass sich ihre besten Köpfe Gedanken über den Umbau ihres politischen Systems machen. Die Bundesrepublik des Jahres 2017 steht vor einem Problem, das sie erst jetzt erstmals diskutiert, das Problem der Regierbarkeit – siehe die komplizierte Regierungsbildung mit drei Parteien, die ihre Profile zu einer gemeinsamen Suppe verrühren müssen, auf Länder- und demnächst auch auf Bundesebene. Gemessen an den Problemen der Gegenwart liest sich die Debatte um die Regierbarkeit vor vierzig Jahren wie ein Salongespräch mit Champagner und Kaviar.

Als ein Regierungschef mit Namen Christian Kern im Frühjahr 2016 sein Amt antritt, hält er eine »Blut-, Schweiß- und Tränen«-Rede, wie sie noch von keinem deutschen Bundeskanzler vernommen ward. Dieser Regierungschef wirft seinen Mitbewohnern in der Trutzburg und sich selbst »Inhaltslosigkeit« bei der politischen Arbeit der letzten Monate und Jahre vor. »Wenn wir so weitermachen – und ich habe dabei besonders die Bundesregierung im Auge –, wenn wir dieses Schauspiel weiter liefern, ein Schauspiel der Machtversessenheit und der Zukunftsvergessenheit, dann haben wir nur noch wenige Monate bis zum endgültigen Aufprall.«

Der Mann, der das sagt, ist kein Krakeeler, und er tritt sein Amt auch nicht in einer Bananenrepublik an. Der Mann ist Bundeskanzler wie Angela Merkel, nur in einem anderen Land. Wenn Angela Merkel über den wiedererrichteten deutsch-österreichischen Grenzzaun guckt, kann sie es sehen.

Zum Weiterlesen

Korte, Karl-Rudolf: Machtwechsel in der Kanzlerdemokratie. Aufstieg und Fall von Regierungen, in: Ders.,Timo Grunden (Hg.): Handbuch Regierungsforschung, Wiesbaden 2013, 411–420.

Leinemann, Jürgen: Höhenrausch, München 2004.

Mannheim, Karl: Das Problem der Generationen, Köln 1928.

Nachtwey, Oliver: Die Abstiegsgesellschaft. Über das Aufbegehren in der regressiven Moderne, Berlin 2016.

Rupps, Martin: Die Überlebenden von Mogadischu, Berlin 2012.

Ders.: Der Lotse. Helmut Schmidt und die Deutschen, Zürich 2015.

Walter, Franz: Die ziellose Republik. Gezeitenwechsel in Gesellschaft und Politik, Köln 2006.

Ders.: Im Herbst der Volksparteien? Eine kleine Geschichte von Aufstieg und Rückgang politischer Massenintegration, Bielefeld 2009.

Willemsen, Roger: Das Hohe Haus. Ein Jahr im Parlament, Frankfurt a. M. 2014.

Ein Wort des Dankes

Arthur Landwehr gab mir eine Chance. Auch er ist – mit dem Wort von Helmut Schmidt über Siegfried Lenz – ein »Ombudsmann des menschlichen Anstands«.

Mit Holger Schmidt ist die Zusammenarbeit kongenial und vertrauensvoll. Eine Freude!

Ingeborg Heiting sagte spontan Hilfe zu. Ohne Sie, liebe Frau Heiting, wäre es nicht gegangen!

Tim Dahlmanns und Eva Lanko vom Bundesarchiv Koblenz haben mich wunderbar unterstützt!

Weiter gilt mein Dank großartigen Menschen, mit denen ich meinen Alltag teilen darf:

Adriana, Amal, Aisha, Carol, Fatma, Habiba, Halla, Harald, Lamma, Margret, Myada, Nasira, Riham und Silke.

Abu Anas, Anas, Benny, Bernhard, Bülent, Ekrem, Fadi, Fadi II, Firas, Ibrahim, Jürgen, Jusef, Mohammad, Rainer, Safoan, Thomas und Veit.

Ich danke von Herzen Leonard Cohen für die Begleitung meines Lebens bis zum 7. November 2016.